二战风云人物

鸿儒文轩 编著
HONGRUWENXUAN

De Gaulle 自由之魂
戴高乐
1890-1970

中国书籍出版社
China Book Press

图书在版编目(CIP)数据

自由之魂——戴高乐／鸿儒文轩编著．—北京：中国书籍出版社，2012.9
ISBN 978-7-5068-3020-1

Ⅰ．①自…　Ⅱ．①鸿…　Ⅲ．①戴高乐，C. A. J. M.（1890~1970）–传记　Ⅳ．①K835.657=5

中国版本图书馆 CIP 数据核字（2012）第 169682 号

自由之魂——戴高乐

鸿儒文轩　编著

图书策划	武　斌　崔付建
责任编辑	刘洁琼
责任印制	孙马飞　马　芝
出版发行	中国书籍出版社
地　　址	北京市丰台区三路居路 97 号（邮编：100073）
电　　话	（010）52257143（总编室）　（010）52257140（发行部）
电子邮箱	chinabp@vip.sina.com
经　　销	全国新华书店
印　　刷	三河市华东印刷有限公司
开　　本	710 毫米×1000 毫米　1/16
字　　数	252 千字
印　　张	17
版　　次	2012 年 11 月第 1 版　2020 年 5 月第 5 次印刷
书　　号	ISBN 978-7-5068-3020-1
定　　价	29.80 元

版权所有　翻印必究

·前 言·

第二次世界大战是人类历史上规模最大、战斗最为惨烈、影响最为深远的一场战争。在这场正义与邪恶的较量中，参战双方都涌现出了不少风云人物。他们或为国家和民族的自由而奋战，成为了名传千古的英雄；或为法西斯卖命，成为了遗臭万年的战争罪犯。

法兰西第五共和国总统戴高乐无疑是第二次世界大战舞台上最富传奇色彩的风云人物之一。作为一名领袖，他的出生似乎就注定要为法兰西的复兴而奋斗终身。青年时代，他选择了军营。从法国当时所处的国际环境来看，职业军人是报效祖国最直接、最便利的途径。

不过，作为一名军人，戴高乐的功勋并不十分卓著。在风云变幻的战争年代，他没有像第二次世界大战时期的艾森豪威尔、巴顿、蒙哥马利等美英将领那样，获得军人的最高声誉。在第一次世界大战中，他身负重伤，被误以为已经阵亡了。结果，他在德国的战俘营里度过了大部分的战争岁月。在第二次世界大战初期，他屡次提出组建装甲部队、主动进攻的建议，但始终没有引起高层的注意。在战斗中，他虽然屡建奇功，但所得的军衔也不过是将军军衔中最低的一级。

法国沦陷之后，他是以政治家而非军事家的身份打完这场战争的。贝当政府投降的第二天，他以一名法军准将的身份在伦敦发表了著名的"六·一八"讲话，号召法兰西人继续战斗。一夜之间，戴高乐从一个默默无闻的准将变成了自由法兰西之魂，成了生活在纳粹德国铁蹄下的法兰西人的精神支柱！正是因为有了这一讲话以及后来几年的坚持，古老的法兰西才洗去了战败国的耻辱，从而跻身于战胜国的行列。也正是因为他的坚持与斗争，才使得法兰西在美、英两大强国的夹缝中获得了大国的地位。

作为一个儿子、丈夫和父亲，他也是值得人们尊敬的。他拒绝个人的虚荣，俭朴无私、忠于爱情、热爱家庭、怜爱孩子……这一切将他的人格塑造得更加丰满！

当然，戴高乐也不是一个十全十美之人，他也有缺点，也犯过错误。他性格乖张，过于敏感，有时难免给身边的人一种莫名其妙的精神压力。以往的传记作家在为其立传之时，往往只写他的军事和历史功绩，却忽略了他的家庭背景、生活经历、恋爱婚姻等，甚至故意剔除其性格上的瑕疵与人生的败笔，难免使得人物过于单薄，缺乏生气。

本书在大量考证历史资料和细节的基础之上，以全新的视角，还原传主的全貌，客观、公允地叙述了戴高乐的成长轨迹和心路历程。希望他的成长经历以及编者的评论能给广大读者带来一些启发，引起广大读者的思考。由于编者的水平有限，书中难免存在谬误与不足之处，请广大读者批评指正！

·目 录·

第一章　法兰西的年轻军官

一、为了法兰西最后的尊严 …………………… 2
二、出生于政局混乱之际 ……………………… 7
三、立志从军，报效祖国 ……………………… 11
四、进入圣西尔军校学习 ……………………… 15
五、重返第三十三步兵团 ……………………… 20

第二章　第一次世界大战的洗礼

一、奉命开赴边境迎击德军 …………………… 26
二、在默兹河大桥光荣负伤 …………………… 30
三、前线吃紧，主动请缨 ……………………… 34
四、在凡尔登前线"阵亡" ……………………… 38
五、第一次世界大战的终结 …………………… 43

第三章　见识卓越的青年军官

一、参加波军对俄作战行动 …………………… 50

二、精心安排的"巧遇" …………………………… 54
三、军事学院的毕业风波 …………………………… 57
四、出版《敌人内部的倾轧》 ……………………… 61
五、第十九轻步兵营营长 …………………………… 65

第四章 徒劳无功的百般努力

一、最高国防委员会的总秘书 ……………………… 70
二、大力主张建立装甲部队 ………………………… 75
三、接连遭受高层的贬谪 …………………………… 79
四、臭名昭著的慕尼黑会议 ………………………… 83
五、第二次世界大战全面爆发 ……………………… 88

第五章 从军事家到政治家的转变

一、认真吸取波兰失败的教训 ……………………… 94
二、雷诺组阁，壮志难酬 …………………………… 98
三、德军绕过马其诺防线 …………………………… 102
四、第四装甲师准将师长 …………………………… 107
五、国防部兼陆军部副部长 ………………………… 112

第六章 流亡英国，救国图存

一、"粉身碎骨也要战斗" …………………………… 118
二、法兰西最后的尊严受损 ………………………… 124
三、掀起"自由法国运动" …………………………… 130
四、建立自由法国国防委员会 ……………………… 135
五、错综复杂的中东形势 …………………………… 139

六、胜利解决中东政治危机……………………143

第七章　艰难地领导法兰西前进

一、米塞利埃将军密谋夺权……………………148
二、创建自由法国民族委员会…………………152
三、坚决不向美国政府低头……………………156
四、法兰西伟大复兴的开端……………………161
五、从自由法国到战斗法国……………………165

第八章　在法属北非的权力交锋

一、"火炬"行动的政治风波…………………170
二、风波四起的达尔朗交易……………………175
三、与吉罗将军展开斗争………………………180
四、与罗斯福总统的首次交锋…………………184
五、战胜美国人和吉罗将军……………………188
六、掌握法兰西的军政大权……………………192

第九章　重返离别数年的祖国

一、诺曼底登陆前夕的分歧……………………198
二、重返离别数年的故土………………………203
三、再次与罗斯福总统交锋……………………207
四、解放"法兰西的荣誉"……………………212
五、恢复传统的国家机构………………………216

第十章 重建千疮百孔的法兰西

一、恢复生产和经济秩序 …………………… 224
二、陷入多党制的泥潭之中 ………………… 229
三、平静地辞去总理之职 …………………… 234
四、向政府和宪法发起攻击 ………………… 239

第十一章 奋斗不息的晚年岁月

一、保持沉默的几年时间 …………………… 246
二、在危难之际重返政坛 …………………… 250
三、卸任法兰西总统之职 …………………… 256
四、一代巨人的最后岁月 …………………… 260

第一章

法兰西的年轻军官

一

为了法兰西最后的尊严

1870年的夏季，法国到处都乱哄哄的，战败的恐慌笼罩着每一座城市和村庄。老年人聚在一起，交头接耳地谈论着前线的战况和法国的未来；孩子们三五成群地跟在大人的身后，静静地听着众人的议论；青年们纷纷走上街头，高呼着"拯救法兰西"的口号，加入了志愿军，义无反顾地开赴前线去了……

在法国北部的里尔城，有一个名叫亨利·戴高乐的青年也在骑士精神的感召下穿上了军装。亨利·戴高乐的父亲朱利安·菲利普·戴高乐是当地小有名气的史学家，著有《巴黎及其近郊新史》一书。他的母亲若泽菲娜·安娜·玛丽·马约则是一位出身资产阶级家庭的文学家。当时，上流社会的女子们都以涉猎文艺为时尚，但也仅限于"稍事涉猎"而已，没有人指望她们在这个领域干出什么惊天动地的大事业。不过，出身资产阶级家庭、思想活跃的若泽菲娜不但担任了《家庭通讯》的编辑，写了多部小说，还虔诚地研究宗教，写了十余本宗教方面的专著。她的成名作《阿代马尔·德贝尔卡斯托》直到20世纪70年代依然拥有庞大的读者群。从这一点来看，她在事业上要比丈夫成功得多！

朱利安·菲利普·戴高乐和若泽菲娜·安娜·玛丽·马约于1835年结为夫妇。婚后，他们先后生下了3个儿子。长子夏尔继承了家族的浪漫主义传统，成了一名史学家。他对凯尔特人的课题十分感兴趣，曾写过一部关于19世纪凯尔特人的著作。次子朱尔性格温文尔雅，不善交际，但对自然科学却情有独钟。他一头扎进了大自然的怀抱里，成了一名著名的昆虫学家。他曾精心观察了法国的数千种黄蜂和蜜蜂，写了一部《法国膜翅目总目》，对这些小精灵进行分类研究。

老三亨利·戴高乐出生于1848年，是三兄弟中性格最活泼的一个。

他在少年时代曾经梦想过从军，跟随一位像拿破仑一样伟大的统帅，征战欧洲，再现法兰西的荣耀！不过，在拿破仑三世统治时期的法兰西第二帝国（1852—1870年）初期，他的梦想并没有实现。他转而投考了巴黎工艺学院，并顺利地通过了初试。但就在这时，他的父亲朱利安·菲利普·戴高乐突然去世了。亨利不得不放弃进入工艺学院学习的机会，承担起了养家糊口的责任。

铁血宰相俾斯麦

亨利工作没几年，盛极一时的法兰西第二帝国走到了穷途末路。曾经四分五裂的邻居德意志联邦在"铁血宰相"俾斯麦的领导下展开了一场自上而下的统一运动。1862年9月23日，普鲁士国王威廉一世任命俾斯麦为普鲁士首相兼外交大臣，开始强力推行军事改革。在普鲁士议会的首次演说中，俾斯麦大声宣称："德意志所注意的不是普鲁士的自由主义，而是权力。普鲁士必须积聚自己的力量以待有利时机，这样的时机我们已经错过了好几次。当代的重大问题不是议论和多数人投票能够解决的，有时候不可避免的要通过一场斗争来解决，一场铁与血的斗争。"

这便是俾斯麦的"铁血政策"，是他统一德意志的纲领和信条。俾斯麦正是依靠这种暴力，大胆而又狡猾地利用国际纠纷和有利时机，决定性地使德意志通过自上而下的道路统一起来。经过俾斯麦强有力的军事改革，普鲁士的军事实力大增，尚武精神也在臣民中广为传播。19世纪60年代，俾斯麦先后通过挑起普鲁士与丹麦、奥地利之间的战争，控制了德意志联邦的许多小邦国，并迫使奥地利退出了德意志联邦，扫清了普鲁士统一德国的最大障碍。

1867年4月16日，北德联邦宪法获得了通过，由21个邦国与3个自由城市组成的北德意志联邦正式成立了。普鲁士国王威廉一世为联邦主席，普鲁士首相俾斯麦兼任联邦首相。至此，德国北部已经统一，唯其南部的巴伐利亚、巴登、符登堡等邦国仍在法国的控制之下。

北德意志联邦的成立让法国皇帝拿破仑三世深感不安！强大起来的德意志很可能会威胁到法国的欧洲霸主地位。这是拿破仑三世不愿看到的，他梦想恢复法兰西第一帝国时期的版图，像他的叔叔拿破仑一样独霸欧洲。但以普鲁士为首的北德意志联邦的崛起使法国在欧洲又多了一个竞争对手。拿破仑三世便千方百计阻止普鲁士统一德国。他曾在普奥战争时期暗中支持奥地利，但奥地利仍然败给了强大的普鲁士王国。

北德意志联邦成立之后，南部的巴登、黑森、符腾堡和巴伐利亚等4个邦国依然在法国的控制之下。要想完全统一德意志，普、法之间的战争已经无法避免了。老奸巨猾的俾斯麦巧妙地在南部4个邦国中煽动起了人民对法国的敌视，并与其首脑秘密签订了攻守同盟条约。1870年7月19日，俾斯麦利用法、普两国在西班牙王位继承权问题上的矛盾，成功地让拿破仑三世向普鲁士宣战，挑起了普法战争。法国的宣战，再加上俾斯麦的鼓吹，全德意志掀起了一股保卫与统一祖国的狂热之潮。

拿破仑三世没有想到德国南部的邦国会将军队交付普鲁士统一指挥，在战争初期就被打了个措手不及。前线失利的消息不断传到国内，法国到处都被战败的恐慌笼罩着！9月2日，身兼法军总司令的拿破仑三世在色当率8.3万官兵向普鲁士军队投降。法军大势已去，失败已经成为不可避免的事情了。

拿破仑三世（左）与俾斯麦商谈投降事宜

9月4日，巴黎爆发了大规模的起义，推翻了拿破仑三世建立的帝国政府，废除了帝制，成立了法兰西第三共和国，组建了国防政府。至此，德意志民族统一的障碍已消除，但普鲁士当局决心将战争继续下去，派兵向巴黎进军。从此，普鲁士所进行的战争已转变为侵略战争。对法国方面来说，战争也转变为了进步的民族解放战争。坚决抵抗侵略的左派人士甘必大等人呼吁开展全面的卫国战争。

为了法兰西的未来，法国人民的爱国热情空前高涨。青年们纷纷响应号召，穿上军装，扛起武器，义无反顾地开往前线去了！在短短的几天里，法国便建立了一支总数超过100万人的军队。亨利·戴高乐也在这种背景下，参加了志愿军！

虔诚宗教、热爱祖国的若泽菲娜含泪送走了小儿子。临走前，亨利深情地拥抱了母亲，在她耳边轻声说："亲爱的妈妈，我爱你！"

若泽菲娜擦了擦眼泪，哽咽着说："孩子，妈妈也爱你！"

亨利松开母亲，整理一下背上的步枪和腰间的子弹带，又看了看母亲，毅然转身朝前走去。亨利从军的梦想实现了！但具有讽刺意味的是，他此次参军已经不是为了重现法兰西的荣誉了，而是为了保住法兰西最后的尊严！

亨利一进入军营便被任命为中士。对如此快速的升迁，亨利曾幽默地写道："这或许是因为我属于那些善良的、家境良好、可以自行解决服装和装备问题的青年人。"实际上，这是一个原因，但并不是主要的原因。仓皇建立起来的军队极其缺乏训练有素的军官，大部分士兵又都是文盲或半文盲，像亨利这样有知识、有文化的年轻人正是军队需要的。因此，他一进军营便被提拔为了中士。不久，他又被提升为了少尉。

10月间，亨利参加了圣德尼斯坦和布尔热战斗。他的手臂受了伤，但并不严重。国防政府为表彰他的英勇，还特地为其颁发了一枚荣誉勋章。伤愈之后，亨利返回军队，继续参加战斗。在普鲁士军队对拉库尔纳夫和圣德尼的轰炸中，他指挥过"国民别动队"第三连。

仓皇建立起来的法军没能挡住训练有素的普鲁士军队。国防政府中的投降派担心人民的爱国热情在战后被演变为蓬勃的革命之火，开始与敌人勾结，着手同俾斯麦举行秘密谈判，企图变相地向普鲁士投降。1871年1月26日，国防政府与普鲁士草签了投降条约。两天之后，两国正式签订了停战协定。巴黎要塞大部分炮台连同火炮和弹药都被移交给了普鲁士军队。普法战争最终以法国的全面失败而结束了。

战后，法国被迫签订了割让阿尔萨斯和洛林给普鲁士、赔款50亿法郎的条约。再加上战争损失，法国在普法战争中的损失达200亿法郎以上。由于经济发展资本投入不足，失去了铁矿蕴藏丰富的阿尔萨斯和洛林两省，再加上赔款付清以前，德国占领了法国6个北方省，使法国国内市场进一步狭窄，极大地延缓了法国经济的发展。法国在欧洲大陆的霸权地位衰落了，法兰西往日的荣耀也一去不复返了。

二
出生于政局混乱之际

对第三共和国变相的投降行为，亨利深感不满。他黯然神伤地离开了军队，暂居在巴黎，重新担负起了家庭的重任。他通过自学，考取了法律和文学学士学位。在那个专业化并不是十分严格的时代，亨利凭借着这两张文凭被耶稣会聘为哲学、数学和文学教员。亨利任教的学校名为圣母玛利亚学校，位于巴黎沃吉拉尔街389号。教会学校的教员收入微薄，社会地位也不高。亨利在那里默默无闻地教了十几年的书，也没有攒下什么钱。

对亨利和大多数法国人来说，那段日子是昏暗无光的。割地赔款的耻辱和动荡不安的政局始终困扰着法兰西。在"多党政治"的法国议会中从来就没有出现过强有力的资产阶级大政党，议会也没有出现过持久而稳定的局面。山头林立的各党派为一己之私，朝秦暮楚，分分合合，争斗不断，致使内阁频频更迭。从1873年到1890年短短的18年时间里，第三共和国竟然更换了30多届内阁，平均每届政府执政时间仅为6个多月！

动荡不安的政局引起了广大民众的强烈不满，不少人甚至因此对共和制的合理性产生了怀疑。保王党人趁机大肆活动，企图复辟帝制。激进党人也企图加强对军队和政府的控制，恢复稳定。1886年1月，布朗热将军由激进党首领克雷孟梭推荐，担任了陆军部长。布朗热一上任，便大肆煽动民众对德国的复仇主义情绪，进行狂热的沙文主义宣传，猛烈谴责政府抛弃阿尔萨斯、洛林，表示要收复失地。被战败情绪笼罩着的法国民众迅速倒向了布朗热的怀抱。

野心勃勃的布朗热又一边与保王党人等对现状不满的人暗中勾结；一边在军队内部发起了一场改革运动，企图培养军队对他的个人崇拜。

这个野心家准备推翻共和国，实行波拿巴式的个人军事独裁制。

在布朗热当上陆军部长的这一年，38岁的亨利终于攒够了娶妻生子的钱。他与堂妹让娜·马约·德拉诺瓦结为了夫妻。他们的婚礼是在故乡里尔举办的。让娜是亨利的二伯父朱尔·戴高乐的女儿。当时，人们尚且没有注意到近亲姻缘的危害，堂兄妹或表兄妹结为夫妇的事例比比皆是。为了保持血统的纯正性，这种近亲姻缘在王室和贵族中尤其常见。

婚后，亨利夫妇来到了巴黎。他们虽然不富裕，但生活却过得有滋有味。一年之后，他们的第一个孩子格扎维埃在里尔的外祖父家降生了。这个孩子出生不久之后，他的大伯父夏尔·戴高乐便因病去世了。还没有来得及享受新生命降生的喜悦，与大哥关系密切的亨利又陷入了痛苦之中。

布朗热的野心引起了时任内阁总理鲁维埃的担忧。如果让布朗热继续闹下去的话，不但会引起法、德之间新的战争，还会让已经确立起来的共和制遭受新的威胁。1887年6月，鲁维埃总理免去了布朗热陆军部长之职，任命他为驻克勒蒙菲朗的第十三军团司令。

布朗热离开巴黎的那一天，数十万人把巴黎的里昂车站和周围的广场围的水泄不通。不明真相的民众把布朗热视为"爱国主义"的化身，是唯一能够拯救法兰西的人。年轻的女性们激动地拥抱着他，声嘶力竭地喊道："您不能走啊！"

恰在此时，"勋章丑闻"爆发了。时任总统格雷维的女婿达尼埃尔·威尔逊一直在进行勋章交易。想要获得"荣誉"的人只要交一定数额的金钱，就可以获得共和政府颁发的勋章。疯狂的威尔逊甚至直接在爱丽舍宫中进行这种卑鄙的交易。"勋章丑闻"牵涉到多位当权者。格雷维总统和他的内阁在一夜之间成了腐败的代名词。愤怒的人们纷纷议论道："居然在爱丽舍宫中进行这种肮脏的交易，可真够经济的，连交易地点都不用另外寻找了！"

在舆论的压力下，格雷维总统和他的内阁不得不宣布辞职。"勋章丑闻"被揭露后，群情激愤，布朗热将军成了全国不满现状者的总代表。这位野心家利用有利时机，广泛勾结各派人士，把波拿巴分子、军国主义者和复仇主义者，以及极左的激进党人团结在自己周围，组成了布朗热党。

1889年1月27日，在巴黎的补缺选举中，布朗热党以245236票的绝对多数击败了共和党人，获得了众议院的多数席位。布朗热党和许多不明真相的群众乘机怂恿布朗热发动政变，夺取政权，带领法兰西走出屈辱。然而，这个狂妄的野心家却想通过全国选举的合法手段上台，拒绝了政变主张。

巴黎补缺选举举行之后，布朗热主义的狂潮在法国各地达到了高潮。全国流传着数千种布朗热的肖像和370多首赞颂他的歌曲。布朗热主义狂热已经发展成强大的政治运动，使共和国面临着严重的威胁。

部分激进派分子和温和共和党人一起反对布朗热，力图保住共和制。德意志首相俾斯麦也在这时发表评论说，法国和德国建立良好关系的最大障碍就是布朗热。共和党人开始积极寻找对付布朗热的方法。不久，他们就发现了布朗热勾结保王党的证据。这些证据一公布，布朗热狂潮立即出现了戏剧性的逆转。布朗热的追随者纷纷醒悟了过来，转而谴责布朗热。政府也决定以破坏共和国安全的罪行逮捕布朗热，交由人民审判。

心灰意冷的布朗热仓皇潜逃国外，退出了政治舞台。历时3年的布朗热运动终于以一种让所有人都大失所望的结局告终了。1889年4月8日，布朗热被剥夺了议员的不可侵犯权。8月14日，法国最高法院缺席判处布朗热终身监禁。1891年9月30日，绝望的布朗热在布鲁塞尔附近的以克塞尔自杀身亡了。

布朗热自杀身亡已经是布朗热运动过去两年多之后的事情了。事件刚刚结束之时，为了转移公众的视线，保王党人和居心叵测的政客居然又制造了一个所谓的"犹太军官德雷菲斯向德国人出卖情报案件"，煽动沙文主义情绪，在社会上掀起了一股反犹太主义恶潮。人们很快就查清了事情的来龙去脉，证明德雷菲斯是清白无辜的，但政府就是不愿意重新审理此案。共和政府再一次遭到了法兰西人民的唾弃！

一波未平一波又起，当布朗热危机逐渐平息之时，法国洋际运河公司倒闭事件又爆发了。早在1883年，法国洋际运河公司就取得了开凿巴拿马运河的权力。为筹措资金，该公司曾公开发行股票。然而，由于对地形和气候条件估计不足，以及美国人的诚心捣乱，曾经成功开凿了苏伊士运河的费迪南·德莱塞普斯在巴拿马运河面前止步不前。

然而，董事长费迪南·德莱塞普斯在工程难以为继的情况下，却大肆侵吞公开发行的运河股票资金。为掩盖真相，继续增发债券，他居然动用大笔金钱贿赂政府官员、议员和媒体记者。纸终究是包不住火的，贿赂事件终于在1889年败露了，法国洋际运河公司也不得不宣布破产。在这一事件中，先后有150多名部长和议员被牵扯了进来。费迪南·德莱塞普斯本人也上了法庭。但在政府的庇护下，法院竟宣判受贿人"无罪释放"！法国民众再次愤怒了！第三共和国政府在民众中的威信降到了历史最低点。不少怀有正义感的官员和年轻军官纷纷辞职，离开了肮脏的政府和军队。愿意为政府和军队效忠的年轻人也减少了一大半！

就在国内的形势一片混乱之际，戴高乐家族又迎来了第二个孩子。1890年11月22日，亨利夫妇的第二个孩子也在里尔公主街9号外祖父家的一座房子里降生了。为了纪念英年早逝的夏尔·戴高乐，亨利给他取名叫夏尔，全名夏尔·安德烈·约瑟夫·马里·戴高乐。小夏尔便是日后叱咤风云的法国总统戴高乐！

11月23日，小夏尔在公主街的街区教堂——加尔默罗会的圣安德烈教堂里受洗。他的姨夫居斯塔夫·德科尔比被选为了他的教父。居斯塔夫·德科尔比是里尔天主教学院的教授，在里尔享有盛誉。小夏尔的舅妈吕西·德鲁莱·马约则被选为了他的教母。

小夏尔长得很像父亲，也被父亲寄予了厚望。这一点从他继承了伯父夏尔的名字就可以看出来。不过，当时谁也没有想到小夏尔会在日后成为挽救法兰西民族，重振法兰西雄风的伟大人物！

三

立志从军，报效祖国

小夏尔出生的第二年，亨利被任命为圣母玛利亚学校的学监。此后，亨利夫妇又生育了3个孩子。作为一位知识渊博并有虔诚的信仰之人，亨利企图把忠于上帝、热爱祖国的思想灌输给下一代。这位在政治上倾向于君主制的人经常在星期四下午，带着妻子和5个儿女去拿破仑墓或凯旋门前静默致哀。星期天的时候，他则常带他们去他在普法战争中曾经战斗过的战场缅怀过去。

晚上，孩子们会围绕在亨利的膝旁，听他讲述德国人包围巴黎时的情景，以及他在战斗中负伤的经过。母亲让娜也时常回忆，她的双亲在得知法军投降的消息时潸然泪下的情景。有时候，他们还会谈论布朗热事件、"勋章丑闻"、德雷菲斯事件和法国洋际运河公司倒闭事件等。亨利着力向孩子们指出：理想中的法国庄重威严，笃信宗教，国势强盛，而如今道德堕落，国难当头，问题丛生。

亨利的教育对孩子们的成长起到了非常重要的作用。后来，他的孩子都成了有理想，有目标的人。老大格扎维埃成了一名矿山工程师；老三玛丽·阿涅斯是一个女孩，后来嫁给了一名矿山工程师；老四雅克也在大哥的影响下，成了一名矿山工程师；老五皮埃尔，则另辟奇径，成了一名银行家。

亨利对小夏尔的影响尤其大。小夏尔的年纪还小，虽然无法完全理解父亲的话，但幼年的记忆也足以使他在成人后认识到，布朗热事件、德雷菲斯事件等对他的父辈意味着什么。国耻和荣誉、爱国和祸国、宗教和信念，是当时整个法国、更是戴高乐家族餐桌上交替谈论的话题。这些话题对小夏尔的未来产生了深刻的影响。在这样的家庭道德氛围中，小夏尔一天天长大了。

自由之魂 ziyouzhihun 戴高乐 daigaole

1895年10月，不满5岁的夏尔上学了。管理学校的是一个名叫圣托马斯阿奎那基督教兄弟学校的宗教团体。小夏尔在这里度过了5年的时光。在这5年里，戴高乐不但获得了基础知识，也长成了一个身体强壮的男孩。在同龄人里，他的个子高出一截，手臂修长，鼻子高耸，简直就是父亲的翻版。他性格刚毅，争强好胜，不愿屈于人下，显得孤高自傲，冷若冰霜。格扎维埃曾描述他的弟弟说："掉进了冰山的夏尔……"

1900年10月，小夏尔进入了父亲担任学监的圣母玛利亚学校上学。他的兄长格扎维埃也在这所学校读书，而且还是一个出类拔萃的学生。但小夏尔并不看重学校的学业，除了他喜爱的文学和历史之外，其他各科的成绩总是平平如也。所以，家人们都建议他以兄长格扎维埃为榜样，努力做一个优秀的学生。

小夏尔对文学和历史的爱好很可能是受家庭传统的影响。在很小的时候，奶奶若泽菲娜就给他读一些传记类作品，其中有一部关于夏多勃里昂的传记和一部名为《爱尔兰解放者奥康内尔》的传记。这两部传记是若泽菲娜自己的作品。若泽菲娜在后一本传记中赞扬那位爱尔兰的爱国者进行了一场不流血的革命，用尊重法律和秩序的办法解决了问题。

这两部作品对小夏尔产生了奇妙的影响。小夏尔毕生敬佩夏多勃里昂，而奥康内尔传记的主题则与戴高乐将军的毕生活动并行不悖。后来，他曾多次借鉴奥康内尔不流血革命的经验。

在10岁生日那天，父亲带小夏尔去看了著名剧作家罗斯丹的作品《小鹰》。这是一出宣扬爱国主义的戏剧。小夏尔被迷住了，一回到家就一本正经地宣布他将来一定要当兵。剧中传达的那种"思念法兰西"的情感和对个人命运的坚定信念，成了小夏尔心中的武器和旗帜。在他幼小的心灵中已经形成了他"对法国的一己之见"，这就是——为了祖国的振兴和富强，每一个公民都应做

少年时代的戴高乐

出自己的贡献。

在国势日衰、政局混乱的法兰西,只有参军当兵才是报效祖国的最好方式。这种愿望与当时盛行的对德复仇主义情绪不谋而合。实际上,出生在普法战争之后的许多法国男孩大多都有一种"打败德国人"的愿望。他们平日里玩的打仗游戏总是与假想中的德国人对阵。小夏尔也非常喜欢惊险故事、打仗游戏和幻想未来。但与众不同的是,小夏尔要当头,他要当法兰西的头……

有一天,五弟皮埃尔嚎陶大哭地跑回家来。妈妈问他出了什么事,皮埃尔委屈地回答说:"夏尔打我了!"

妈妈追问道:"为什么呢?夏尔为什么要打你呢?"

皮埃尔啜泣着说:"我们玩打仗,我装特务,送情报时被抓住了。我没有执行司令官的命令……"

妈妈继续追问道:"哪个司令官?"

皮埃尔抹了抹鼻涕,回答说:"就是夏尔!我没有把情报吞掉,我把情报交给敌人了。夏尔把我痛打了一顿!"

兄弟们在玩打仗时,一般都是大哥格扎维埃装扮德国皇帝,而由小夏尔"担任"法国国王。有一次,格扎维埃感到腻烦了,不想再"当"德国皇帝了,想跟弟弟交换角色。但夏尔坚决不答应,他生气地连连顿足,高声叫喊道:"不行!不行!法国是我的!"

小夏尔肯定没有意识到,他激动时不假思索喊出来的这句话,竟谶语般地预示了他一生的追求。

随着年龄的增长,夏尔渴望参军的愿望也越来越强烈了。有一次,他甚至将自己乔装打扮一番,然后去敲自己家门,冒充费德尔布将军"来访"。费德尔布是法兰西第二帝国时期的将军。传说,费德尔布将军率领的军队从未打过败仗。1895年,费德尔布又成了塞内加尔的征服者。这位与戴高乐的母亲同为里尔人的"常胜将军",便成为了戴高乐家餐桌上的中心话题之一。

十几岁的戴高乐将自己装扮成全副武装的"常胜将军"已经充分显露了军人在他心中的形象和地位,以及他选择这一职业的决心。不过,戴高乐在学业上依然是一副漫不经心的样子,既不勤奋,也不敏捷。父亲劝诫他说,如果不好好学习,肯定无法考入圣西尔军校,也无法实现报效祖国的理想!

戴高乐听从了父亲的劝诫，开始认真地学习起来。他甚至开始把单词倒过来背，以训练自己的记忆力。几十年后，戴高乐的记忆力成了众多政治家和要人们议论的话题。在谈到这点时，人们脸上总会出现钦慕、忌妒，或迷惑不解的神情。

戴高乐把他的聪明才智用在了学习上之后，他的成绩进步神速，很快就成了学校里的佼佼者。1905年年底，他在考试中脱颖而出，一鸣惊人，竟然拿了6个第一名，其中有法语作文、数学、历史和地理。

学识逐渐丰富起来的戴高乐开始试图用文字来表达自己的抱负。这一年年底，15岁的戴高乐写了一个题为《德国的战役》的短篇小说。小说虚构了20世纪30年代爆发的一场德法战争。在法国岌岌可危之际，主人公戴高乐将军统率一支20万人的军队，装备着强大的火炮，打败了不可一世的德国人，拯救了法兰西。

从单纯的文学角度来看的话，这篇少年习作并没有多大的价值。但它告诉我们以下几点：第一，戴高乐少年时代就确信德、法在未来必有一战；第二，德国必败，无论如何，法国要雪普法战争之耻；第三，法国的胜利，将是"戴高乐将军"领导下的胜利。多么大胆的设想和抱负啊！

小说写于第一次世界大战之前，小说中的故事则发生在两次世界大战之间。这篇作品准确地印证了戴高乐之后的人生道路。只是有一点需补正的，小说中将各国首脑们保守中立的诺言当作法国胜利的条件之一，这是不符合实际的。因为自普法战争后，德国的强大和法国的相对衰弱，已决定只有在结盟的条件下才能击溃德国。

四

进入圣西尔军校学习

布朗热事件和德雷菲斯事件发生之后,一股反军、反教的浪潮席卷了第三共和国。共和国的领袖把军队和教会都视为反动的象征。1905年12月9日,时任法国总理的共济会成员孔布便决心结束教会享有的种种特权,彻底将教会驱逐出世俗权力的舞台。从那一天起,共和国不再给僧侣和主教们支付薪俸,也不允许教会再拥有财产,教会的一切都要收归国有。每个教区都成立了世俗委员会来管理教会事务。罗马教皇严厉谴责了孔布的这一行为,虔诚的教徒们也纷纷表示不服,在教堂里设置路障,阻止政府官员清点教会的资产。一意孤行的孔布甚至出动了军队来驱散教徒,强行查封了一些教会的资产。

神父们被迫丢下了包括圣母玛利亚学校在内的许多资产,到比利时去避难。身为学监,亨利暂时接管了圣母玛利亚学校。有一天,沃吉拉尔大街的警官佩戴着三色公职饰带来到了学校,要求见戴高乐"神父"。戴高乐身穿高领礼服大衣,戴着淡黄色的手套接待了这位警官。他以贵族特有的那种语气对警官说:"我不是戴高乐神父,这里也没有你的公干。"

警官尴尬地说:"哪能没有事情呢?你是穿着平民服装的耶稣会会士嘛!"

亨利面不改色地掸了掸衣襟,抬起头来,彬彬有礼但却不失威仪地说:"有兴趣跟我的妻子和5个孩子认识一下吗?"

耶稣会的僧侣是不会结婚的,更不会有孩子。虽然亨利的用事实击败了警方的挑衅,但依然没能阻止政府于两年之后强行关闭圣母玛利亚学校。戴高乐也因为圣母玛利亚学校被强行关闭而辍学了。有人劝亨利到比利时暂时避难,但被他拒绝了。他只把戴高乐送到了法、比边境比利时一边的安托万学校去完成中学学业。这所学校是流亡的法国耶稣会会士开办的。

　　一年之后，戴高乐又转回巴黎斯塔尼斯拉斯学校，认真准备圣西尔军校的入学考试。思维敏捷的戴高乐把全部精力都投入到了学习之中。此刻，参军报效祖国的愿望充斥了他心中的每一个角落。18岁的戴高乐曾写过一首无题诗，诗中写道：

　　我愿……
　　如果我必将死去，
　　我愿死在战场上，
　　这时我的灵魂，
　　依然披着战火掀动的如醉如狂的喧嚣，
　　那宝剑的威武与清澈的撞击声，
　　使战斗者悲壮地视死如归。
　　我愿死在夜晚，
　　逝去的夕阳可以使离别少一些遗憾，
　　并为死者蒙上遮体的丧服，
　　夜晚！
　　与夜俱来的将是上帝赐予的和平，
　　当我死去的时候，在心窝和眼睛里，
　　我将得到星光凝重的安宁。
　　为了死而无憾，
　　我愿死在夜晚，
　　那时，我将看到，
　　光荣之神在床头向我展示，
　　节日盛装的祖国；
　　那时，我虽已精疲力竭，
　　却能够在死神来临的天籁声中，
　　感受到光荣之神在我的额头上灼热的一吻。

　　这首激情满怀、视死如归的无题诗充分表现了戴高乐的爱国主义热情和浪漫主义情怀。1909年8月，他顺利地通过了圣西尔军校的入学考试。成绩属中等，在212名当中是第119名。按照规定，军校新生必须先到部队当一年兵，然后才能开始军校学习，这是一条刚刚制定不久的"不先当兵就不能担任指挥"的原则。

1909年10月，19岁的戴高乐以普通士兵的身份加入了步兵第三十三团，开始了他的军旅生涯。营地位于法国北部的阿拉斯。在军队的第一年，戴高乐过得并不愉快。他身材修长，聪颖，腼腆，自然成了战友们开下流玩笑的对象。他们在这位过分讲究的耶稣会学校毕业生面前大讲淫秽下流的低级笑话。

戴高乐打心眼里不喜欢这种生活，也讨厌这种千古不变"有意磨练人"的训练方式。他利用一切可利用的时间，沉浸在自己随身携带的书和阿拉斯的图书馆里。戴高乐开始军人职业生涯之时正值法国工潮迭起，民族主义高涨的时候。当时，农民的识字率得到了很大的提高。觉醒的农民开始涉足政治，为自己的阶层争取政治权利。工人们也纷纷加入公会，选择了革命斗争的道路。在戴高乐参军的那一年，全国就爆发了1000多起罢工事件。在思想领域，一股非理性的民族主义潮流开始兴起了。民间要求复兴法兰西的呼声越来越高，诸如布特鲁和柏格森等一大批学者也开始以唤起法兰西的民族精神为己任。戴高乐所携带的便是这些作家的著作。

在一堆只会开低级玩笑的士兵中，埋头读书的戴高乐显得很另类。连长德蒂尼上尉也不喜欢这个要"干大事"的"瘦高个儿"。当有人问连长为什么不提升戴高乐为中士时，德蒂尼上尉冷漠地回答说："我怎能把这样的小伙子升为中士呢？他恐怕只有当上大元帅才会称心如意呢！"

直到进了圣西尔军校，戴高乐才感到如鱼得水！1910年10月14日，天空中下着瓢泼大雨，年轻的士官生夏尔·戴高乐穿着整齐的新军装，背着行军袋，走进了圣西尔的大门。圣西尔军校由拿破仑创建于1803年，是法国最早的培养步兵和骑兵军官的职业军事教育院校。1803年1月28日拿破仑签署法令，在枫丹白露成立帝国军事专科学校。1808年3月24日，军校迁到圣西尔，故名圣西尔军校。

圣西尔军校的宗旨是为陆军培养合格的初级指挥军官，要求学员在德、智、体各方面得到全面发展。圣西尔培养出来的毕业生不仅要具备优良的军人素质，还要掌握高等教育的渊博知识，是有理想、有个性、有文化、开放、有服务意识，懂教育、善管理、有爱心、出类拔萃的国家栋梁。因此，圣西尔不但设有战术研究、体育训练等专业，还设有人文科学、自然科学、经济学、语言学等专业，要求学生实现全面发展。

每天早晨5点30分，起床的号声便吹响了。学员们迅速而有序地穿好衣服，整理内务，然后就排着整齐的队伍到食堂就餐。上午6点，学生们准时进入教室，开始文化课的学习。7点，全体学生必须到操场上参加两个小时体操、击剑和马术训练。接着又是学习，直到吃午饭。午休之后，战术研究课和军事训练课便开始了。下课之后，所有学生必须自习到晚上7点30分。晚饭后是自由活动时间，晚上9点点名，10点吹熄灯号，全体上床就寝。戴高乐十分享受这种古板而又有规律的生活。在沃吉拉尔的圣母玛利亚学校读书时，每天的时间也差不多是按照这种方式安排的。因此，这个出身贵族的青年早就习惯了这一套。

由于个子高大，又勤奋好学，戴高乐在圣西尔颇引人注目。和大部分军校一样，在圣西尔军校里，开玩笑是家常便饭的事情。同学们很快就开始开戴高乐的玩笑，叫他"大公鸡"、"大夏尔"。除了关于他身材

拿破仑一世创建于1803年的圣西尔军校

的绰号外，还有一个取笑他的大鼻子的绰号——"西哈诺"。西哈诺是法国著名的爱国作家罗斯丹笔下的人物，他长有一个大鼻子。戴高乐很喜欢这个理想中的法兰西人物形象，所以并没有因此而感到不悦。有一次，大家还开他的玩笑，让他站在桌子上背诵了一段《西哈诺》。戴高乐觉得既然这些都是军校的规矩，那就入乡随俗吧！为了跟同学们打成一片，他曾在一次晚会上装扮成小丑，表演了一个杂技节目。还有一次，在圣西尔为庆祝"胜利日"而组织的歌舞演出中，他扮演了"乡下女孩的未婚夫"。

不过，这些努力并没有改变戴高乐留给同学的冷淡和孤高的印象。他那落落寡合的领袖性格在此时就已经显露出来了。根据记载，他在圣西尔学习期间跟同学的谈话大多都是围绕着历史事件而进行的即席演讲。在这些谈话中，他追溯了大量的历史事实和年代日期，其记忆之精确让他的同学都自愧不如！

临毕业之时，戴高乐在练习本上摘录了维克托·雨果的一段话："风格简洁，思想精确，遇事果断。"很显然，这句话成了他毕生追求的座右铭！

五

重返第三十三步兵团

1912年9月，戴高乐以第13名的总成绩从圣西尔军校毕业了，获得了少尉军衔。在所修课程中，他的步枪、射击、马术和击剑成绩平平，其中步枪射击简直糟透了。不过，除此之外，其他各科的成绩都十分优秀，在野战工事、品德教育和对疲劳的忍耐力等方面的表现尤其突出。这就弥补了他在步枪射击等方面的不足，获得了第13名的好成绩。这个名次比他入学考试时的第119名提高了106个名次。这说明，戴高乐在校期间的学习是十分努力的。

按照圣西尔军校的规定，毕业生可在全军中任选一个团供职。戴高乐选中了自己当了一年见习兵的第三十三步兵团。当时，第三十三步兵团在法军中并没有多少名气，戴高乐以当届毕业生第13名的成绩而进入该团引起了不小的轰动。

戴高乐为什么会回到阿拉斯的第三十三步兵团呢？这主要是因为该团新任指挥官菲利普·贝当的原因。贝当出身农民家庭，于1876年加入法国陆军。作为一名资深的军官，贝当曾在陆军参谋学院做过教官，在军中享有盛誉！

1912年调任第三十三步兵团团长之时，贝当已经56岁了。按理说，一个团级军官在这个年龄上通常应该退休了。但当时的国际形势十分紧张，欧洲各大国为争夺海外殖民地，重新划分势力范围，针锋相对，常常吵得不可开交。法国与其宿敌德国之间的矛盾尤其尖锐。普法战争后，普鲁士首相俾斯麦担心法国报复，因此他采取结盟政策，围堵法国。狡猾的俾斯麦本来打算与奥匈帝国、沙俄结成"三皇同盟"的，但因沙俄在巴尔干半岛问题与奥匈帝国发生了利益冲突。俾斯麦最终在1879年选择了奥匈帝国作为盟友，与奥匈帝国秘密缔结了德奥联盟。1881年，意大利与法国在殖民地事务上发生冲突，在争夺突尼斯的斗争中败下阵来，面临着被孤立的危险。俾斯麦趁机把意大利拉入了"三国同盟"之中。

德国与奥匈帝国签订了"德奥同盟"后，沙俄方面十分愤怒。但老练的俾斯麦为了维持与俄国的良好关系，于1887年与其签订了"再保条约"。可是当俾斯麦在1890年下台后，德皇威廉二世上任时却又把条约终止了。法国政府已经意识到，衰落的法国已经不可能单独对付强大的德国了，唯有像德国一样，与大国结成同盟，才能保住法兰西的尊严。法国方面利用沙俄工业化急需资金支持的现状，在财务上大力支持沙俄，并在1892年与沙俄结成了"法俄同盟"。

1904年，法国又与英国签订了"挚诚协议"。这项协议并不是军事同盟条约，而是一项解决两国在殖民地纠纷方面的协议。1907年，在法国方面的怂恿下，英、俄双方结束了他们在殖民地上争夺，签订"英俄谅解"协约。同年，法、英、俄三国因受到德国在奥斯曼帝国的力量威胁，组成了"三国协约"。从此之后，欧洲便分为了两大阵营。两大阵营相互对立，只要有任何风吹草动，都有演变为世界大战的可能！

为了应对随时有可能爆发的世界大战，法国方面长期将军队维持在70万~80万之间的规模。庞大的军队需要大量的军官来管理和训练。因此，精力充沛、魅力十足的贝当上校并没有因为年龄的问题而退出现役。这位资深的上校认为，在现代战争中，最重要的不是谁主动出击，而是谁能够最大限度地集中火力。当时的高级指挥官十分重视他的这一观点。戴高乐也敏锐地意识到了这一点，便申请回到了阿拉斯军营，成为了第三十三步兵团的一名少尉排长。

在一个凉爽的秋日，戴高乐来到了阿拉斯的营房。贝当上校亲自接见了年轻的少尉，说欢迎他到"陆军"来。贝当上校精神抖擞的面貌给戴高乐留下了极深的印象。机灵、聪敏的戴高乐少尉也给贝当上校留下了很好的印象。可以说，贝当是戴高乐职业生涯中遇到的第一位贵人，也是戴高乐走向公众视野的领路人之一。

不过，戴高乐和贝当上校此后并没有太多的交往。大部分时间里，戴高乐都在努力地给士兵们上课，大讲责任和义务。这是一名排长在上任之初都要讲的内容，也是士兵们最讨厌的内容之一。他向新兵指出，当兵不仅是为了捍卫法兰西和法国公民，也要为维护国内安全作贡献。

他声嘶力竭地喊道:"必须有进攻精神!这就是说,时时处处都要有唯一的思想,勇往直前……一旦战斗开始,法兰西军队的全体人员,从总司令、军官到士兵,都只有一个思想:前进,进攻,追上德国人,杀死他们或者赶走他们。"

戴高乐讲得并不比其他排长出色,他的课堂死气沉沉,十分枯燥。但不同于其他排长的是,这位新排长研究并记住了每个士兵的生活细节!当戴高乐把这些说出来时,连士兵们自己都大吃一惊!他们纷纷说,他们第一次发现自己居然有这么多的生活习惯!

戴高乐是在一次军事交流会上获得贝当上校的青睐的。当时,贝当上校正在讲波旁王朝时期的孔代亲王在阿拉斯举行的一次军事演习。年轻气盛的戴高乐少尉突然站起来,毫无顾忌地打断他的话,指出蒂雷纳元帅是用炮火压倒孔代而"拯救"了阿拉斯。

戴高乐说完之后,在场的下级军官们个个都大惊失色,认为他冒犯了团长。但贝当上校笑了起来。他立即停止了会议,亲密地挽起戴高乐的胳膊,离开了军官队伍。他们一边在军营附近的小树林里散步,一边热烈地讨论起孔代亲王和蒂雷纳元帅两人的军事观点。

戴高乐提出的集中火力的战术观点与贝当上校的观点不谋而合。戴高乐也因此得到了贝当的青睐。这种交往后来发展成一个高级将领和一位才华横溢的年轻门徒之间的情谊。这位高级将领在他的有生之年,以各种方式为他的年轻门生攀上世界级巨人的峰巅做了铺垫。不过,这并不代表他们之间没有矛盾和分歧。第二次世界大战爆发之后,他们便分道扬镳,向完全相反的方向走去,并都坚定地认为自己是在代表法兰西的利益!

1913年7月14日的法国国庆日,第三十三步兵团举行了盛大的阅兵仪式。贝当上校威风凛凛地骑在马上,开始检阅他的部队。在战争的阴云逐渐聚集的年代里,第三十三步兵团的士兵士气高涨,军容整洁,让贝当上校十分满意。

但当检阅到戴高乐少尉负责指挥的队列时,他不禁勃然大怒!戴高乐居然提前解散了队伍!贝当当时就大发雷霆地臭骂了戴高乐一顿,并下令关他的禁闭。

戴高乐辩解道,他是接到了解散的命令才让士兵们离开的。但贝当并没有听他的解释。戴高乐伤心极了，他神情沮丧地在执行官的引领下走进了禁闭室。当时已经是星期六了，第二天是休假的日子。在过去的几个月里，每到星期日，戴高乐都会到巴黎去度假。现在没有办法了，他只能眼巴巴地错过这次机会了。

傍晚，执行官突然打开了禁闭室的铁门，告诉戴高乐说："团长已经取消了对你的一切处分。"

戴高乐欣喜若狂，撒腿就往外跑去。他来不及收拾行李，就向火车站跑去。火车就要开了，他不敢耽误一秒钟的时间。等他跑到火车站的时候，汽笛响了起

青年时代的戴高乐

来，火车缓缓开动了。戴高乐一纵身，跳上了火车。当他气喘吁吁地走进一间包厢时，发现那里已坐了一个穿便服的中年人。此人正是贝当！

贝当上校看了看戴高乐，风趣地调侃道："啊，小伙子，你差一点就赶不上车了吧！"

戴高乐不动声色地回答说："是啊，上校！不过，我想我准能赶得上。"

贝当笑了笑，朗声道："可是那时你还被关着呢！"

戴高乐自信地说："那倒不假。但既然处罚不公，我相信你一定会撤销的。"

两人很快忘记了不快，坐在一起轻松地聊了起来。两个月后，在贝当的大力推荐下，23岁的戴高乐被晋升为了中尉。

第一章 法兰西的年轻军官

· 第二章 ·

第一次世界大战的洗礼

一

奉命开赴边境迎击德军

1913年秋季,法军举行了规模浩大的军事演习。为了不刺激德国,法国政府把演习的高潮安排在了西南部图卢兹附近的农村。演习模拟了战争爆发的当天,法军全面出动抗敌的局面。整个演习展现出了全面战争的壮观场面,裁判不断宣布某排被消灭了,某机枪阵地被飞机炸飞了……

演习结束之后,德皇威廉二世给法国总统写了一封长信,对演习的成功表示祝贺。消息传出去之后,法国上下一片惊慌。法国与德国是宿敌,法兰西人一直渴望着击溃德意志人,一雪在普法战争中的战败之耻,收复阿尔萨斯和洛林两省。德意志人也一直在防范法兰西人复仇,扩张军队,加紧备战。德国一直保持着庞大的军费开支,约为法国的两倍,德军的装备比法军先进,人数也比法军多出一些。1913年,德国又猛然将现役军队增加到了85万人!

德皇威廉二世的贺信怎能不让法国人胆颤心惊呢?事实上,威廉二世给法国的贺信刚刚寄出几个小时,他就告诉正在柏林访问的比利时国王,他对法国人感到厌烦,决心"以一场不可避免的战争"干掉他们。

消息传到法国之后,举国上下再一次震惊了!法国政府急忙将义务兵的服役期限由两年延长到了3年。街头巷尾都在谈论着即将发生的战争。军队里的气氛更加紧张,士兵们都已经知道,一场新的战争已经无法避免了,但到底会以什么形式爆发还不大清楚。他们唯有做好战斗准备,以不变应万变。

1913年底,第三十三步兵团团长贝当升任旅长,离开了阿拉斯。贝当的离去削弱了第三十三步兵团的指挥机构,也让戴高乐与这位良师益友暂时分开了。团长给戴高乐留下的印象很深,他说:"贝当是个了不起的人。"

贝当是一个尖刻而又容易树敌之人,他曾公开地批评法军高级将领的愚蠢,因为他们不假思索地主张不惜一切代价地主动发起进攻。在被提升为旅长的时候,国防部的一位高级军官悄悄跟贝当说:"先生,你树敌太多,绝不可能成为将军的。"

贝当感到前途无望,甚至做好了退休准备。他在加莱海峡圣欧梅附近买下了一所小房子,准备退休后到那里静静地享受生活。不过,事态的发展改变了贝当事业的轨迹。1914年6月28日上午9点,波斯尼亚青年普林西普在萨拉热窝刺杀了主张吞并塞尔维亚的奥匈帝国皇储斐迪南大公夫妇。这一事件被称为萨拉热窝事件,是第一次世界大战的导火索。7月23日,奥匈帝国在获得德国无条件支持之后向塞尔维亚发出了最后通牒,包括缉捕凶手、镇压反奥活动和罢免反奥官员等。虽然塞尔维亚同意了奥匈帝国的大部分条件,但奥匈帝国在德国的支持下依然将冲突迅速升级到了军事层面。7月28日,奥匈帝国对塞尔维亚宣战,打响了第一次世界大战的第一枪。

从表面上看,第一次界大战的爆发是由萨拉热窝事件引起的。其实

奥匈帝国皇储斐迪南大公夫妇

不然，这场战争爆发的真正原因是帝国主义之间矛盾积累的必然结果。站在塞尔维亚背后的是强大的俄罗斯帝国和法国。英国虽然没有公开表示要支持塞尔维亚，但也在私下里鼓励俄国积极备战。

德国企图从英、法手中夺取殖民地，从俄国手中夺取乌克兰、波兰及波罗的海沿岸地区，并摧毁英国的海上霸权。沙俄则企图占领君士但丁堡和黑海海峡，夺取加里西亚，进而削弱德、奥的实力。英国企图击溃经济上和军事上最危险的竞争对手德国，夺取德国的殖民地以及巴勒斯坦等地。法国企图粉碎德国的大陆霸权，收复阿尔萨斯和洛林，夺取德国富产煤铁的萨尔区。一场帝国主义争夺世界霸权，重新划分殖民地的罪恶战争就这样开始了。

8月1日，德国正式向沙俄宣战。法国人已经预料到，德国下一步就要对法国宣战了。政府立即颁布了军队总动员令。当天下午，消息传到了驻守在阿拉斯第三十三步兵团指挥部。军营里立即沸腾了，预备役军人赶来了，一些逃兵也要求重新入伍。士兵们有的在交头接耳地议论着什么，有的在静静地擦枪……

第三十三步兵团的士兵大多来自法国北方的农民或矿工。他们粗犷而又温和，身上充满了活力和胆量！甚至不需要战争动员，他们就可以随时奔赴战场，干下一场惊天动地的大事。

8月2日，德军出兵中立国卢森堡，企图占领该国的铁路网。8月3日，德国又向其西部的邻国法国宣战。8月4日，德国又出兵中立国比利时，驱逐该国境内的法军。比利时被迫对德国宣战。英国考虑到比利时对自己国土安全的重要性，也在同日向德国宣战。第一次世界大战西线战场的两大敌对阵营随后在德法边境、比利时、卢森堡一带展开了厮杀。

8月4日，第三十三步兵团接到命令，马上开赴里尔不远的北部边境地区候命。新任团长克罗代尔上校立即下达了命令，要各连队准备出发。接到命令之后，戴高乐中尉便开始带着全排士兵准备出发了。

当天晚上，第三十三步兵团全体官兵在膳宿公寓高高兴兴地进了晚餐。然后，大家便返回了宿舍，开始整理内务。作为一名排长，戴高乐除了整理内务之外，还要负责整理一些必要的文件。他把重要的文件装在了行军袋里，那些不需要的文件全都被丢到火里烧成了灰烬。

第二天凌晨，第三十三步兵团准备出发了。戴高乐看了一眼整洁的宿舍，又摸了摸书架上的书籍。他在日记中如是描述当时的情况："再见了，我的房间，我的书籍，我所熟悉的所有东西。生活显得多么紧张，当一切也许即将停止时，最小的事情也变得多么突出……今天早晨，我们团已经井然有序地启程了。很少有人来看我们出发。坚强的人们忍住了自己的眼泪。上前线吧……"

二

在默兹河大桥光荣负伤

第三十三步兵团全体官兵排着整齐的队伍在朝阳的映照下出发了。行军和以往的演习非常相似：队列同样整齐有序，道路两旁的景色同样美丽，背上的行军袋同样沉甸甸的，就连队伍行进时踢起的尘土也与往常一样呛人……

但官兵们的心境却与以往的演习截然不同。这是一次真正的行军，是在开往炮火连天的前线，而不是演习。傍晚时分，士兵们的耳边便响起了隐隐的炮声。很显然，大家距离前线越来越近了。除了身体上的困乏之外，每个人的心头都产生了一种对未知的担忧。

晚上，部队行进了80公里，抵达了奥斯特里库。这时，官兵们已经非常疲劳了！虽然可以听到隐隐的枪炮声，但团部并没有接到任何关于敌人的消息，也没有接到战斗任务。部队在奥斯特里库停了下来，戴高乐命令士兵做晚饭……

凌晨2点，戴高乐的顶头上司第九连连长博斯凯上尉找到了戴高乐。两人商议着行军事宜。凌晨5点，炊事班终于把饭菜准备好了。饭菜很差，但士兵们吃着本应当在前一天晚上吃的饭菜，都没有任何怨言。

吃完饭之后，炊事班又送上了热腾腾的咖啡。大家在隐隐的枪炮声中慢慢地品尝着咖啡，倒是别有一番风味。戴高乐神色凝重地眺望着边境地区，似乎在思考着什么。突然，连队通讯员骑着自行车像一阵风似的驶过来了。没等自行车停稳，通讯员便冲着连长博斯凯上尉报告说："我的上尉！团部刚刚开拔。给您的命令是跟随纵队。"

博斯凯上尉和戴高乐中尉急忙发出了命令，跟随团部向迪南方向行进。第三十三步兵团原本属于预备队，在近期并没有作战任务，但紧张的战局让法军不得不提前把预备队投入了战斗。

德军入侵比利时之后，德、法两军便在法、比边界展开了一系列激烈战斗，史称边境之战。法军总司令霞飞将军于 8 月 8 日发布第一号命令，规定了法军的作战方案。按照这个命令，法国第一、第二集团军于 14 日向东北进攻，攻入阿尔萨斯和洛林地区。面对法军进攻，德军第六、第七集团军边战边退。法国人顺利地进入了在普法战争中失去的地方，为收复失地感到庆幸。但法国人没有想到，德国第六、第七集团军组成的左翼纵队的主要任务是防御。他们的撤退是事前已经安排好的。

8 月 15 日，德军发动了猛烈的反攻，法军被迫退至横贯迪南的默兹河上。第三十三步兵团奉命守住默兹河大桥，阻止德军过河。戴高乐奉命带领全排士兵于凌晨时分跟随团部进入了迪南城。在战役前夕，小道消息满天飞，人们纷纷议论说：“德国人将在今天下午攻打默兹河大桥……”

部队在街上筑起了工事，安静地等待着德军的进攻。时间一分一秒地过去了！戴高乐感觉时间似乎停滞了，现在的一秒钟似乎比从前的一分钟还要长。士兵们虽然已经做好了一切准备，但在临战之时不免有些慌张。街上出奇的安静，士兵们或者一遍一遍地擦着枪，或者一根接一根地抽着烟……

突然，前方传来了"嘣嘣嘣"急促而又杂乱的枪声，德国人的进攻开始了。戴高乐低头看了看表，此时是 8 月 15 日早上 6 点整。他感到喉咙发紧，一种莫名的恐惧攫住了他的心。他的心底甚至在惊呼："完了，一切都完了！"

不过，戴高乐随即镇静了下来。他看了看工事里的士兵，大家脸上的凝重也渐渐被笑容取代了。最初的惊慌退去了，大家在说说笑笑中把子弹推上了枪膛，准备战斗。不少人甚至一边喝咖啡，一边盯着前方的动静。

戴高乐走到了工事里，跟士兵们开开玩笑，借以缓解紧张的神经。突然，大炮的轰鸣声响了起来。随即，炮弹在他们上方的空中爆炸了……连队被带到一片房子后面，然后从两侧的交道口进入了铁路的堑壕。德国人的子弹像雨点一样落到迪南城里，炮弹发狂地飞来，但没有造成重大损失。

戴高乐坐在交道口的一张凳子上，故作镇静地望着对面的阵地。每

自由之魂 戴高乐

隔一小会，他就会去同排里的士兵开开玩笑，给他们打气。这时，一些伤员开始穿过迪南城。那些轻伤员看上去很高兴。但重伤员的情况就不一样了，他们躺在担架上，呻吟着被担架兵抬到后方去了。戴高乐很佩服那些在猛烈的炮火下穿过默兹河去寻找伤员的担架兵。令戴高乐感到惊讶的是，法军的炮兵始终没有还击。

第一营第一连冲上了菲利普维尔公路，飞一样地向交道口跑去……一阵枪响之后，跑到最前面的一名中士倒在了地上，再也没有爬起来。一名排长猫着腰冲到中士的前面，摇了摇中士的身体，然后失望地摇了摇头。中士已经阵亡了，那名排长双手抓住中士的双脚，将尸体拖到了堑壕里。

鲜血渐渐染红了中士身边的泥土，士兵们变得疯狂起来了！戴高乐冲着他的第一排，大声吼道："背上背包！刺刀上枪！同我一道前进！"

德军已经冲上了默兹河大桥，如果不能将他们堵在桥上的话，后果将不堪设想。戴高乐极力想表现得镇静一些！他感觉自己仿佛成了两个人，一个戴高乐像自动木偶那样机械地向前跑去，一个戴高乐则在慌慌张张地看着前一个戴高乐。

戴高乐带领第一排向前冲了20余米，德军的机枪便吼叫了起来。戴高乐一个踉跄，摔到在地。膝盖上顿时传来一阵剧痛，就像被鞭子狠狠抽了一下一样。他伸手一摸，感觉到温热的鲜血正在汩汩流出。冲在最前面的4名士兵也倒了下来。中士德布倒在了戴高乐的身上，抽搐了两下便死去了。

一阵可怕的弹雨落在了戴高乐的周围，约有30秒之久。他的耳边，前前后后，左左右右到处都是子弹的爆裂声，其中还夹杂着子弹穿透肉体发出的沉闷的声音！一些伤员双手捂着伤口，在地上呻吟着。突然，又有一些子弹落在了他们的身上！他们的嘴里立刻发出杀猪般的嚎叫！尸体很快就堆满了堑壕前几十米的地方！

戴高乐躺在尸体和伤员的中间，感觉大腿已经不是自己的了。他努力挣扎着，试图从重伤员、尸体或者奄奄一息者中间爬出来……他忍着巨大的疼痛，终于爬到了街上，但那里也和大桥边上一样，到处都是死尸和伤员。

上午，担架兵发现了身受重伤的戴高乐，把他抬到了后方。令戴高乐感到不快的是，参加战斗的第一天便受了伤，被抬下了火线！他先被送到沙勒罗瓦接受简单的治疗。在那里，他惊喜地见到了他的姐姐玛丽和姐夫阿尔弗雷德·卡耶尤。

不久，戴高乐又先后被送到阿拉斯、巴黎的圣约瑟夫医院、里昂的德斯内特医院接受治疗。他在里昂撰写了关于迪南战斗的报告。像大部分急于返回战场报仇的伤员一样，戴高乐就伤势的严重性向医生提出了疑问。医生告诉他，他的伤势并不严重，不会影响他重返战场。

戴高乐终于放心了，他甚至利用养伤的时间写了一部中篇小说。这篇小说直到他去世后才被收录在《文稿和记事》中。小说名叫《洗礼》，讲的是朗热尔中尉的故事。朗热尔这个姓氏在法语中是"戴高乐"的变体。由此可见，小说中的人物是以他自己为原型的。1914年，年满23岁的朗热尔在战争刚爆发之际就投入了战斗。朗热尔中尉跟连长的太太是一对情人。连长预感到自己将战死疆场，便将公文包交给他，要他届时转交给连长太太。朗热尔答应了！

不久之后，连长战死了，朗热尔也身负重伤。他经过千辛万苦，终于将连长的公文包交给了连长的太太、他的情人……

在戴高乐养伤期间，前线不断传来法军战败的消息。霞飞将军的第一号命令破产了。法军不仅没有占领阿尔萨斯和洛林，反而让德军突破了边境防线。法军被迫向南撤退，而德军则侵入法国领土，向其心脏地区长驱直入！法国最富裕的北部沦为德国占领区，法军阵亡总数达38万，受伤、被俘和失踪人员达60万！更为严重的是，战前受过训练的军官有80%阵亡或受伤了，部队的中下级军官严重匮乏！不过，法军也粉碎了德军的速决战略，使其陷入了战争的泥潭！

三

前线吃紧，主动请缨

1914年11月底，伤愈的戴高乐回到了前线。经过几个月的战斗，第三十三步兵团减员大半，士气低落。战事陷入了胶着，两军躲在战壕里，开始了艰苦的阵地战。战壕里一片泥泞，有些地方的积水甚至能没到膝盖。但士兵们只能呆在阴冷潮湿的战壕里忍饥挨饿，谁也不敢爬出去。双方都部署了暗岗和狙击手，悄悄盯着对方的阵地，一旦有人露头，狙击手就会送给他一颗致命的子弹！每天早晨5点到上午9点，双方还会炮击对方的阵地。在消耗战中，双方的伤亡均十分惨重，士兵的生活更是苦不堪言！

戴高乐对法军停滞不前的状态感到十分不满，急得直跺脚！年轻的中尉发现，战事胶着是由敌对双方部署的武器导致的。双方的高级指挥官或许已经发现了这一点，但却迟迟没有作出调整。戴高乐厌恶地写道："这种堑壕战有一种缺陷，那就是让每个人身上的情绪被放大到了极点！人们在战时无力去克服这种情绪。假如我让敌人安安稳稳，那敌人就会使我安安稳稳！这是应当谴责的。"

戴高乐主张主动发起进攻，但作为一名低级指挥官，他无力影响法军统帅的决策。想到这些，他就对接受一些叫他无所作为的命令而感到气愤！第三十三步兵团团长克罗代尔上校与戴高乐持同一观点。两名年轻的军官产生了一种惺惺相惜之感。于是，克罗代尔上校便命戴高乐当自己的副手，在两人职权允许的范围内，尽量给当面德军以重创。

1915年1月22日，戴高乐因出色执行了一系列侦察任务而受到了师部的表彰，荣获了一枚十字勋章。第三十三步兵团归第二师指挥。师部的表彰令说他"在异常危险的情况下执行了一系列对敌军阵地的侦察任务，带回了有价值的情报"。2月10日，戴高乐被晋升为上尉。与此同时，克罗代尔上校被调离了第三十三步兵团，接替他担任团长的是布多尔上校。

为打破僵局，参战双方都在不断地向前线增派兵力。到2月底，英法联军在前线的兵力已经超过了300万，德军也达到了200万。德军战线的努瓦荣突出部离巴黎不到100公里，严重威胁着法国首都的安全。法军企图削平这个突出部，迫使德军撤退。

3月初，英法联军先后在香槟和阿杜瓦地区对当面之敌发起了猛烈的进攻。戴高乐所在的第三十三步兵团悉数参加了这次春季攻势。3月15日，第三十三步兵团驻守的拉戈涅前线几乎被炮弹翻了一个个儿。德军的大炮一整天都没有停息，不停地向法军的头上倾泻着炮弹。第三十三步兵团损失惨重，半个团的兵力丧失了战斗力。

戴高乐也在战斗中受了伤。他的左手被一块弹片打中了。像许多热爱法兰西的士兵一样，戴高乐不愿撤离战斗。他强忍着巨大的疼痛，趴在战壕里，端着枪，搜索着射击目标，不时射出一梭子愤怒的子弹！他的伤口很快就感染了。戴高乐被强行送到了后方去治疗。

6月1日，戴高乐伤愈重返部队。战场上胶着的状态让他越来越不满了。于是，他通过写作来发泄心中的愤懑！他在一篇名为《炮手》的文章中写道："当天气晴朗和一切都平静的时候，炮手偶尔会出现在第一线。在这种情况下，炮手神气活现，好像一位美丽的太太去看望那些穷人似的。步兵们将炮手团团围住，热烈欢迎他的到来，因为这些步兵地位卑微，对别人想到自己和来看望自己几乎感到羞愧。他们竭力做到不要太脏、太笨和过于伤心。不过，炮手是个好小伙子，甚至在堑壕里也有胆量。他拿德国大兵开玩笑，但事实上，这些德国人从来也没有使他吃过大的苦头……有时，炮手同意在步兵食堂吃晚餐。他批评过军事行动。最后，他轻轻地走了，心里充满着更多的怜悯、宽容和自豪……"

作为一名步兵，戴高乐对那些不与步兵风雨同舟的人持有最严厉的批评态度！这多半也是因为他急于战斗，打破战争僵局而引起的。法军在香槟地区发动的战役打了半年多，也没见分晓，反倒付出了15万人伤亡的惨重代价。

10月30日，戴高乐上尉受命指挥第三十三团第十连。第十连的士兵大多是来自北方的矿工。很快，戴高乐就对全连每个士兵的战斗经历及秉性都了如指掌了。3个月后，戴高乐主动请缨，要求把他的连队派往正在激战的凡尔登前线。团长布多尔上校同意了。在批文中，布多尔上校写道："鉴于局势严重，而且由于此项任务极端重要，我认为唯有戴高乐上尉才能胜任。"

凡尔登战场是第一次世界大战的主战场之一。1916年的钟声刚刚敲响，德军总参谋长法尔根汉决定在西线集中兵力，向凡尔登的法军突出部发起进攻。凡尔登是法国著名要塞，是通往巴黎的强固据点和法军阵线的枢纽。一旦凡尔登失守，将给法国军民的士气以沉重打击。法尔根汉估计，法国为了保卫凡尔登，必将会投入全部力量。这位谨慎有余，勇猛不足的统帅认为这次进攻从军事上来说，将成为"碾碎法军的磨盘"，将"流干法国人的血"！

法军总司令霞飞将军认为，凡尔登要塞已经过时，已经无法适应现代战争的需要了，便于1915年将各炮台弃置不用，而代之以战壕、掩体、土木障碍和铁丝网等野战工事。但法军在此部署的部队却不足防御之用。在得到德军准备进攻的情报之后，霞飞将军也没有加强凡尔登一线的防御力量。因此，在战役刚开始之时，法军处于明显的劣势！在开战前，法国驻凡尔登的兵力只有4个师约10万人，装备有各种口径的火炮270门。德军进攻部队有10个师约27万人，装备有火炮1000门。

法军总司令霞飞将军

2月21日早晨7点15分，德军集中所有的炮火，对凡尔登附近狭窄的三角地带连续猛轰！一时间，法军阵地上烽烟四起，血流成河。大部分防御工事都被摧毁了，战线前沿的森林被烧光，连山头都被削平了……

炮击一直持续到下午4点30分才结束。法军士兵们从来没有见过如此猛烈的炮火！许多人都被打懵了，甚至忘记了躲进掩体。与此同时，德国的飞机也对法国重要的铁路线进行了轰炸。当天晚上，德军以6个师的兵力在默兹河东岸宽仅10公里的前线上发起了攻击。

2月25日，德军顺利攻占了没有设防的都蒙炮台。法军阵线被切成数段，与后方的交通也全部断绝了。凡尔登前线陷入了危机，法国战线的防御体系也岌岌可危。法国政府迅速采取了紧急措施，急忙增派援军，并委任时已升任第二集团军司令的贝当为凡尔登地区的司令官。第一次世界大战爆发前，贝当不过是一个名不见经传的旅长。由于得到了法军总司令霞飞将军的赏识，他迅速升为师长、军长、集团军司令。

法国名将贝当

25日夜间，贝当来到了凡尔登前线。他给前线部队划定了一条督战线，要求士兵用一切手段顶住德军进攻，不许退过这条线。与此同时，他组织部队抢修道路，组建了一支9000人的运输队，向前线运输作战物资。每昼夜有6000辆汽车到达凡尔登前线，平均每14秒就有一辆汽车抵达。贝当将军修建的这条公路被法国人称为"圣路"。

四

在凡尔登前线"阵亡"

凡尔登一线出现了有史以来最残酷的争夺战，双方在拉锯战中反复厮杀，都付出了沉重的代价。戴高乐的第十连便是在这种紧急情况下被调往凡尔登前线的。尽管戴高乐具有活动家的乐观主义，但这并未阻止他以一种罕见的判断力，预见到凡尔登战役将是战争的一个转折点，以及他人生的一个转折点。他在给母亲的信中写道："敌人决计要向我们进行最后一次进攻。在这场正在进行的疯狂的战役之初，我的信念是，敌人将遭到一种毁灭性的和引起巨大反响的失败。无疑，敌人几乎到处都在向我们争夺堑壕，哪怕后来失去它们也罢；无疑，敌人的进攻将是无情的，必须求助于我军的一切道义力量和物质力量，来经受住这种打击，而不被削弱……如果在今后的几日和几周里，您只收到一些不合常规的消息，请您不要惊慌。"

从这封信中可以看出，戴高乐已经做好了以身殉国的准备。3月2日，德军再次向法军阵地发起了猛烈的攻击。和往常一样，他们先以重炮猛轰法军的阵地，而后以步兵向前推进。前沿阵地的法军损失大半，很快败

凡尔登战役中的法军士兵

下阵来！处于第二线的戴高乐立即指挥士兵向冲过来的德军射击。由于兵力悬殊，战事吃紧，第十连的士兵损失大半。

突然，有人高喊："援军来了！"

戴高乐颇受鼓舞，转过身去，看见一群戴着法军蓝色钢盔的士兵正在从他们背后冲过来。但仔细一看，戴高乐惊呆了！那些头戴法军钢盔的士兵全部穿着德军制服，手中的武器也是德制武器。他恍然大悟，知道受骗了，狡猾的德军蒙骗了他们。

戴高乐立即命令全连上刺刀，发起了反冲锋。他们刚跳出战壕，密集的子弹便射了过来。冲在最前面的士兵倒下了，鲜血立即染红了被战火烧焦的土地。敌对双方纠缠在了一起，残酷的肉搏战开始了！突然，戴高乐也摔到在地，一名德国士兵刺穿了他的大腿！鲜血从伤口中喷涌而出，浸透了戴高乐身上那套肮脏不堪的制服……几分钟后，他便昏了过去。

团长布多尔上校亲眼看到戴高乐中弹倒下，遍体鲜血，以为他已经阵亡了，便在战斗结束后写信通知他的双亲，说夏尔已经阵亡了。戴高乐的老上司贝当将军接到报告后，立即追授这位年轻的上尉一枚最高荣誉十字勋章，并在全军嘉奖令中写道："指挥该连的戴高乐上尉素以其在德智训练方面的优异成绩著称！是日，戴高乐所部遭敌猛烈炮击，伤亡惨重，同时敌人又从四面向其连队逼近。该员率部勇猛出击，与敌展开激烈肉搏！这是不违背其军人荣誉感的唯一抉择。该员在激战中以身殉国，不愧为一名在各方面均无与伦比的军官。"

人们都以为戴高乐已经战死沙场了，他的父亲甚至为他举办了丧礼。但几周后，人们从红十字会那里得知，戴高乐幸存了下来。他受伤昏迷后成了德军的俘虏，被关在德军的战俘营里。这一消息让亨利·戴高乐夫妇多少感到了一些欣慰，但也遭到了舆论的指责。人们纷纷说，是戴高乐下令第十连向德军投降的。一时间，戴高乐成了人们口中的"法兰西的叛徒"！

第三十三步兵团团长布多尔上校曾亲眼目睹了这场战斗，对整个战斗过程十分了解。第十连的全体官兵一直战斗到弹尽粮绝，摔断了步枪才被迫向德军投降的。而此时，戴高乐因失血过多和德军毒气的伤害晕了过去，是不可能下达投降命令的。在3月初的战斗中，第三十三步兵团牺牲了32名军官，1443名士官和士兵，其余大部受伤，第三十三步兵团已经名存实亡！

被俘之后，戴高乐和其他被俘的法国军人一起被押解到了德国。第三十三步兵团的军医弗朗索瓦·勒佩迪埃博士和助理医生加斯东·德特拉恩德为戴高乐处理了腿伤。这两名医生与其他60人一起被德国人俘虏了。

对戴高乐来说，被俘是他人生中的另一次冒险！在他那一代人中，同他有一样经历的人至少有几十万，他们都在德军的战俘营里受过非人的折磨！戴高乐认为当战俘是一件屈辱的事情，是无法忍受的！当法兰西和世界正在遭受战火的折磨之时，他至少应该在战场上用枪炮进行抗争，而不是被关在战俘营里！

虽然戴高乐被迫呆在德军的战俘营里，但他依然时刻关注着战局，关注着法兰西的命运！戴高乐在给母亲的信中写道："我的多么亲爱的、娇小的妈妈，您知道，为了这种可恨的被俘，我的心里流了多少血啊！但是，我个人的情况是不要紧的。"

在另一封信里，戴高乐把自己被俘说成是"对一名法国军官的、最坏的命运"。不能为国效力的痛苦时时在折磨着他。以致很久以后，他对一位朋友吐露真情说："那是我一生最严峻的考验！"

为了摆脱这种痛苦，重返战场，戴高乐只能铤而走险——越狱。伤愈之后，戴高乐从美因茨军营医院被先后送到奥斯纳布吕克集中营和内斯集中营。他本来打算在转运的途中在多瑙河上乘船逃走的，但由于计划不周，该计划没来得及实施，就被德国人识破了。

不久，戴高乐被送到了立陶宛的斯祖齐纳"惩罚"营。在那里，他遇见了塔尔迪宇中校和罗埃德雷中尉。3名年轻的法军军官聚在一起，秘密商议起了越狱计划。他们在牢房里悄悄挖了一条地道。1916年8月，戴高乐进行了第一次越狱尝试。不幸的是，他们所挖的地道被发现了，越狱失败了。戴高乐和塔尔迪宇中校等3人随即被转到了德国巴伐利亚的因戈尔施塔特第九要塞。

第九要塞里关押着150余名法国、英国和俄国军官，他们都是已经越狱或者将要越狱的人。在那里，戴高乐也遇见了未来的红军元帅米卡伊夫·图哈切夫斯基、新闻记者雷米·鲁尔、贝尔热·勒夫罗、"自由法兰西"的司令卡特鲁、飞行员罗朗·加罗斯等人。

戴高乐在因戈尔施塔特集中营,成功地进行了第一次越狱。和戴高乐关在一起的是年轻的法军军官迪克雷上尉。两人一见如故,立即商议起了越狱相关事宜。经过数天的密谋,他们制定了一套详细的越狱计划。戴高乐给父母写信,让他们给他寄了一瓶苦味酸。这是一种有毒的化学制剂,有轻微的毒性,服用后可引起头痛、头晕、恶心呕吐、食欲减退、腹泻和发热等症状。

当时,戴高乐在潮湿阴冷的集中营里得了严重的冻疮。他向看守集中营的德国宪兵谎称,那是一种用来治疗冻疮的药物。德国宪兵们相信了!10月29日晚,戴高乐喝下了那瓶苦味酸,静静地躺在床上等待出现呕吐的症状。

几分钟后,他的体温开始上升,头痛如裂。迪克雷上尉喂他喝了一些水,并打算喊守卫,将他送到集中营医院。戴高乐拒绝了!他说:"要等症状再明显一些的时候再行动。"

迪克雷上尉点了点头,用毛巾帮他擦拭了一下额头上因疼痛而沁出的汗珠。又过了几分钟,戴高乐出现了恶心呕吐的症状。迪克雷上尉看了他一眼,似在询问:"可以行动了吗?"

戴高乐用力地眨了一下眼睛,表示同意。迪克雷立即用力砸牢房的门,高声喊道:"守卫,守卫,有人生病了!"

荷枪实弹的守卫闻讯赶到,打开了牢房的门。他们被眼前的景象惊呆了,只见戴高乐双手抱头,在床上不停地翻滚。被子上和地上被他吐得一片狼藉……

守卫立即命令迪克雷背起戴高乐,将其送往医院。迪克雷装作一副极不情愿地样子,背起戴高乐向医院的方向走去。医生给戴高乐进行了简单的处理之后,便令迪克雷将他送到病房,观察一段时间。

不一会,一名德国男护士走进了病房。戴高乐突然坐了起来,拉住男护士的手,朝迪克雷使了一个眼色。迪克雷从怀里掏出一沓钞票,一边用简单的德语单词,一边比划着,示意男护士把他身上的衣服出让给自己。

在重金的诱惑下,那名男护士点了点头,脱下了身上的衣服。收好迪克雷交给他的钱之后,那名男护士重重地朝自己的脸部打了一拳,假装昏倒在地。迪克雷假扮成护士,"押"着戴高乐向治疗中心走去。

　　他们边走边观察周边的建筑和地形。不久,他们便来到了一间小屋前。他们早已经打探清楚了,那间小屋里住着一名法国电工。电工也是在战场上被德军俘虏来的。由于有一技之长,而且从来没有越过狱,德军给了他一定限度的自由。戴高乐和迪克雷一闪而入,那名法国电工惊慌失措地看着他们,一句话也说不出来。

　　戴高乐简短地叙述了他们的越狱计划,并请那名法国电工帮助他们。爱国心切的法国电工不顾自己的生死,为他们准备了其他的民用制服和食品。结果,戴高乐和迪克雷顺利地在夜色的掩盖下逃出了集中营。

五

第一次世界大战的终结

　　逃出因戈尔施塔特集中营之后，戴高乐和迪克雷上尉昼伏夜行，朝瑞士边境走了7天，终于11月5日晚上来到了德、瑞边境上的德国小镇普法芬霍芬。小镇灯火通明，人头攒动，似乎正在举行什么庆祝活动。戴高乐猜测，德军在前线可能又取得了不小的战绩。

　　戴高乐和迪克雷上尉假装若无其事地从小镇中间穿过去。他们没有想到，他们疲惫不堪的外表和几天没刮的胡子很容易引起众人的注意。果然，他们在一个街口被几个德国警察盯上了。等到他们发现警察的时候，一切都已经晚了。就这样，这次精心策划的逃亡在最后一刻失败了。被抓之后，他和迪克雷上尉再次被送到了因戈尔施塔特集中营。由于有了这次教训，戴高乐在一段时间内不再越狱了。

　　1917年6月，戴高乐要求转移牢房。不久，他就送到了弗兰科尼的罗森贝格要塞。这是一座建在悬崖峭壁上的要塞，两面是墙，两面是沟。如果要越狱的话，就必须从峭壁上下来。但他们根本无法测量峭壁的高度，因此无法准备合适的工具。

　　在罗森贝格要塞，戴高乐结识了普吕沃斯特、特里斯塔尼和安戈。这3个人也都是法国人，是在战场上被德军俘虏的。他们一拍即合，马上组成了一个秘密越狱小组。他们合伙制作了一根30米长的绳梯，并且将其分成4段藏了起来。

　　10月15日晚上，4人拉上了另外一名俘虏德·蒙泰迪上尉，悄悄溜出了牢房，来到了悬崖边上。他们手忙脚乱地把4段绳梯连在了一起，放了下去。由于悬崖太高，绳梯不够长，他们只好分成两次滑下悬崖。他们先滑到一处平台上，又从那里滑到了地面。由于个子太高，戴高乐显得笨手笨脚，抓不住光滑的绳子，在同伴的帮助下才顺利滑到了地面。

然后，他们5人分成两队，戴高乐和特里斯塔尼一队，另外3人一队，向边境地区逃去。他们一路昼伏夜行，经过10天的行军终于来到了边境上的一个小村子。为了不引起边境上的德军的注意，戴高乐和特里斯塔尼打算等天黑以后再溜过边境，白天就躲在一个鸽棚里休息。但他们在鸽棚里弄出的动静引起了鸽棚主人的注意，又被抓住了。不久，普吕沃斯特和安戈也被抓获了。

不过，他们并没有死心。被押回集中营之后，戴高乐等人又立即尝试了一次新的越狱行动。他们锯断宿舍的栏杆，穿上平民的服装，甚至贴上了胡子，然后混在军营的德国职员中间，急匆匆地赶往车站，登上了开往荷兰边境的火车。

第二天，他们顺利地在荷兰边境下车了。不幸的是，开往荷兰的火车要到次日凌晨5点才开，他们不得不在候车室里呆着。他们的行动引起了德国军警的注意。在火车即将启动之时，他们遭到了逮捕。于是，他们重新回到了因戈尔施塔特集中营。

在遭到逮捕的时候，愤怒的戴高乐严厉而粗暴地对待了德国宪兵。刚被押送到因戈尔施塔特集中营，他便受到了战争委员会的审讯！结果，戴高乐因最后两次越狱尝试而遭到了严格的禁闭，因粗暴对待德国宪兵而被判处两周监禁。

戴高乐被迫忍受了一种严厉的作息制度！直到1918年4月10日，他的禁闭才被解除。那是戴高乐在集中营里度过的最难熬的日子。他曾经如是描述当时的情况："窗户用护窗板关着，屋里没有亮光，实行特殊的饮食制度，没有任何可供阅读和写作的东西，每天只能在100平方米的院子里散步半小时。"

不久，由于一名越狱的法国军官被打死了，德国当局害怕被指控虐待战俘，践踏《日内瓦公约》，被迫关闭了因戈尔施塔特集中营，并将那些越狱的"惯犯"分到了好几个战俘营里。戴高乐先后被送到普林茨·卡尔要塞和巴伐利亚的伍尔伯格要塞。他隐约地看到了新的越狱可能性，又恢复了信心！

戴高乐同母亲通信，要求她邮寄一些便于改成平民衣服的服装。那是一套"美丽女园丁"牌的上装和裤子。他和新的同谋者梅耶中尉商议了一套详细的越狱计划，由梅耶中尉扮演德军士官，押送他到别的战俘营。之所以做这样的安排，主要是因为戴高乐的身材过于高大，很容易引起人们的注意。

6月，戴高乐进行了新的尝试。从表面上看，他是在一个德国士官的看守下被转到别地，实际上这个身穿敌军制服的人正是梅耶中尉。走出战俘营之后，他们立即换上了事先准备好的平民服装，向纽伦堡逃去。他们打算在纽伦堡乘火车去法兰克福，然后再逃往瑞士。他们在途中遇到了一队宪兵巡逻队！由于无法出示有效的证件，他们再次被捕了……

这是戴高乐第5次越狱尝试。在5次尝试中，他有4次成功地逃出了集中营，但均在最后时刻被军警抓获了。

戴高乐在被押回伍尔伯格之后，就想立即越狱。7月7日，他钻进一个装满脏衣服的大筐。德国宪兵打算把大筐里的衣服运到附近的韦森堡市去清洗。运输大筐的卡车在小路上行驶的时候，戴高乐跳了下去。他在小树林里换上了平民衣服，向纽伦堡走去。这一次，他成功地登上了开往法兰克福的火车。

不幸的是，戴高乐在火车上患了严重的感冒！好心的乘客建议他找医生去看病。就在这时，检查车厢的宪兵突然出现在了他的面前。戴高乐再次被捕！随后，他被送到了医院，并在那里接受了短暂的治疗。

这是戴高乐第6次越狱尝试，也是最后一次。当他的战友费尔迪南·普莱西与他商议下一次越狱计划时，戴高乐拒绝了他。在他看来，这最后一次尝试也毫无成功的可能性。于是，戴高乐便把他的"美丽女园丁"牌西装送给了普莱西。

越狱无望的戴高乐感到了前所未有的痛苦和绝望。他在给母亲的一封信中写道："我是一个活死人。有一天，我在某家报纸上读到用'鬼魂'的形容词来形容返回法兰西的战俘，我觉得这个词用得正确而可悲……从军事观点来看，我现在不抱任何幻想，我也不过是一个'鬼魂'而已。"

为了消除内心的痛苦，戴高乐不知疲倦地进行着研究、阅读、写作和思考。他对诸多历史事件都怀有一种取之不竭的好奇心。他誊抄诗句，阅读左拉的《家常琐事》，保罗·布尔热的《世界主义》和德国军事作家伯恩哈迪的代表作。

除此之外，他对当前的战争进行了长时间的思考。他思考的成果在题为《论战争》、《论战争的高级领导》的两次演讲中得到了集中的体现。除此之外，他还把所能得到的德文报纸当材料，学习了德语。他又自告奋勇给难友们讲授战略学，在讲课中他高度赞扬了坦克的出现在军事上是具有决定意义的发展。同时，他还作了大量的笔记，这些笔记后来构成了他的第一部著作《敌人内部的倾轧》的基础。由于他在狱中侃侃而谈，经常与狱友辩论，并取得胜利，狱友们送给了他一个"大元帅"的绰号。这与他刚刚进入第三十三步兵团时，他的连长给他的评价不谋而合。多年之后，英国首相温斯顿·丘吉尔也曾给过他这样一个绰号。看来，"大元帅"这个绰号对他是始终合适的！

随着美军源源不断地抵达欧洲大陆和英法联军的战略调整，德军开始节节败退。11月初，德国当局提出了停战要求。戴高乐在伍尔伯格获知这一消息后，心中极不是滋味，这意味着他已经无法在战场上雪洗被俘的耻辱了！他给母亲的信中写道："我同您一起，感到无比的欢乐……但事实上，对我来说，除了这种欢乐之外，还夹杂着一种比以往任何时候都更加痛苦的、不可名状的遗憾，即没有更好地参与战斗。我感到，在我的一生中，不管这一生是长是短，这种遗憾将永远不会消失。"

德军在战场上的溃败激起了德国民众的反战情绪。11月3日，德国驻基尔的舰队发动了起义。随后，德国各地纷纷爆发了起义事件。11月

柏林十一月革命

9日，柏林发生了十一月革命，德皇威廉二世被迫宣布退位，逃往荷兰。德国社会民主党组建了临时政府，宣布成立共和国，史称魏玛共和国。11月11日，德国与协约国签订了《贡比涅森林停战协定》，宣布投降！历时4年3个月的第一次世界大战终于以协约国的胜利而告终了。

11月底，戴高乐得到了释放。关于戴高乐在狱中的表现，他的同狱难友雷米·鲁尔写道："这位冷漠的年轻人有坚强的意志，他善于克制自己的精神危机和感情冲动。我在他身上看到了法国人的沉着、理智、自我克制的优点，司汤达活着的话，一定喜欢这种性格。"

这段屈辱的经历让戴高乐变得更加坚强起来，并确信德、法之间会再次爆发战争。他在日记上曾经这样写道："这场战争后的好多年里，人们将会感到害怕和耻辱……但是他们的心灵丝毫不会改变。恐怖将被忘掉；人人都将歌颂自己的光荣业绩；夙怨之火将再次被点燃，人们将再次交战，并在上帝和人类面前大声发誓：他们对流血不负责。让我们想一想吧！法兰西的前途将通过我们的行动来创造。"

·第三章·

见识卓越的青年军官

自由之魂 戴高乐

一

参加波军对俄作战行动

1918年12月初,戴高乐取道巴黎,回到了父亲在卢瓦尔河畔购买的别墅。全家正等着他回去大团圆。在4年多的战争中,戴高乐有一半以上的时间是在德军的战俘营里度过的!对这个血气方刚的爱国青年来说,错过了对德作战无疑是一个巨大的遗憾!家庭生活的欢乐和舒适并不足以补偿这份缺憾!

在第一次世界大战期间,戴高乐4兄弟全都在前线为国效力。4兄弟都能安然地从战场上回来,最高兴的莫过于亨利·戴高乐夫妇了。老夫妇俩忙里忙外地招待着儿子们。亨利还特意给4个儿子照了一张合影。照片上,4个年轻人身着戎装,胸佩十字奖章,除了夏尔·戴高乐之外,其他人的表情都很高兴。夏尔戴着最高荣誉十字勋章,站得离其他人稍远一点,比他身旁的格扎维埃高出半个头。他表情严肃,一副心事重重的样子。

返回部队之后,戴高乐奉命进入了圣梅克桑军校连长学习班学习。1919年1月25日,戴高乐写信给他母亲,说他与学习班同学一道,刚刚受到班主任奥吉埃上校的接见。奥吉埃问戴高乐,根据他的服役情况对今后工作有什么打算。戴高乐回答说,他刚刚通过行政领导的渠道,要求分配到波兰军队。奥吉埃上校高兴地说:"您

戴高乐(左一)和他的兄弟们

业已完成了优秀的学业！如果您愿意，您就可以前程似锦！"

直到此时，戴高乐的心情才稍稍好转了一些。用他自己的话来说，就是"终于在精神上士气大振了"。第一次世界大战虽然结束了，但是世界并不安宁。1917年11月，俄国爆发了十月社会主义革命，建立了苏维埃政权。世界上第一个社会主义国家诞生了。为了稳固国内形势，在列宁领导下的苏维埃政权宣布退出罪恶的第一次世界大战。

为了把新生的苏维埃政权扼杀在摇篮中，英国、法国、日本和美国等帝国主义国家未经宣战便开始武装干涉苏维埃俄国的无产阶级革命。各国参加第一次世界大战的部队几乎未经休整，就直接开赴苏俄的边境地区，联手反对社会主义政权的俄国白军对付布尔什维克党领导的红军。波兰政府也趁机向苏俄宣战，并派军于1919年4月开进了白俄罗斯。

对戴高乐来说，选择到波兰军队去服役是无奈之举。从德国人的集中营返回法国的路上，戴高乐便下定决心，绝不再失去任何一次经历战争的机会，以洗雪被俘的耻辱。起初，他想到开赴东线法国军队中参加战斗。当时，东线法军驻守在巴尔干半岛和中欧地区，正在同那些与红军打仗的白军握手言欢。可是，东线军队人数已经很多，军官力量也很强，像戴高乐这样名不见经传的低级军官想加入其中是一件很困难的事情！更何况，他在第一次世界大战期间当了两年多的战俘！

2月初，戴高乐在圣梅克桑军校作了最后一次尝试，争取被分配到东线法军中。但他的希望破灭了。于是，他便退而求其次，选择去波兰军队服役。当时，波兰军队正在请求法国政府派一些军官和教官，帮助波兰士兵提高战斗力。2月11日，戴高乐在给父亲的信中道出了自己的无奈。他说："这是一个奔赴战场的权宜之计。"

5月19日，戴高乐和波兰第五轻步兵团一起，在梅西埃上校的指挥下抵达了莫德林，赶上了正在进行的沃尔西尼亚战役。颇具讽刺意味的是，指挥红军作战的正是曾经与戴高乐一起被关在因戈尔施塔特集中营里的图哈切夫斯基。当时，戴高乐仍然只是一名上尉，但图哈切夫斯基已经在革命中迅速成长起来，成了红军第四集团军指挥官了。

沃尔西尼亚战役结束之后，戴高乐被波兰军事学院聘为教官，他的任务是教授战术学。起初，戴高乐企图用波兰语讲课，但很快就放弃了这种无谓的努力，学院给他派了一名翻译。由于军事学院距离华沙很近，

自由之魂 戴高乐

巴黎和会现场

戴高乐一直住在华沙城里。起先，他住在布里斯托尔饭店，后来又在瓦雷茨卡大街租了一小套单身房间。

戴高乐对波兰社会并没什么好感。他认为波兰军队和白军是这样一群人，"他们或多或少地佩戴勋章，来自被布尔什维克占有其田地的俄国、白俄罗斯、立陶宛。尽管遭到不幸，但他们还在疯狂地寻欢作乐"。波兰军官和白军军官们经常出入波兰的社交界，过着花天酒地的日子。法国军官在波兰受到了特殊礼遇，在戴高乐看来，那简直就是阿谀奉承。长期生活在这种环境里，戴高乐的生活也受到了不小的影响。虽然他像以往一样认真从事教学工作，但却完全摆脱了在国内受到的种种约束，享受着"华沙的自由生活"。

每月的头两周，军官的薪金使他得以过着"贵族"的生活。他得以经常出入高级的餐厅，特别是那家文人墨客常去的利埃夫斯基饭店，涉足波兰社交界的第一流沙龙。在整个 1919 年的下半年里，他都是罗塞蒂什基埃维茨伯爵夫人豪华住宅的常客，并以他那幽雅的法国风度而出名。除此之外，人们还经常看到他和一位体态娇小、性情活泼的波兰贵妇——切待维尔连斯卡伯爵夫人一起在巴利克尔咖啡馆喝咖啡……

1919 年 6 月 28 日，第一次世界大战的各参加国在巴黎的凡尔赛宫签订了《凡尔赛条约》。这个条约的签订标志着第一次世界大战正式结束了。法、英、美三国是巴黎和会的主导国。三国领导人从各国自身的利益出发对战败国提出了不同的惩罚措施。

法国总理克雷孟梭主张，法国收回德国通过普法战争从法国获得的阿尔萨斯和洛林两省；将德国的鲁尔工业区交由法国管理，用该项收益来支付德国应承担的战争赔款；当众处死德皇威廉二世，以惩罚德国军国主义；将德军军力削减至不再对法国构成威胁的程度；由战胜国瓜分德国的海外殖民地等。

　　英国首相劳合·乔治也同意惩罚德国，但在具体措施上较法国为轻。劳合·乔治认识到，一旦克雷孟梭提出的条件全都得到满足的话，法国就会成为欧洲大陆的超级强国。欧洲大陆的势力均衡势必会遭到破坏。这和英国意图维持一个均衡的欧洲的传统政策相悖。因此，他主张瓜分德国的海外殖民地，以加强英国的海上霸权；削弱德国军力至较低水平；德国进行战争赔偿但不可过分，以免激起德国的复仇心理；帮助德国重建经济。

　　美国总统伍德罗·威尔逊提出的惩罚措施比英、法两国都要轻。一方面，美国因为在战争中通过军火贸易而大发其财，一跃成为第一经济强国，美国政府倾向于安抚德国并保证平等的贸易机会并顺利收回战争债务。另一方面，为了避免再次发生世界大战，威尔逊反对过分苛刻的条款，以免造成德国的复仇心理。

　　经过长达几个月的争吵，在英、法、美三大国主导下的巴黎和会终于通过了《凡尔赛条约》。该条约共分15部分，440条，对德国的领土、经济、军事等各方面进行了严厉的制裁，并规定了波兰等国的边界。根据该条约，波兰取得了独立地位和梦寐以求的大片领土，包括西普鲁士、波森省、部分东普鲁士及部分上西里西亚等。波兰与俄国的边界以寇松线为界。但波兰人对《凡尔赛和约》以"寇松线"为波、俄边界并不满意，在1920年3月27日向俄国人提出恢复1772年边界线的要求。不出所料，苏维埃政权拒绝了波兰的无理要求。

　　4月25日，波俄战争爆发了。波兰人很快就陷入了困境。勇猛异常的红军第一骑兵集团军总指挥布琼尼率领人马从高加索迅速出动，直逼华沙。波兰军队恐慌异常，立即向英、法等国求救。法国军事代表团团长魏刚将军立即组织法军军官帮助波军总司令毕苏斯基元帅，率部开赴前线，与红军作战。戴高乐也被任命为波兰临时少校军衔，指挥一个轻步兵营作战。由于他成功守住了兹布鲁奇河，获得了一枚波兰最高勋章。魏刚将军还在一项特别"表彰令"中嘉奖了他。

二

精心安排的"巧遇"

1920年10月,波兰前线的战事暂时告一段落,戴高乐返回巴黎度假。在波兰的最后一位上司尼塞尔将军,给他写了一段异乎寻常的评语,并在最后加了一句:"戴高乐上尉想要回国结婚。"30岁的戴高乐确实应该结婚了。在兄长格扎维埃结婚之后,他就向父母表明了成家的意愿。但他绝没有料到,他的姻缘会来的这么快,也没有想到这次度假对他个人生活来说竟具有决定性的意义。

戴高乐孩提时代的玩伴丹坎夫人一直与戴高乐保持着良好的关系。后来,她随丈夫搬到了加莱,并结识了当地有名的饼干制造商旺德鲁一家。旺德鲁家的女儿伊冯娜是一个聪明、美丽的少女,已经到了谈婚论嫁的年龄。不过,伊冯娜很挑剔,她曾经拒绝了一位将军儿子的求婚,因为这位青年是个军官,而她不愿嫁给军人。伊冯娜宣称,她宁愿在家乡养儿育女,也不愿常常随军仓促搬迁。不过,在战争刚刚结束的年代里,一名不愿意嫁给军人的少女是不大容易找到合适的结婚对象的。

有一天,戴高乐应邀到丹坎夫人的娘家吃午饭。恰巧,丹坎夫人那天也在。两人回忆着儿时的趣事,侃侃而谈。看着眼前这个少年时经常与自己一起玩乐,如今一表人才,讨人喜欢的上尉军官,丹坎夫人的心间突然产生了一个大胆的想法。或许,帅气、稳重的戴高乐能使伊冯娜·旺德鲁改变对军人求婚者的态度。

回到加莱,丹坎夫人便向旺德鲁夫人谈了自己的想法。旺德鲁夫人对身材高大的戴高乐很感兴趣,决心试探一下女儿的心意。于是,她们决定精心安排一次"巧遇",地点定在巴黎"清秋沙龙"。丹坎夫人把她们的计划告诉了亨利·戴高乐夫妇。为了儿子,亨利夫妇欣然应允,决定和旺德鲁夫人一起导演一出"巧遇"的姻缘。

两周之后，旺德鲁一家按计划来到了巴黎的"清秋沙龙"。就像真正的巧合一样，戴高乐一家在那里与他们相遇了。丹坎夫人给他们作了介绍。两家人在一起，一边欢快地聊着家常，一边欣赏着沙龙里的美术作品。

不一会，戴高乐和伊冯娜便不知不觉地走在了众人的前面。他们来到一幅画像跟前，那幅像画的是19世纪末、20世纪初著名的诗人和剧作家莫里斯·罗斯丹。少年时期，戴高乐便对罗斯丹产生了浓厚的兴趣。浓厚的兴趣再加上超强的记忆力，让戴高乐轻而易举地学会背诵了不少他的诗作。于是，他抓住机会炫耀了一番。戴高乐大段大段地背诵这位诗人的诗句，伊冯娜听得着了迷。伊冯娜回家后，掩饰不住自己的喜悦，向母亲倾吐了她对这位青年军官的好感。她说："夏尔是一位惹人喜爱的好青年！他知识渊博，文明礼貌。不过，我觉得他可能会认为我个子太矮了。"

旺德鲁夫人笑了起来。她马上把女儿的心意告诉了丹坎夫人。丹坎夫人向戴高乐暗示，伊冯娜已经爱上了他，但担心他嫌弃她的个子太矮。戴高乐受宠若惊，当即表示不会嫌弃伊冯娜，两人有身高差距是因为他自己太高了！

就这样，旺德鲁一家又邀请戴高乐一家赴茶会。那一次，由于戴高乐已经知道了双方家长的意图，显得有些拘谨。他把军帽、手套和手杖都放在了两膝上面。当他想往这一堆东西上再搁一杯茶的时候，竟笨手笨脚地把茶水洒到伊冯娜的衣服上。戴高乐急忙道歉，堕入情网的伊冯娜笑了起来，给这个窘迫的军人解了围。就这样，戴高乐和伊冯娜确立了恋爱关系。

一周后，这一对情侣在凡尔赛宫再度相逢了。那天，巴黎工艺学院正在那里举行盛大的晚会。伊冯娜和她哥哥雅克在一起。雅克是到巴黎来参加击剑比赛的，顺道陪妹

戴高乐夫妇

妹来参加巴黎工艺学院的晚会。戴高乐上尉看到了他们,走到她哥哥雅克跟前,请求他允许自己跟他妹妹跳舞。雅克早已知道妹妹对戴高乐的心意,当即应允。

这一对恋人旁若无人地跳了起来。他们一曲接一曲地跳下去,完全忘记了疲倦。当第 6 场华尔兹舞结束时,戴高乐鼓起勇气向伊冯娜求婚了!伊冯娜同意了。

分别之后,雅克打趣妹妹说:"你怎么这么快就答应了他的求婚呢?"

伊冯娜脱口而出:"我已经决定,将来要么嫁他,要么谁也不嫁。他马上就要返回波兰了,如果现在不答应,恐怕将来就没有机会了。"

就这样,戴高乐与小他 10 岁的伊冯娜在 11 月 11 日订下了婚约。9 天之后,戴高乐返回了波兰。心中有了牵挂之后,戴高乐不再像过去那样过着自由自在的生活了。戴高乐把更多的精力投入到了军事研究当中。正是在这一时期,他第一次提出了在空军的紧密配合下使用步兵与坦克联合作战的论点。在飞机和坦克作战理论都不甚成熟的年代里,他的观点在军事界产生了轰动。波兰军队多次邀请他开设讲座,讲解这一作战理论。

有一次,讲座结束时,波军总参谋长斯塔尼斯拉夫将军与波兰共和国总统毕苏斯基元帅径直走向讲台前,握住了戴高乐的手。他们打算聘请戴高乐担任波兰军事研究院的战术学讲师。戴高乐表示,他会认真考虑此事。不过,他的心里并不情愿,他想早点返回巴黎,与伊冯娜完婚。

1921 年 3 月 18 日,俄国苏维埃政权与波兰签订了里加条约。根据条约,寇松线以东立陶宛的一部分和西白俄罗斯、西乌克兰划归波兰。里加条约的签订标志着波俄战争正式结束了。戴高乐以战地日记的形势记述了这次战争。几个月之后,他的文章刊登在了《巴黎评论》上。不过,由于政治上的需要,他并没有在文章上署名。文章平铺直叙地记述了战斗的过程,其中还夹杂着对斯拉夫精神的一些评论。

3 月底,戴高乐从波兰回国度假。4 月 7 日,戴高乐和伊冯娜在加莱圣母院教堂里举行了婚礼。从此之后,他们便开始了相亲相爱的幸福生活。无论是在反法西斯战争的艰苦年代,还是在戴高乐担任总统期间,戴高乐始终对温文尔雅、举止大方、待人温厚的伊冯娜爱护有加。伊冯娜也无愧于贤妻良母的赞誉,成了戴高乐人生路上的最佳伴侣!

三

军事学院的毕业风波

1921年初秋季节,当戴高乐正在考虑是否要接受毕苏斯基元帅的邀请,到波兰军事研究院担任战术学讲师之时,他的顶头上司梅西埃上校告诉他,法国陆军部已经决定将其调回国内任教。从10月1日起,戴高乐便开始到他的母校圣西尔军校担任战争史讲师,负责讲授从资产阶级大革命到1918年停战这一时期的法国历史。

这时戴高乐已经31岁了,可在他的军事生涯中还没有什么显著的成就。像他这么大的时候,古代的马其顿国王亚历山大已经征服了半个世界,法国大革命时期的著名统帅拿破仑已经当了好几年的将军……但他依然是一个名不见经传的上尉。战争结束之后,各国政府都在大力裁军,可以让中下级军官发挥军事才能的机会不多。命运对自己是否有点太刻薄了呢?想到这些,戴高乐的心里就有些不舒服。在接下来的一小段时间里,他表现得郁郁寡欢,粗暴无礼,自以为是。

然而,在他的意识深处,他却时刻感到时运正在向他招手!他决心在现有的岗位上,勤奋工作,潜心钻研,在军事科学方面作出自己的奉献。他那刚强,而又略带倔强的性格基本上是在圣西尔军校以及后来在法国军事学院里定型的。他那演说家的才能也是在这两所学校里初露锋芒的。他讲战史和战术,娓娓动听,滔滔不绝,具有不可抗拒的说服力。第二次世界大战期间,这种说服力把伦敦电台变成了他的作战武器,号召法兰西人对抗纳粹的入侵。

1921年12月8日,戴高乐的第一个孩子出生了。婴儿有点早产,在伊冯娜的精心照顾下才得以健康地成长起来。戴高乐以老上司,时已升任元帅的贝当的名字给儿子取名为菲利普。曾经表示不喜欢军人生活的伊冯娜已经逐渐习惯了,她除了精心地抚养孩子外,还在家里为丈夫安排了一个舒适的工作和学习环境。

圣西尔的年轻教官一般都要参加法国高等军事学院的入学考试。因此，圣西尔的学员们都猜测，这位老师为了更好地为国效劳，会再次去当学生的。不出大家所料，戴高乐于1922年5月2日通过了法国高等军事学院的入学考试。在参加第六龙骑兵团、一个飞行大队和第五〇三坦克团的正规学习班之后，戴高乐在暑假结束后正式进入了高等军事学院。

推荐信上写满了对戴高乐的溢满之词！圣西尔军校副校长如是写道："该军官具有很高的军事素养，他本人也知道这一点。他知识广博而扎实，能力很强，具有快速领悟问题和解决问题的出色才干。他的课程很受欢迎，得到了学员的高度评价，被誉为演说家，所以对学员具有很大的影响。他准备报考高等军事学院，将来肯定会得到录取和获得成功。"

事实上，戴高乐并没有推荐信上说的那样优秀。在129名学员中，戴高乐只是以第33名的成绩被录取的。

11月初，戴高乐赶到军事学院报到，正式入学了。但一入学，性格刚强的他就与院长布瓦朗上校在思想上发生了冲突。这位院长的战术思想基本上是静止的，形式主义的。他认为，一个司令官的职责就是订出最详尽的计划，并且不管情况如何都要严格按照计划采取行动。但刚烈如火的戴高乐却坚决拒绝接受这种先验论思想。

此外，布瓦朗上校还自以为从第一次世界大战中汲取了教训，认为优势炮火是最有力的防御武器，能够给进攻方以重创。但戴高乐却深信，坦克战在未来的战争中将占据重要地位。也就是说，机械化程度的日益提高意味着战争将朝着运动战的方向发展，而不会再是单一的防御战了。

布瓦朗上校的观点来自贝当元帅！贝当元帅没有意识到在第一次世界大战中首次出现的坦克会在未来改变战争的走向，依然认为火力是取胜最重要的保障。这一观点在当时的法国军界影响很大，是不容置疑的正统理论！

1924年5月，戴高乐获悉自己的第二个孩子即将出世了，立即请假，返回了位于巴黎的德塞街心公园14号的住宅。5月15日，戴高乐的女儿伊丽莎白在德塞街心公园14号诞生了。兴奋的戴高乐写了一首小诗：

当人们将要死去时，

当人们多少经历过生活、痛苦和爱情时，

人们留下的只有自己的儿女，

以及将要进行播种努力的田地。

新生命的诞生让戴高乐兴奋了好一阵，但与布瓦朗等人在军事思想上的矛盾很快又让他陷入了痛苦之中。1924年6月17日，戴高乐在结业演习中受命指挥"蓝方"。他率领高度机动的地面部队，进行了一次闪电式的进攻，打得"红方"狼狈不堪，彻底推翻了布瓦朗的消极防御理论。更使院长难堪的是，戴高乐拒不回答布瓦朗上校向他提出的一个问题，而让战术演习中的一名下属夏托伊厄去回答。

布瓦朗怒不可遏，大声斥责道："戴高乐，我问的是你！"

戴高乐泰然自若地答道："上校，你已经把指挥一个军的任务交给我了。如果除此之外我还得承担属于我下属的任务，那我就顾不上考虑怎样完成我的使命了。杀鸡焉用牛刀！"

说完，戴高乐转身命令夏托伊厄道："夏托伊厄，请你回答上校的问题。"

这次事件使戴高乐名扬全校，也让校方围绕他的结业评分问题进行了一场激烈的争吵。军事学院学生的毕业评分是按"优秀"、"良好"和"尚好"三个等级来评定的，并且也是按这三个等级分配的。评委们认为，戴高乐是一位天赋极高的军官，他那非凡的记忆力，渊博的知识，果断的作风和迅速判断形势的能力，无不令人赞叹。但是，他为人自命不凡，难以共事，不听批评，甚至不愿与人商讨问题，使他的优点大为逊色。因此，多数评委坚决表示最高只能给他评为"尚好"。

贝当元帅想起了戴高乐这位在阿拉斯的老部下。这多半是因为他们在阿拉斯建立了深厚的个人友谊，而且贝当还在凡尔登战役中给他签发过最高嘉奖令。贝当元帅立即把最高军事教育局局长召来，要求他提高戴高乐的分数，以便把戴高乐列入获得"良好"等级之列。

最高军事教育局局长反复做工作，总算给戴高乐评了个"良好"，但布瓦朗上校最后还是给他写了这样一个评语："戴高乐是一位理解力强、富有学识而又严肃认真的军人，才华出众，精明能干，颇堪造就。遗憾的是，他那过分的自信、对别人吹毛求疵的要求和他那流放国王一般的态度，使他这些无可争议的品质遭到了损害。此外，他似乎更善于综合地和普遍地研究问题，而不是深入地和务实地寻找解决办法。"

自由之魂 戴高乐

戴高乐荣幸地获得"流放国王"这个后来闻名世界的称号！后来接替布瓦朗担任军事学院院长的新院长迪费厄将军给了他比较中肯的评定："人品受到指责，态度有点冷漠，在某种程度上有些自满，所以不幸地损害了一些无可争议的优良品质……不管怎样，他能够在参谋部作出很大的成绩。"

闻知自己在贝当元帅的干预下才得到了一个"良好"的评定，戴高乐立即暴跳如雷。他大声骂道："军事学院那些狗娘养的！我不当上校长就不回这个鬼地方，你们瞧着吧，总有一天我会给它来个大翻个儿！"

戴高乐

学校评定的等次对学员的分配至关重要。如果戴高乐评上"优秀"的话，他就会被调到向往已久的总参谋部第三局（作战计划局）工作，把他研究的战术和战略思想付诸实践。没有去第三局使戴高乐闷闷不乐！这已经是他职业生涯中的第二次重大挫折了！第一次重大挫折是在德国遭受监禁的那段蹉跎岁月！

在军事学院学习期间，戴高乐结交了几个朋友，其中包括乔治·皮克、布里社、卢斯托诺·拉科等人。不幸的是，他们之间的友谊没有经受住战争的考验。在第二次世界大战期间，乔治·皮克在叙利亚同戴高乐对立，后来又在阿尔及尔和巴黎反对他。法国沦陷之后，布里社则成了维希政府的陆军部长。卢斯托诺·拉科起先支持维希政权，后来在反法西斯战争将要胜利之时又倒向了戴高乐，是一个反复无常的投机分子。除了卢斯托诺·拉科之外，其他人都认为自己代表着法兰西的利益，是在为法兰西的前途奋斗！

四

出版《敌人内部的倾轧》

1924年9月戴高乐从军事学院毕业了。他被分配到了驻美因茨的莱茵河地区军队参谋部第四局（运输供应局）工作。对戴高乐来说，这不是一个很有诱惑力的职位。他认为，这对他的独立精神是一种侮辱性的惩罚。面对滚滚的莱茵河，颇具文化才华的戴高乐在一首诗中写道：

莱茵河，忧郁地见证着你永久的警报，

给明媚的两岸穿上一件无限的丧服，

你翻卷着浪潮，永远准备接受人们的泪花，

编织着迷雾，作为亡者的遮尸布。

尽管在第四局工作的那段时间里，戴高乐的心情就像这首小诗一样忧郁，但他并没有就此沉沦。戴高乐利用业余时间将在德军战俘营中写的读书笔记和演说稿整理成了《敌人内部的倾轧》一书。1924年底，这部饱含心血的著作出版了。这是戴高乐一生中第一个值得纪念的成就。著名的传记作家布赖恩·克罗泽曾经就此写道："假如他在写成这本书以前就离开了人世，他在亲友的眼中将会是一个思想怪异、不一定有多大前程的年轻人。但是，在这本书出版以后，即使死神夺去了他的生命，他的名字也会使人想起一个目光敏锐、切中时弊的军事思想家。"

在《敌人内部的倾轧》一书中，戴高乐提出，历史研究的对象是民族和国家，而每一个民族和国家都有其自身的特点。通过对第一次世界大战的亲身经历，特别是在德军集中营的遭遇的总结，戴高乐对德国的国情、军情和民心进行了深刻的剖析。就德国民间普遍存在的对超人的崇拜思想，戴高乐以德国著名的哲学家尼采的超人学说为例写道："札拉图斯拉所要求看到的超人的特殊性格，便是权力意志、嗜好冒险以及目中无人。在那些喜怒无常、居心险恶的德国人看来，这些正是他们应该达到的理想。他们随心所欲地自称是这种令人生畏的尼采式的杰出人物，他们一味追逐自身的荣誉，却又坚信是在为大家谋福利；他们恣意役使'成群奴隶'，却又对他们极端蔑视；他们在人类的苦难面前决不止步，反而宣称：'人们受苦不但是必不可少，而且是正合我意的'。"

在这里，戴高乐从思想深处解释了德国侵略成性的原因。接着，戴高乐又揭露了德意志帝国军事当局对民权的蚕食政策，并从战略层面分析了德国在1918年末崩溃的深刻原因。他的分析未必全面，但却切中要害，引起了人们在战后的深思。

此外，戴高乐还就德国人和法国人的性格、情趣作了比较。他认为，德国人"生性好高骛远，狂热扩张个人权力，甚至不惜任何代价，而且对人类经验、常识和法制的约束根本不屑一顾"；而法国人则具有一种他梦寐以求的思想境界。他在《敌人内部的倾轧》中写道："在具有法国情调的花园中，没有一棵大树想以自己的浓荫窒息其他树木；花坛都是按几何图形建造而成；池塘无另增瀑布的分外之想；塑像也不求独占人们的赞赏。花园里有时会发出一声长叹。也许这是出自这样一种感情，园中一草一木，一山一水，如果独自存在的话可能会更加明媚动人，但是，这样一来必然有损于整体！而漫步园中的人看到花园里井然有序，永葆优美的和谐，自会感到十分欣慰。"

戴高乐想通过性格和情趣的层面来解释法国遭受德国人侵略的原因。应当指出的是，作为一名法国军官，他的分析中不可避免地带上了情感色彩，未必是客观的。不过，他的这一理想化的分析受到了法国人的追捧。《敌人内部的倾轧》出版之后，戴高乐声名鹊起，立即成了法兰西的英雄。

声名鹊起的戴高乐引起了他的老上司贝当元帅的注意。1925年10月，贝当元帅将戴高乐调往他的私人办公室，充当他的幕僚。这时，贝当元帅已经升任最高军事会议副主席和法军总监了。被第一次世界大战拖得精疲力竭的法国，正力图维护对德胜利的成果。尽管德国在战后遭到了严厉的处罚，但英、法、美等国为了各自的利益勾心斗角，很难保证德国不会东山再起。面对新的不稳定因素，贝当急需调一些年轻有为的军官来辅佐他。戴高乐自然而然地成了他重点培养的对象。

为了防止德国军国主义势力再次崛起，法、英、美等国在《凡尔赛和约》签订的当天就订立了防御条约。该防御条约规定，一旦德国再侵略法国，英、美将全力援助法国！不过，大部分美国人都认为美国参加第一次世界大战是一件错误的事情。欧洲远离美国本土，欧洲的战争是欧洲人自己的事情，跟美国人无关。美国介入到第一次世界大战不但牺牲了美国青年的生命，也徒耗了大量宝贵的资源。这就是美国盛行的和平主义与孤立主义思想。因此，美国国会不但拒绝在《凡尔赛和约》上签字，也拒不批准三国防御条约。于是英国政府也撤销了对法国的承诺。如此一来，三国防御条约便失去了任何效力。《凡尔赛和约》也失去了一个重要的支柱。

法国人遭此挫折，只得另谋出路。在第一次世界大战结束后的几年里，法国陆续与比利时和东欧的一些小国建立了一个防御联盟体系。为了向德国显示战胜国的权威，1923年1月11日，法国和比利时的军队开进鲁尔盆地。结果，这一行为非但没有获取实质性的利益，反倒给法国政府增加了沉重的财政负担。1923年，法军占领鲁尔地区的支出远远超出了其所得物资的价值。此外，法国企图在鲁尔和莱茵两区怂恿分裂主义运动，消弱德国实力的活动也基本上没有实现。

1923年底，柏林新上台的斯特来斯曼内阁不再企图逃避赔款，同意继续支付法国战争赔款。但是，由于通货膨胀，德国马克的价值连买印钞票的那张纸都不够了。德国的经济危机和法国动荡不安的政局一起推动了战争后遗症。法国爆发了全国性的金融危机，法郎贬值大约20%。与此同时，法国政府为了维持占领鲁尔的庞大军费开支和政府的开支，不得不增加税收，其中20%以弥补占领鲁尔的军费缺口。在短短的几年内，法国内阁就数度倒台！法国人对政府的信心降到了极点。

在防范德国入侵的潜在威胁方面，贝当元帅与霞飞元帅产生了分歧。鉴于第一次世界大战的教训，法国政府在战后建立了一个旨在研究国家防御状况的委员会。霞飞元帅担任委员会主席。在福熙的支持下，霞飞主张建立设防阵地。霞飞元帅主张，在德、法边境地区建立一条可以应对德国人入侵的防御性堡垒，而且还要建立一些供东北前线供军队演习的支点。

但贝当元帅极力反对霞飞的观点。他历来重视对火力集中的研究，公开表示应在德、法边境建立一条连绵不断的防线。对于霞飞和福熙来说，工事实际上是实行战略的基本因素之一。贝当的选择则完全不同，他更加强调火力的作用，并完全禁绝任何敌人的渗透。贝当元帅企图建立的防线完全是基于防御目的的，即进行一种完全以保卫领土为轴心的、全面和长期的防御……

当时，媒体对法军高层的这种争论并没有给予太多的关注。因为在战后，人们普遍关心的是重建问题，而不是如何进行下一场战争。法国军官们则不便对高层的争论发表任何看法。不过，年轻的军官们都有一套自己的军事理论。戴高乐并不同意霞飞元帅和贝当元帅从本质来说都属于静止防御范畴的思想。他清楚地看到，最高军事会议以为沿边界建立一条永久性防线就会一劳永逸地防止德国的入侵。这显然是危险的，他认为加强国防最重要的是提高军队指战员的素质，加强装备，建立一支现代机械化部队。

正是在这样的背景之下，戴高乐走进了贝当元帅的私人办公室，开始了他的幕僚生涯。具有讽刺意味的是，虽然戴高乐不同意贝当元帅的军事思想，更加不主张以静止防御来对付被入侵的潜在危险，但他上任之后执行的第一项任务却是帮助贝当元帅为静止防御理论寻找历史根据。这项任务是就工事和要塞在法国国防中的作用问题写一篇研究报告。虽然他对这项任务不感兴趣，但他还是像往常那样，迅速而出色地在一个月内完成了。这篇名为《法国设防城镇的历史作用》的报告于1925年12月发表在了《法兰西军事评论》上。

五

第十九轻步兵营营长

在贝当元帅的私人办公室工作期间,戴高乐十分勤奋,给贝当留下了极其深刻的印象。贝当元帅认为,大力提拔戴高乐的时机已经来临。于是,他便从推翻军事学院对戴高乐的结业评定开始,提升戴高乐在军中的地位。

有一天,贝当元帅对新上任的军事学院院长埃兰将军说:"我越想越觉得给戴高乐评分这件事就像乱断公案一样荒谬。"

埃兰将军是阿尔萨斯人,颇具战略眼光。和戴高乐一样,他此时也已经意识到了机械化战争对法国未来的重要性。对提升戴高乐在军中的影响一事,埃兰将军是极其乐意效劳的。更何况,当时贝当元帅在法国军政界的影响力如日中天,为他效劳可以稳固自己的地位。

不久,贝当元帅又直接命令军事学院组织一轮讲座,由戴高乐主讲,由他亲自主持。在当时看来,一个小小的上尉竟然应邀回校讲学,这是一件不可思议的事情。由此也可以看出,贝当元帅对戴高乐的栽培之心。消息传出之后,整个军事学院犹如爆炸了一颗重磅炸弹,教授和学员们议论纷纷,都想看看戴高乐到底能搞出什么样的讲座来。

1927年4月7日,军事学院圆形会堂里人头攒动,熙熙攘攘。教授们有的在相互问候,有的在窃窃私语,有的则面无表情地坐在座位上静静地等候主讲人和主持人的出现。突然,会场里安静了下来。在埃兰将军的陪同下,贝当元帅缓缓步入了会堂。在他们的不远处,身材高大的戴高乐穿着笔挺的军装,一脸自信地慢步走着。教授们竟相后退,给贝当元帅让开一条路。贝当元帅停了下来,示意戴高乐先行。

全身戎装的戴高乐点了点头,向讲台走去。戴高乐步上讲台之后,慢条斯理地摘下军帽,轻轻地放在桌上,又将佩剑置于一侧。他一边扫视着座无虚席的会堂,一边从容不迫地摘下了手上的白手套,开始以他那特有的声调滔滔不绝地讲了起来。

第一讲的主题是《战争行动与领袖人物》。戴高乐笔挺地站在讲台上,大量引用了古往今来杰出的哲学家、政治家、军事家和作家的警句。而这些完全是依靠记忆,他根本没有使用讲稿。他对历史事件的时间和经过把握得如此精准,令在场的所有人都感到震惊!有一部分人为之倾倒,另外一部分人对他的讲座却十分恼火。人们纷纷猜测,戴高乐所精心描绘的具备各种美德的理想领袖指的究竟是谁呢?

第二讲的主题是《领袖人物的性格和纪律的含义》。这次同样不用讲稿的讲座让军事学院大部分正统的教授都对戴高乐产生了些许不满。因为他在演讲中赞颂了佩利西埃和利奥泰等人。佩利西埃是法国元帅,他在塞瓦斯托彼尔包围战中,接到拿破仑三世的电报连看都没有看就装在口袋里。虽然违背了命令,但他却为法国打赢了一场战争,并为他自己赢得了公爵的爵位和元帅的权杖。利奥泰是法国著名的将军。1914年,他置上级的命令于不顾,反而为法国保住了海外殖民地摩洛哥。戴高乐的这一言语被军事学院的教授们认为是在指桑骂槐!

第三讲的主题是《威望》。他所讲的威望仅指领袖人物的威望。他说:"事实上,有些人几乎从初生之时起,就具有权威的气质,这种气质视之不能清楚见其形,但其影响则往往令人惊讶不已。"

接着,他又讲出了这样一段名言:"没有神秘感就没有威望可言,因为过于熟悉的话,就不会产生尊敬。仆人眼里没有英雄,神居深庙方显威。无论是运筹规划,还是处事和思维的方法,领袖都要令人捉摸不透,引起人们的好奇心,打动人们的心弦,使人们跃跃欲试。当然,这并不是说领袖应该把自己关在象牙塔里,对下属不理不睬,令人无法接近。恰恰相反,要想征服人心,就要体察人情,使人人都觉得自己受到器重。但是在这样做时,对人们决不能过于迁就,而必须保留某些随时可以抛出来的惊人秘密。这样,大家的信任之心就会油然而生,办事就无往而不胜了。"

后来,戴高乐这段名言被收进了他的另一部著作《利刃》之中,并在社会上产生了很大的反响。不过,他的讲座在军人中并没有产生什么正面影响。那些奉命出席的听讲者,在听完第一讲后感到愤慨,第二讲后怒不可遏,等到第三讲时便显出一副对讲演十分厌恶的样子。戴高乐的朋友沙文上尉建议把这些讲演汇集成册,发给立志从军的青年人。对此,只有少数人点头表示同意。

不过,戴高乐对此并没有太多想法,因为贝当元帅给了他更大的荣誉,允许他到巴黎大学等非军事院校去发表演说。在军队之中,那些能说会道的军官一般都会遭遇人们的怀疑,但在社会上,出色的演说往往能赢得尊敬!在军事学院反响平平的演说在巴黎大学等非军事院校却引起了很大的轰动。经过这次轮番讲演之后,戴高乐出尽了风头!更为重要的是,这轮演说为戴高乐的升迁奠定了舆论基础!

1927年9月25日,戴高乐被提升为少校。在给朋友吕西安·纳辛的一封信中,戴高乐写道:"晋升是一件令人愉快的事情。不过,问题不在晋升,而是在于引人注目。"

戴高乐奉命到德国特里尔担任第十九轻步兵营营长。根据惯例,这支精锐部队的营长只有当过轻步兵的优秀军官才有资格充任。尽管戴高乐从来没有当过轻步兵,却被步兵总监马泰将军破例提升为了该营营长。马泰将军曾对戴高乐的一位朋友说:"我派去的那个人是一位未来的大元帅!"

在特里尔,戴高乐被认为是一个最严厉的长官。新官上任三把火,戴高乐对训练抓得很紧,对手下的人实行家长式的监视。凭借惊人的记忆力,他能够准确无误地说出每个下级军官的家庭历史和现状。但是作为营长,戴高乐与他的上级相处得并不融洽。他手下的一位军官后来回忆说:"他很突出,不是因为他的身材,而是因为他的自我意识,从远处也能见到它闪闪发光。"

1928年冬季,凛洌的寒风横扫了德国占领区,气温下降到了摄氏零下25度。法军士兵无法忍受凌洌的寒冬,纷纷病倒了。就在这时,一场流感袭击了整个地区,这是1918年以来最严重的一次。仅驻莱茵区的法军就有143人丧生,第十九轻步兵营也死了30多人。公众舆论为之哗然,愤怒的国会要求予以追究。不少法军军官被撤职查办,但戴高乐却被免处分。

戴高乐和他的女儿安娜

因为戴高乐对士兵照顾得很周到,管理也很出色。一名士兵死亡时,戴高乐还坚持亲自为那位年轻的士兵服丧。

怀有身孕的伊冯娜在这个凄惨的冬天也遭遇了一次意外。在离预产期还有几个星期的时候,伊冯娜不幸被一辆汽车撞倒了。虽然她没有受伤,但却深受惊吓。孩子出生时,医生惊奇地发现,由于受到外界的刺激,她天生就不健全,是个弱智儿童。戴高乐为这个不幸的孩子取名为安娜。他对这个不幸的女儿的关爱远比给予长子菲利普和长女伊丽莎白的要多。整个冬天,戴高乐都为士兵和女儿的不幸而闷闷不乐。伊冯娜更加为女儿的不幸遭遇伤心不已。她在给朋友的信中曾这样写道:"只要安娜能和别的女孩一样,我和夏尔甘愿舍弃一切,健康、财产、升迁、前程,所有的一切!"

除了士兵们和女儿的不幸之外,欧洲的形势发展也让戴高乐忧心如焚。希特勒建立的纳粹党在此时已经演变变成了一个"拥有一批具有接管政府事务能力的干部的政党"。此外,希特勒还建立了一个拥有几十万队员的武装团体,保护纳粹党举行的集会,捣乱其他政党的集会和恫吓那些反对他的人。后来,他干脆建立了党卫队,并要求他们宣誓效忠于他。戴高乐从中看到了德国走向侵略的潜在危险。1928年底,他在一位朋友的信中写道:"事态的迅猛发展,正摧毁着欧洲仅存的几个公认的和平屏障。吞并显然即将到来。德国将使用武力或通过条约重占割让给波兰的领土。尔后,德国将向我国要求阿尔萨斯。"

令人惊讶的是,法国政府对德国纳粹的崛起却采取了一种萎靡不振的绥靖政策。气愤的戴高乐将那群职业政客称为"流氓"。1929年6月20日,戴高乐在另外一封信中愤怒地写道:"现在当个军人可真是活受罪!但又不得不当。过不了几年,他们将紧曳我们的军服后摆,央求我们拯救国家……到那时,首先出来央求的肯定会是那些群氓。"

· 第四章 ·

徒劳无功的百般努力

一
最高国防委员会的总秘书

1929年秋，戴高乐在焦急地等待着陆军部的新调令。他在第十九轻步兵营的任期马上就要结束了。他盼望着能到军事学院去任教，或者回到贝当身边工作。但陆军部却把他调到了中东。对这份工作，戴高乐并不满意。自从成年以来，他一直想要献身于捍卫法兰西的事业，他所有的热情都倾注在欧洲过去、现在和未来战争中，而不是其他任何地方。

但实际上，在中东工作是一次开拓视野的绝佳机会。法军驻中东司令迪·格朗吕将军任命戴高乐为第二局（情报局）和第三局（作战计划局）局长。利用职务之便，戴高乐同伊冯少校一道，撰写了一部关于法国驻中东部队的编年史。这部历史从1916年一直写到1930年，是一部非常写实的著作。

在中东逗留的短暂时间里，戴高乐对当地的社会、政治以及与宗主国法国的关系进行了调研，但并未形成系统的观点。1931年7月，贝鲁特的圣约瑟夫大学举行奖学金颁发仪式，大学方面邀请了法国高级专员出席。但是无论校方如何请求，军衔最高的专员始终拒绝发表讲话。会场上的气氛变得有些凝重，所有的人都在静静地等待着高级专员改变心意。无奈之下，高级专员只好转过身，轻声说："戴高乐少校，请你代表我去讲几句吧。"

戴高乐点了点头，走向了讲台。会场上空沉闷空气立即消失了。为了让演讲富有冲击力，戴高乐决定摒弃常用的套话，谈论一下黎巴嫩青年的前途问题。他在演讲中说道："献身于公益事业是必要的，因为重建国家的时刻已经来到。对你们黎巴嫩青年来说，这项伟大的义务恰恰具有一种现实而又急迫的意义，因为这是你们必须建设的祖国。在这片神奇而富有历史底蕴的土地上，建设国家的重任是属于你们的。"

黎巴嫩青年大学生们听到这里，立即报以热烈的掌声。戴高乐顿了顿，又继续说道："你们背靠大山这些坚强的后盾，通过大海同西方国家的活动相连，并能得到法兰西的智慧和力量的帮助。这就是说，不仅要分享国家的职位，实行其职责，而且要向国家奉献这种高尚的人生，这种心灵的力量，否则，国家机构就会空空如也！你们必须树立和培养公共精神，换言之，人人都自愿服从于全局，这是政府实行权威、法院实行真正的公正、街道井然有序、公务员自觉工作的必要条件。没有牺牲，就没有国家。再说，黎巴嫩国家是从许许多多的牺牲中诞生的……是的，黎巴嫩的青年，明天将从这里毕业出去，准备完成国家的任务。沿着你们的父辈——其中有黎巴嫩共和国总统，我们首先要向他致敬——的足迹前进，决心执行纪律和发扬无私精神，通过一切心灵之路同法兰西相连，这样做的精英就将是一国人民——从此，它承担着自由的重大义务——的中流砥柱。"

戴高乐所使用的"祖国"、"公共精神"、"国家"、"国家的任务"、"自由"等词汇在当时来看是相当有震撼力的！在法国的委托统治地叙利亚和黎巴嫩，或法国的任何一块殖民地，这种语言的出现无疑具有爆炸性的意义。无论是叙利亚和黎巴嫩，还是法国其他殖民地，都生活着与其历史紧密相连的民族。他们有自己的过去，也应当有自己的未来。他们与法国人民不同，因此，他们应当有着与法国人民不同的命运。法兰西至少应当承认这些民族的存在。

尽管戴高乐的这些言论引起了法国军政界不少人的恐慌，但法军驻中东司令迪·格朗吕将军对戴高乐两年的工作表现依然给予了高度评价。戴高乐离开中东前夕，格朗吕在对戴高乐的评语中写道："两年来，我可以赞赏戴高乐作为我的参谋部第三局局长的工作。对于他在智力和道德方面拥有的全部品质，我不断地有一种与赞赏交织在一起的敬佩之情……迅速地把他推进上一个能使他充分施展才能、不辜负众望的高级岗位，对他和整个军队来说，都是有所裨益的！我相信，他将是一名优秀的军官。"

1931年底，戴高乐结束了在中东的任职，回到巴黎等候新的工作。令他感到失望的是，尽管他在贝当元帅身边进行了活动，但依然没有争取到军事学院教授的职位。这可能主要是因为戴高乐与贝当元帅之间在军事思想上的分歧造成的。戴高乐向贝当元帅请求说,他要对领导战争的教学科目实行改革,并暗示贝当元帅说,他将对民事机关干部和军队干部进行这方面的教育。

贝当元帅对这种做法不置可否。他回答戴高乐说:"但愿这种思想观点是有趣的……不过,现在还没有仓促实行的理由。"

就这样,戴高乐被调到了最高国防委员会的总秘书处工作。这是在贝当元帅支持下创立的一个新机构,职责是评价国家的战备状况。这份工作把戴高乐推向了公众的视野。戴高乐来到最高国防委员会秘书处接受的第一个任务是根据战时的需要对建立防务体系的有关问题进行研究。

戴高乐

1933年12月25日,戴高乐被任命为中校,领导负责起草战时国家组织法的第三处。在这个工作岗位上,戴高乐了解了一切关于法国防务体系前途问题的辩论,一切关于准备未来战争问题的卷宗。后来,戴高乐曾亲自写道:"在1932年至1937年的14届政府期间,我在调研方面,在一切涉及到国家防务问题上参与了全部政治、技术和行政管理活动。"

1934年5月,戴高乐出版了《建立职业军》一书。这已经是戴高乐的第三本著作了。第二本是1932年春天出版的《利刃》一书。在《建立职业军》一书中,戴高乐认为,在战争条件下,法国的地形是很不利的,尤其是与比利时接壤的法国边界更加脆弱。英国和美国可以依靠海洋,西班牙和意大利各自有比利牛斯山和阿尔卑斯山作为屏障。但法国首都巴黎的周围却是一马平川的开阔地带,无险可守。因此,在这种情况下,构筑再坚固的防御工事也无济于事,唯一的办法是建立一支可以立即调遣的机动力量,也就是说,"一批常备的、团结的和能够熟练地使用武器的队伍"。而且必须在陆地、海上和空中都有一批"精选的人员"。他认为,全部现役人员应当在 10 万人左右，由常备军组成，他们应在精锐部队中服役 6 年，掌握专门技术，培养进取精神和集体精神，并且在指挥艺术方面也要有相应的变化，以适应机械化战争的瞬息万变的局势，所以必须发展无线电通讯系统。

　　这些主张在当时是积极主动的进攻战略思想。在当时法国的军界、政界中，静止防御理论依然占据着主导地位。法国政府正在耗巨资修建马其诺防线，以防御德国和意大利的入侵。这一计划是由 1930 年新上任的国防部长马其诺提出来的。他综合了前几任国防部长福煦元帅、贝当元帅和晓夫勒元帅的防御计划，提出了在法、德和法、意边境建造一系列防御工事的计划。这条耗资 50 亿法郎、长达 700 公里的防御工事就是著名的马其诺防线。

　　马其诺防线直到 1936 年才大体完工。这条坚固的防线让大部分法国人都产生了一种一劳永逸的幻想。马其诺防线全线共部署 344 门火炮，建有 152 个炮塔和 1533 个碉堡，所建地下坑道全长达 100 公里，道路和铁路总长 450 公里。每一组工事包括一个主体工事和一些观察哨所，相互间以电话联系。主体工事一般距地面 30 米，其中有指挥部、炮塔、发电设备、修理设备、医院、食堂、宿舍等各类设施，工事外面则密布金属柱、铁丝网，号称固若金汤。工事内粮食和燃料的储存一般可坚持 3 个月。为体现这一工事的防御性质，工事内火炮的射程一般不超过 10 公里，即保证炮弹不落在边境之外。如有战事，各观察哨所可用潜望镜观察敌情，随时将情况用电话报告指挥部，而炮塔内的炮兵则在 3 米厚的水泥工事内根据指挥部的命令开炮。

　　从防线本身来说，马其诺防线是有史以来最为成功的防线！直到法国在第二次世界大战中投降了，它依然固若金汤、毫发无损，而负责防守它的法军官兵也在它的保护下从那场战争中得以全身而退。但在军事史上，马其诺防线却成为"消极防御"和愚蠢的代名词。这条被全体法国人民寄予最大希望的防线最终没有给他们带来所期盼的安全，却间接导致了法国的迅速战败并最终投降！就是因为这一条防线，法国眼睁睁的看着自己的盟友一个一个的被德国消灭却始终不曾主动进攻德国空虚的西线，以至于出现了"静坐战"这样的咄咄怪事！马其诺防线就像一条无形的镣铐，紧紧的禁锢了法军的思想；它也是一条真正的镣铐，束缚住了法军的手脚。

马其诺防线内部

正是因为马其诺防线的存在,人微言轻的戴高乐并没有获得多少支持者,执政者当中支持他的就更少了。因此,即便戴高乐是军界中处于公众视野的人物之一,但他没能引起人们的充分关注。令人诧异的是,尽管《建立职业军》一书在法国只销售了700余册,但在德国却风靡一时。这年有位法国新闻记者与德国摩托化部队司令阿道夫·休亨林将军交换对机械化战争的看法。休亨林向法国记者打听道:"我的伟大的法国同行为发展这些技术正在做些什么呢?"

法国记者被休亨林弄得一头雾水,一副茫然不知所措的样子。这时,这位德国将军提示说:"我是说你们的伟大的摩托化专家,你们的戴高乐上校。"

这位德国将军根本不知道,这时的戴高乐并不是上校,他仅仅是一个既无权又无势的中校。他正在凭借他那令人吃惊的坚忍继续捍卫自己的观点,不停地游说着法国军界的高层。

二

大力主张建立装甲部队

戴高乐在进行军事理论的探讨和争论的时候,欧洲的局势迅速恶化了。受到1929—1933年资本主义世界经济危机的影响,德国大批企业倒闭,失业人数直线上升,最高时达600余万人。1930年3月,德国魏玛共和国的最后一届政府因入阁各党在如何平衡国库亏空问题上产生分歧而垮台了。魏玛共和国不得不由所谓的"总统内阁"来治理。德国民众对魏玛政府越来越不满了,他们强烈要求建立一个能拯救德意志民族,给社会带来安定,给人民带来幸福的新政府。

希特勒趁机大肆活动,一方面宣称经济危机是"政府无能",是政府接受《凡尔赛和约》和战争赔款的结果;一方面对各阶层人民不断做出符合其愿望的慷慨许诺,宣称纳粹党不是一个阶级政党,而是"大众党",并重点向中下层的中产阶级发动讨好攻势,以争取他们的支持。

纳粹党迅速壮大起来。经济危机爆发之前,纳粹党只有10.8万人,到1932年时已经超过了100万。在1932年7月31日举行的国会选举中,纳粹党获得了37.3%的选票,一跃成为国会中最大的党派。希特勒趁机施展手段,于1933年1月30日登上了德国总理的宝座。魏玛共和国宣告垮台了,德国正式进入了希特勒法西斯独裁统治时期,史称德意志第三帝国。

希特勒上台后,大力排挤其他政党,施展手段迫使总统兴登堡解散了国会,并指使已经发展到数百万人的冲锋队、党卫队和钢盔团成员组成"辅助警察",接管了各地的警察部门。1933年2月27日,他还一手策划了震惊世界的国会大厦纵火案,并将之嫁祸于德国共产党人,在国内掀起了空前的反共浪潮。

随后,他在冲锋队和党卫队的参与下,对德国各邦特别是那些不在纳粹党掌握之中的邦进行了自上而下的夺权。从此,各邦的主权被纳入"一体化"，纳粹党一党独裁的统治基础基本确立了。

1934年6月30日，希特勒又策划了"长刀之夜"事件，以冲锋队政变为借口，铲除了冲锋队头目罗姆及前总理施莱彻、前军情局局长布利多等大批要员。在这次事件中，希特勒大肆打压党内反对派，并获得了国防军及总统兴登堡的支持，巩固了自己的独裁势力。就这样，希特勒在上台后的一年多时间里基本上完成了从上到下的夺权活动，并建立了纳粹党一党独裁的法西斯极权统治。不可否认的是，希特勒在政治和经济上采取的一系列措施确实让德国暂时摆脱了经济危机的威胁，并在一定程度上恢复了德意志人的民族自豪感。这让不少德国民众将其视为了偶像！

1935年1月，萨尔区举行公民投票后归还了德国。3个月后，希特勒正式向全世界宣布，德国将再次实行普遍兵役制，建立一支规模为12个军、36个师约50万人的强大军队。这一惊人的举措宣告德国已经完全废弃《凡尔赛和约》对其所施加的军事限制，德国的扩军备战从偷偷摸摸的地下状态进入了堂而皇之的公开阶段。

希特勒的一系列举动引起了法国政府的不安。1935年4月15日，法国众议院举行了一场重要的会议，讨论将服兵役的期限延至两年的问题。希特勒的新朋友雷诺议员大力支持了戴高乐的观点，即建立一支强大的职业军，配备大量重型和中型坦克，以适应机械化战争的需要。雷诺说："法国的问题，从军事观点来看，是建立一支能像闪电一样进行反击的专业军队，因为假如被进攻者的反击不像进攻者那样迅速的话，那一切都会输掉。"

雷诺证明，戴高乐建议成立的装甲力量是唯一能立即反击，对付德军的办法。好几名众议员都表示支持雷诺。但是，面对那些代表多年来军事政策连续性的政府、参谋部、政治家的立场，戴高乐通过雷诺议员之口说出来的建议没有产生任何实质性的影响。

非但如此，戴高乐还因为大力向议员们兜售自己的观点而遭到了人们的奚落。有家文学杂志写道："要彬彬有礼地赞赏某人想要发明的一些近似乎疯狂状态的思想，那是令人为难的。这里只是要说明，戴高乐先生在很多年前，已被于布神父所超过，于布神父也是一位具有现代思想的大策略家。于布说，因为我们将从波兰归来，所以我们要用物理学来设想一架运输整个军队的风力机器……"

当时，马其诺防线在法国人的心中已经被演绎成了一个神话。在他们看来，有了马其诺防线的存在，德国根本无法侵入法国的腹地。军队最高领导层是这样不理解戴高乐，从而对他的军人生涯不能不产生影响。1936年底，戴高乐发现，他的名字已被从晋升上校军阶的名单上勾掉了。

气愤不已的戴高乐去见雷诺，并告诉他说："如果我不在未来晋升上校者之列，那我的军人生涯就会中断，因为我今后的晋升机会几乎等于零。"

雷诺同意向时任国防部长的达拉第转告此事。达拉第解释说，戴高乐当过战俘，因而"服役成绩不如其同学"。正是因为这一原因，戴高乐的名字才被从晋升上校的名单上勾掉了。

雷诺把达拉第的回答转告了戴高乐。戴高乐明白，荣誉是需要争取的，而不能静静地等候机会降临在自己的身上。于是，他给雷诺寄了一封邮件，邮件里附上对他3次负伤的回忆和对他的5次嘉奖令，其中有4次是全军嘉奖，并建议由达拉第亲自过问他的卷宗。在雷诺的努力下，达拉第终于被说服了。1937年，戴高乐顺利地晋升为了上校。

不过，这次晋升实际上是一次流放。他被从秘书处赶了出来，调往梅斯地区担任第五○七坦克团上校团长。陆军部的人在发调令时不无揶揄地说："你用纸上坦克把我们搞得够乱了，这一回倒要看看你用钢铁坦克能搞出点什么名堂来？"

一心想建立装甲部队的戴高乐没有计较这些。他把这次调动看作是一次实践自己理论的大好机会。他兴致勃勃地大搞坦克战和快速出击演习，尽一切努力加紧训练部队。在1937年的骑兵大演习中，由马尔坦将军指挥的梅茨装甲旅奉命支持骑兵团的演习行动。戴高乐的坦克团便属于该装甲旅的编成。

演习是严格按照总参谋部制定的原则进行的。观看演习的总参谋长甘默林对演习的优缺点进行了总结，并在最后说："学说的统一是思想纪律的基础，舍此就没有高效率的军队。我想，先生们，我们大家是否都同意呢？"

甘默林的发问只是一种演说技巧的运用，旨在得到大家无声的赞同。但是，听众当中却响起了一个声音："我嘛，完全不同意。"

人们惊呆了！到底是谁在跟总参谋长唱反调呢？人们循声望去，只见坐在听众席第一排的戴高乐正在盯着甘默林。甘默林向戴高乐点了点，对他说："那好吧，请你说一说你的观点。"

于是，戴高乐借机阐述了他 3 年来一直在捍卫的观点：现代坦克要将快速和功率结合起来；大量使用现代坦克具有重要意义；适应现代坦克的速度对于其他武器来说是必不可少的；现代坦克对冲破和瓦解敌军阵地起到决定性的作用。

甘默林向戴高乐指出，这次重大演习已经很好地确定了坦克这种还是属于步兵一部分的"小武器"的使用规则。戴高乐却当场反驳说："当规则荒谬时，必须加以取消或改变。"

从理论上说，任何一名上校级军官都不能在公开场合用这样一种语气，这样的严厉态度，去反驳法国军队的最高首脑。戴高乐当然懂得这个道理，但他为什么还要这样做呢？一方面，戴高乐是在捍卫自己的观点；另一方面，他已经明显感受到了军界高层对他的敌视。他隐隐感觉到，如果没有战争的话，他的军衔将在上校阶段止步不前了。他对军界高层不再有任何期待了！如果要出人头地的话，他只能试图尽量对政界施加影响。因为一切都最终取决于政府，所以一旦诸如雷诺等支持戴高乐的人上台的话，他就有机会成为他们最亲近的顾问。

三

接连遭受高层的贬谪

在戴高乐为自己的职业生涯争取荣誉之时，纳粹德国侵略的野心更加明显了。1936年3月1日，希特勒向世界发起了新的挑战。他完全不顾德军高级将领们的反对，悍然下令出兵莱茵非军事区。3月7日，一支小规模的德军部队象征性地跨过莱茵河上的桥梁，开进了莱茵非军事区。

法国政府立即召开了一次紧急会议，商讨应对之策。陆军部长莫兰将军、海军部长弗朗索瓦·皮特利将军和空军部长马塞尔·德阿将军，以及国务部长保尔·蓬古尔、邮电部长乔治·芒德尔等人均参加了这次重要的会议。结果，只有国务部长保尔·蓬古尔、邮电部长乔治·芒德尔表示支持反击，其他人均犹疑不决。英国、波兰等国也纷纷从侧面劝说法国政府不要采取行动。唯独苏联政府声明准备采取行动，苏联驻英国大使马伊斯基向法国同行明确指出："只能通过坚决的反对，才能预防德国可能进行的侵略。"

不过，几乎整个法国报界都在反对军事反击。至于军队领导人，他们不断地提醒说，只有同英国一道，才能进行干预。结果，英、法等国对此只是吵吵嚷嚷了一阵子，便默认了德军出兵莱茵非军事区的事实。从此之后，希特勒的行动更加肆无忌惮了！

1938年3月10日，德国吞并了奥地利。根据《凡尔赛和约》的规定，德国永远不得与同为德意志国家的奥地利合并。但法国政府只能眼睁睁地看着德国吞并奥地利。占领莱茵兰和吞并奥地利之后，希特勒的胃口越来越大，他的下一个征服目标直指捷克斯洛伐克。面对纳粹德国咄咄逼人的侵略，戴高乐和他的朋友们心急如焚，但百般呼吁无效。事实已经证明，《凡尔赛和约》确立的欧洲体系崩溃了。已经失去大国地位的法兰西只能在一切外交事务中唯英国马首是瞻。

德国吞并奥地利几天之后，戴高乐通过他的朋友梅耶上校的大力推荐，终于见到了时任法国总理的勃鲁姆。这位法国社会党右翼领袖，在1936年至1938年春天两度依靠人民阵线组阁。但他上台之后，却公开违反人民阵线的纲领，采取纵容法西斯国家侵略的绥靖政策，令人民阵线的成员和诸如戴高乐这样的年轻法军军官大为不满。

对这次会面，勃鲁姆和戴高乐在回忆录中都作了记述。勃鲁姆总理在回忆录中写道："我看到一个神态自若，举止从容的人走了进来。他的身长、宽度、体格都像个巨人……他就这样出现在我面前，平静地看着我，用慢条斯理、抑扬顿挫的语调和我谈话。他的一切都表明，在同一时间内他的脑子里只有一个思想、一项计划、一种信念；为了不分散精力，他必须专心致志，全神贯注。他也许不能理解，他的信念竟会得不到别人完全赞同……不过，他并没有丝毫泄气甚至感到疲倦的样子！毫无疑问，他决心沿着近两年来他坚持不渝的道路走下去，因为他生来就具有不屈服和不妥协的素质。"

在谈话中，戴高乐反复申述了自己的观点。他说，如果德国占领奥地利后，又侵占捷克斯洛伐克或波兰的话，法国就应占领德国的工业和煤炭基地——鲁尔区。听到戴高乐的这一意见，勃鲁姆十分惊讶！但戴高乐似乎并没有注意到这一点，他进一步指出，如果德军突破法军的防线，法国在军事上必将一败涂地！

勃鲁姆有些不高兴了。他大声争辩说，他正在提议大幅度地增加军事拨款，其中大部分将用于制造坦克和飞机。

戴高乐立即针锋相对，振振有词地反驳说："你计划制造的坦克和飞机的型号都是陈旧的，不适用的。"

谈到这里，勃鲁姆说："至于如何使用政府拨给陆军部的军费，那是达拉第先生和甘默林将军的事了。"

戴高乐回答道："一点也不错，但必须承认，国防是政府的职责，作为总理是责无旁贷的。"

尽管勃鲁姆对这次谈话印象深刻，但他对这位"古怪人物"的见解却将信将疑。直到下台为止，他也没有就如何阻止德国进一步扩大侵略而采取任何行动。勃鲁姆内阁倒台后，国防部长兼陆军部长达拉第被选为总理，于4月初组织了新一届内阁。达拉第是激进社会党的领袖，在1933年至 1934 年曾两度担任法国总理。这已经是他第三次组织内阁了。

达拉第担任总理之后，一直兼任他自 1936 年 6 月以来就担任的国防部长和陆军部长之职。因此，对于法国在第二次世界大战爆发前一年多里所采取的路线，他比其他任何法国人所负的政治责任都大。尽管他的体格健壮，而且常常有些粗暴的举动，有一个"沃克吕兹公牛"的政治绰号，但在气质上他并不是公牛，而是一个优柔寡断的人。在紧要关头，他不敢作出强硬的决定，而总是让别人把权力接过去。

此外，他还是一个不善与人交往之人。自从他的妻子于 1932 年去世之后，他就没有再娶。他与姐姐和两个儿子住在一套不大的公寓里。他很少参加娱乐活动，与人交往也不多。尽管从表面上看，他有很多熟人，但却没有几个真正的朋友。作为总理、国防部长兼陆军部长，他与总参谋长甘默林理应密切合作，时刻关注欧洲的风云变幻，但甘默林只有通过特别的约会才能见到他。更为不幸的是，达拉第的军事办公室主任布雷将军与甘默林合不来，所以甘默林见到达拉第的机会愈来愈少，有时候要相隔整整一个月才能见到。

此外，达拉第在在外交上也是一个地道的法国"本土主义者"。他不喜欢《凡尔赛和约》，他认为这个和约使法国与东欧搅在了一起。这些都决定了法国政府在战争爆发的前一年无法做好应对德国侵略的充分准备。

上台之后，达拉第面临的最棘手的问题便是如何避免德国吞并捷克斯洛伐克。捷克斯洛伐克是在第一次世界大战后根据《凡尔赛和约》取得独立地位的新国家。捷克斯洛伐克是法国在东欧的同盟体系的重要成员国，与苏联也订有互助条约。这个国家有 1400 万人口，其中有 350 万人属于德意志民族。捷克斯洛伐克的德意志人主要居住在西部与德国接壤的边界山区——

达拉第

苏台德区。德国并吞奥地利时，希特勒一再扬言希望改善德、捷关系，但在暗地里却为侵略该国做着准备。

开始的时候，希特勒并不直接出面，而是唆使他在这个国家的代理人、苏台德区日耳曼人党头目康拉德·汉莱因出面闹事。日耳曼人党实际上是德国纳粹党在捷克斯洛伐克境内的"第五纵队"。汉莱因是希特勒的忠实走狗，完全按柏林的指示行事。希特勒企图制造一种德意志人在捷克斯洛伐克遭遇困境的假象，借以迷惑友邦，掩饰他侵占捷克斯洛伐克的真实意图。

不幸的是，法国总理达拉第与英国首相张伯伦都没有意识到希特勒的真实意图！再加上他们害怕战争以及战后可能爆发的社会主义革命，对制裁德国一事讳莫如深，竟然默认了希特勒提出的"捷克斯洛伐克的德意志人自治"要求。

法国政府在绥靖政策上越走越远之时，戴高乐的处境也不容乐观。1938年7月14日，在庆祝国庆日的军事演习中，他戴着雪白的手套，指挥着他的坦克团，以别开生面的阵式大展神威，使出席观摩的军官们大开眼界。时任梅斯地区最高军事长官吉罗将军首先就部队的训练有素向这位有名的"摩托上校"表示祝贺，接着就用异常尖刻的语调宣布道："亲爱的戴高乐，只要我还活着，你就别想在我的防区看到你的理论付诸实践。"

这是一个耐人寻味的现象。戴高乐将坦克团训练得如此出色，却依然得不到实践他军事理论的机会。不久之后，戴高乐就被调离了第五〇七坦克团，开赴阿尔萨斯担任第五军坦克部队的指挥官。这支部队虽然号称是一支"坦克旅"，但实际上仅有几十辆轻型坦克。而且，阿尔萨斯距离巴黎的距离更远，远离法国的权力中心。戴高乐根本就无法与上层或其他各方面接触了。这次从表面上来看是升迁的调动实际上是一次变相的贬谪！

四

臭名昭著的慕尼黑会议

1938年的初秋季节,欧洲大陆上火药味十足!整个欧洲就像是一个堆泼了汽油的干柴,只需要一颗火星儿,就能燃起熊熊大火。奉行绥靖政策的英国首相张伯伦和法国总理达拉第都在竭尽所能地忍让着希特勒的无理要求,企图避免大规模的战争。

1939年9月13日晚上11点,英国首相张伯伦急电希特勒,愿前赴柏林屈尊求见。他在电报说:"鉴于局势日益严重,我提议立即前来见你,以寻求和平解决办法。我提议乘飞机前来,并且准备明天启程,请赐告你最早能在什么时候接见我,并请告知会面地点。"

这位掌握着大英帝国命运的人——一个从来没有坐过飞机的69岁老人居然屈尊坐7个小时的飞机到德国最偏远的伯希特斯加登去见希特勒,这简直太不可思议了。连希特勒看了张伯伦的电报之后,都喜出望外地惊叫起来:"啊,我的天呐!"

9月15日中午,张伯伦乘坐的飞机在慕尼黑机场着陆了。然后,他乘火车前往伯希特斯加登。此时,德国所有的电台都在转播汉莱因要求苏台德区归并德国的声明。这是张伯伦下飞机后听到的第一条新闻,也是令他感到最不安的新闻。他此行的目的正是为了跟希特勒商议这件事情的。

希特勒没有到伯希特斯加登火车站去迎接高贵的英国首相,而是故意摆出一副不可一世的大国元首的架子坐在伯格霍夫高高的台阶上等候着张伯伦。这一下马威给张伯伦的震动不小。在接下来的会谈中,希特勒的恫吓更是让这位老人胆战心惊。年仅49岁的希特勒说:"我现在下定决心,不论用什么方法都要解决一个问题,即捷克斯洛伐克境内的300万日耳曼人必须重返德国。"

张伯伦表面上做出一副漫不经心的样子,但内心里已经有些招架不住了。紧接着，希特勒又恐吓他说："我今年49岁，如果德国为捷克斯洛伐克问题而卷入一场世界大战的话，我希望我能以壮盛之年领导德国渡过危难。为此，我准备迎接任何战争，甚至一场世界大战……英国是否愿意同意割让苏台德区？还是按民族自决的原则作出割让？"

张伯伦似乎早已料到希特勒会这样说。他略微沉思了一会，回答说："在内阁成员和法国人商量以前，我还不能作出任何承诺。不过，就我个人来说，我同意苏台德区脱离捷克斯洛伐克的原则。"

这次英、德两国首脑的会晤确立了解决苏台德区问题的基调，也进一步助长了希特勒的侵略野心。

一回到伦敦，张伯伦便立即召集内阁会议，直截了当地提出"把以日耳曼人占多数的地区移交给德国"。这位老人深信，只有把苏台德区割让给德国才能阻止希特勒武装侵犯捷克斯洛伐克的步伐。张伯伦强调，希特勒"充满斗志"，而英国的盟国法国是毫无斗志的。因此，他们根本谈不到抗拒希特勒向捷克斯洛伐克提出的要求。结果，张伯伦的提议很快在内阁会议上获得了通过。剩下的事情便是征求法国方面的意见。

9月18日，法国总理达拉第和外交部长庞纳应邀来到伦敦。达拉第与张伯伦一拍即合。法国内阁甚至还送来了一份"比较周到"的割让草案。他们不赞成公民投票，而赞成直截了当地把苏台德区割让给德国。他们这样做主要是担心斯洛伐克和其他地区也会采取同样的方式取得独立地位。除此之外，法国内阁还提出，英国政府应该和法国、苏联一起保证捷克斯洛伐克的新国界。张伯伦同意了法国内阁提出的方案，但他和达拉第都未就此事同苏联政府沟通。

随后，法国和英国政府将他们的决定以最后通牒的方式通知了捷克斯洛伐克政府。捷克斯洛伐克总统贝奈斯在无奈之下，只能接受了英、法的联合建议。但希特勒却突然改变了主意，极力要求武装占领苏台德区。正在戈德斯堡与希特勒举行第二轮会谈的张伯伦听到这个消息之后，气得满脸通红，但又无可奈何，只能眼睁睁地看着以牺牲捷克斯洛伐克人的利益为代价建立起来的和平大厦轰然倒塌下去。

张伯伦回到伦敦后，立即召开了内阁会议，企图说服同僚们接受希特勒的新要求。不过，这次他碰到了前所未有的阻力。英国广泛开展了要求张伯伦下台，反对出卖捷克斯洛伐克的运动。法国政府也在此时提出了异议，并于9月24日下令全国部分动员。捷克斯洛伐克政府不但愤然拒绝了纳粹的要求，而且大量征召新兵入伍，现役军人总数达了100万人。

戴高乐在此时已经清醒地意识到，对德国的让步和投降不可避免战争。他在法国政府下令部分动员之时给雷诺写了一封信。他在信中预见了未来的悲剧，以及他为雷诺效劳的决心。他说："至于我，我毫不惊奇地看到，法兰西历史上最伟大的事件就要来到了。我确信，您将因发挥主导作用而彪炳青史。请让我对您说吧，不管怎样，我都决心为您效劳——除非我一命呜呼。"

野心勃勃的希特勒宣称无论如何他都要在10月1日之前拿下苏台德区，并于9月27日下午向军队发出了向捷克斯洛伐克边境进击的"绝密"命令。这一下可把张伯伦吓破了胆。他就在当天黄昏时分向全国发表了广播讲话。他说："为了在一个遥远的国家里我们对之毫不了解的民族之间所发生的争吵，我们居然在这里挖战壕，试带防毒面具，这有多么奇怪，多么荒诞，多么不可思议……不论我们如何同情一个强邻压境下的小国，我们决不能不顾一切地使整个大英帝国仅仅为了它而陷入一场大战。"

与此同时，张伯伦还给墨索里尼发了一份电报，请他参加德、英、法将要召开的国际会议。这正中希特勒和墨索里尼的下怀。经过阴谋家们的精心策划，臭名昭著的慕尼黑会议便这样开场了。令人奇怪的是，这场决定捷克斯洛伐克领土命运的会议居然不允许捷克斯洛伐克政府派代表出席。

在赴慕尼黑之前，达拉第于9月28日晚上向全国发表了广播讲话。他说："我曾宣布今晚要向全国发表有关国际局势的讲话。但是，我在中午过后得知，德国邀请我明天到慕尼黑去同希特勒总理、张伯伦首相以及墨索里尼先生会晤。我已经接受了这一邀请。你们一定能够理解，在进行如此重要的谈判的前夕，我应当把我想向你们作出的解释加以推迟。"

讲到这里，达拉第停顿了几秒钟，随即又说道："在我动身之前，我愿感谢法国人民的态度，这是一种充满勇气和尊严的态度。我要感谢法国人民，因为他们响应国家的入伍号召，再次显示出了他们已表现过的镇静和决心。我的任务是艰巨的。自从我们现在经受的困难出现的那一刻起，我就一天也没停止尽我的全部力量为保障和平与法国的切身利益而工作。明天，我将继续进行这种工作。在我继续努力的时候，我知道，我和全国人民的想法是一致的。"

达拉第虽然对德国的侵略行为也持忍让态度,但远远没有达到张伯伦那样疯狂的程度。捷克斯洛伐克是法国的盟国,两国签订的条约规定,一旦捷克斯洛伐克遭受武装侵略,法国有义务援助它打退进攻。如果战争爆发的话,与德国相邻的法国除了出动大批军队应战之外,别无选择。与法国相比,英国要安全得多!英国与欧洲大陆之间隔着英吉利海峡,不会遭受德国的直接威胁。而且,英国虽然也有责任援助弱小的捷克斯洛伐克,但那绝非义务。所以,无论从责任,还是从军事的角度讲,法国都应该在慕尼黑会议中占据中心地位。

不幸的是,优柔寡断的达拉第在这一紧要关头不敢作出强硬的决定,结果主动权被张伯伦抢了过去。伯希特斯加登会谈和戈德斯堡会谈上的一切决定都是张伯伦决定的,达拉第只是跟在他的屁股后面的一个应声虫而已!

德、英、法等国将举行慕尼黑会议的消息传开后,英、法两国人民紧绷的神经终于得到了暂时的缓解。除了少数清醒者之外,所有政界人物和报刊都竞相表达兴高采烈的心情。在他们看来,争取和平的希望又复活了!街头巷尾,热衷政治的男人们纷纷呐喊道:"和平!不惜任何代价地实现和平!"

但9月29日召开的慕尼黑会议并没有保住欧洲的和平。与希特勒沆瀣一气的墨索里尼极力支持希特勒的主张。9月30日凌晨2点,欧洲"四巨头"在出卖捷克斯洛伐克的文件上签了字。文件规定,苏台德区捷克人从

《慕尼黑协议》签字现场

10月1日起分5批撤退，在10天内完成。最后的边界由一个国际委员会来决定。

在敌人和"盟友"的共同压力下，捷克斯洛伐克政府向慕尼黑协议屈服了。捷克斯洛伐克总统贝奈斯辞职了，因为"他可能已成为新国家必须去适应的发展的一个障碍"。他愀然离开了捷克斯洛伐克，寄居英国。紧接着，希特勒又向德国的盟国波兰和匈牙利号召说："凡是要一起吃饭的人，就得下厨帮忙。"

结果，波兰和匈牙利也各自分割了捷克斯洛伐克的一块土地。就这样，捷克斯洛伐克这个曾经的工业强国就这样被肢解了。根据《慕尼黑协定》，希特勒得到了他所要求的一切。德国强迫捷克斯洛伐克割让了2.8万多平方公里的苏台德区，上面住着360多万日耳曼人和捷克人。在这个地区内，有着当时欧洲最为牢固的防御工事之一，只有法国的马其诺防线可以与之媲美。更加令人不安的是，希特勒从捷克斯洛伐克获得了大量的作战物资。据统计，捷克斯洛伐克被肢解以后，丧失了60%的煤，80%的褐煤，86%的化学工业，80%的水泥工业和纺织工业，70%的钢铁工业和电力工业，40%的木材工业。

五

第二次世界大战全面爆发

慕尼黑会议给了法国沉重一击。法国拥有100多个正规师，而且还同捷克斯洛伐克、波兰、南斯拉夫和罗马尼亚等东欧较小的国家建立了同盟关系。如果将这些国家的军事力量加在一起的话，制服希特勒是不成问题的。但慕尼黑会议后，情况发生了很大的变化。捷克斯洛伐克被肢解了。原先部署在坚固的山地工事中的35个装备精良的捷克师牵制着大批德国军队。现在，法国失去了这支重要的友军力量。更为重要的是，慕尼黑会议让法兰西的信誉在东欧各国中遭到了沉重的打击，谁还会相信法国政府信誓旦旦的保证呢？同法国的结盟还有什么价值呢？同英国的交往还有什么意义呢？波兰、罗马尼亚等国都争先恐后地想在为时尚不算太晚的时候，同希特勒搭上关系，谋求保全自己，免遭大害。

远在阿尔萨斯服役的戴高乐对慕尼黑会议上的决议深感不满，但却又无可奈何。他只能以一个法兰西军人的责任感来著书立说，唤起法国人对国际局势的清醒认识。在剑拔弩张、战云密布的1938年年底，他的《法兰西和她的军队》问世了。在这本书里，戴高乐站在历史的高度，以宏大的气魄、丰富的资料阐述了法兰西的命运与军队紧密相连。因此，他再次大声疾呼，要求加强战备，加强军队的战斗力，让军队恢复她昔日的荣光。但是，这部充满爱国主义激情的著作就像是投入大海的一颗小石子一样，除了激起一点小波纹之外，根本没有形成气候。

对此，戴高乐深感忧心，他已经意识到，战争已经离法兰西不远了。圣诞节刚过，他便在给好友奥伯坦的信中写道："我们将面临一个十分动荡的1939年，如果不是腥风血雨的话。"

戴高乐的担心不是没有道理的。德国占领了苏台德区之后，希特勒马上就开始觊觎捷克斯洛伐克剩余的领土了。1939年3月10日，捷克斯洛伐克中央政府解散了亲德的斯洛伐克地方政府，并逮捕了一批追随纳粹德国的分裂主义分子。希特勒抓住这一事件，立即向部队下达了于3月15日占领捷克的命令。3月15日凌晨2点，德军大举侵入捷克境内。与此同时，德国空军元帅戈林和德国外长里宾特洛甫不断向捷克总统施压。年迈的捷克斯洛伐克总统艾米尔·哈查心脏病突发，昏了过去。醒来后，他极不情愿地在《德捷协定》上签字，"邀请"德军入境。

至此，希特勒的诡诈伎俩已经达到登峰造极的地步。签完字之后，希特勒冲进了他的办公室，拥抱了在场的每一个人。他狂妄地宣告："捷克斯洛伐克再也不存在了！孩子们！这是我生平最伟大的一天！我将作为最伟大的德国人而名垂青史！"

德军占领捷克斯洛伐克不久，希特勒就从捷克斯洛伐克掠夺了95亿马克的资金、100多万支步枪、4.3万挺机枪、1500多架飞机、2100多门大炮、500多门高射炮、300多万发炮弹、10亿发子弹和400多辆坦克。东欧当时最大的军工厂斯科达也被德军占领了。与此同时，希特勒还把大批捷克斯洛伐克青年男女掳去当兵和服劳役。德国的军事实力得到了很大的加强。德国空军总司令戈林在德军占领捷克斯洛伐克一个月后曾对墨索里尼说："捷克斯洛伐克巨大的生产能力转归德国而产生的经济因素显著加强了轴心国对付西方国家的能力。不仅如此，如果发生更大的冲突，德国现在毋需保留一个师的兵力去防御那个国家了。"

令人惊诧的是，英、法两国对德军占领捷克斯洛伐克一事依然保持了高度的克制。两国虽然在外交上谴责了希特勒，但并未采取任何实质性的行动。对此，戴高乐大发牢骚，认为法兰西遭到了羞辱！他在给妻子伊冯娜的信件中愤怒地写道："我们在德国人蛮横无理的要求面前不战而降了！我们把盟友捷克斯洛伐克拱手送给了敌人。这几天，德国的马克和意大利的货币正在整个法国报界，特别在所谓'国家的'报刊，如《今日报》、《格兰戈瓦尔》、《日报》、《晨报》等报社大量流通，以便说服我们贫困的人民，相信必须放弃……我们正在逐步养成后退和受辱的习惯……"

3月21日，德国政府又向立陶宛提出了领土要求，要求其立即派全权代表到柏林签字，把默默尔交给德国人统治。弱小的立陶宛不敢违拗希特勒的意见，不得不于3月22日派代表到柏林在协约上签了字。希特勒不等谈判结束，便在斯维纳明德登上了"德意志号"袖珍战舰前往默默尔，炫耀他的"丰功伟绩"。德国又一次兵不血刃地完成了一次新的征服。从苏台德区到奥地利，从捷克斯洛伐克到立陶宛，纳粹德国已经兵不血刃地将其领土扩大了数倍。

得意忘形的希特勒随即将矛头指向了波兰。第一次世界大战结束后，德国割让给波兰的出海口，即通往波罗的海的"波兰走廊"则将原本连成一片的德国领土分成了两块，位于"走廊"之东的东普鲁士成了远离德国本土的"孤岛"。但泽则被辟为了自由市，由国际联盟管理。德国人一直对失去但泽和"走廊"地区耿耿于怀。

吞并奥地利和捷克斯洛伐克之后，希特勒企图用恫吓和军事两种手段，迫使波兰同意德国合并但泽自由市，并允许德国在"波兰走廊"建造一条治外法权的公路来连接东普鲁士和德国本土。值得玩味的是，仅仅在半年之前，波兰政府还跟在希特勒的身后，在德国占领了苏台德区之后趁火打劫地侵占了捷克斯洛伐克一小块领土。现在，希特勒翻脸不认人，开始对他的波兰"小兄弟"下手了。

波兰政府拒绝了希特勒的所有要求，并于1939年3月30日得到英、法的承诺，保卫波兰的国家主权。但希特勒坚信英、法不会为波兰向德国开战，便决定对波兰采取军事行动。4月28日，德国发表声明，终止了《波德互不侵犯条约》。随后，希特勒便令德军总参谋部制定了一项"闪击波兰"的作战计划。

5月，法国与波兰签订了一个协议，法国承诺会在外敌侵入后15日内加入战争，援助波兰。8月25日，英国也与波兰签定了成为军事盟友的条约。但实际上，英、法两国对纳粹德国依然抱有一丝幻想，不愿相信德国会发动对波兰的战争。

波兰军队根本不具备长期抵抗德军进攻的能力。即使是法军，此时也已经无法对付德军在飞机的掩护下，在地面行动中大量使用坦克的闪电战攻势。因此，法、英两国对波兰的承诺在军事上并不具有现实意义。英、法两国政府都清醒地意识到，如果不能及时地同苏联建立政治和军事联盟，波兰就毫无生存下去的可能。

不过，由于英、法两国对社会主义苏联的敌视，直到英国无条件地承诺捍卫波兰的领土完整之后，才提出了同苏联签订协议，实现和解。

但此时，希特勒也已经意识到了与苏联结盟的重要性。在希特勒看来，与苏联签订协议是使德国避免在两条战线上同时作战的唯一办法。结果，英、法两国与苏联的谈判破裂了。德国外长里宾特洛甫却在希特勒的授权下，于8月22日在默兹科与苏联秘密地签定了《苏德互不侵犯条约》。如此一来，形势就变得对英、法更加不利了。一旦爆发大规模战争的话，德国便可以毫无顾忌地把全部兵力投入到西线战场对付英、法了。

9月1日凌晨，德军大举越过德波边境，分北、西、南三路，向波兰首都华沙进逼。这是人类历史上第一次大规模的机械化大进军。德军的轰炸机群呼啸着向波兰境内飞去，目标是波兰的部队、军火库、机场、铁路、公路和桥梁。德军趁势以装甲部队和摩托化部队为前导，以每天50～60公里的速度向前突进。德军闪击波兰，标志着第二次世界大战欧洲战事正式拉开了帷幕！

9月3日，英国首相张伯伦向纳粹德国发出最后通牒，要求德军立即从波兰撤军。当天上午，一群纳粹头目正聚集在柏林总理府的前厅。突然，一名翻译官从人群挤过去，径直走进希特勒的书房，口译了最后通牒的内容。当翻译完毕，希特勒沉默无言，呆坐了好一会儿，然后，冲着一直强调英国不会参与这场战争的德国外长里宾特洛甫恶声质问："现在你有什么话说？"

波兰军队思想保守，竟高举长矛和刀剑向德军坦克冲锋

第四章 徒劳无功的百般努力

里宾特洛甫默默无言地站在希特勒的对面，显得十分窘迫。第二号纳粹人物戈林在外面前厅里作了回答："如果我们打输了这一仗，那么求上帝保佑我们吧。"

· 第五章 ·

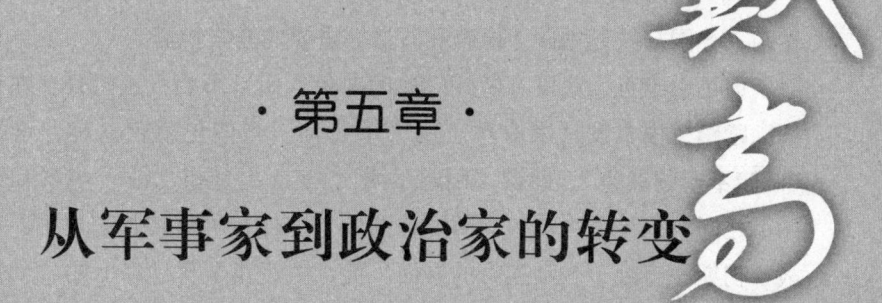

从军事家到政治家的转变

一

认真吸取波兰失败的教训

1939年9月3日,英、法两国同时对德宣战。战争爆发之初,单纯从军事力量和经济实力上来讲,英、法等国占有一定优势。当时,波兰有40个步兵师和12个骑兵师;法国有约有110个师的兵力。而当时德国只动员了98个师。在经济实力方面,英、法拥有广阔的殖民地,战略资源丰富,然而,德国却缺乏铁砂、橡胶和石油等重要的战略物资。

但是由于英、法没有做好应战的准备,而且不想真正打仗,在行动上磨磨蹭蹭,根本没有采取真正的军事行动。张伯伦就曾宣称,这是一场"晦暗不明的战争"。所谓"晦暗不明",实际上是指"战"与"和"还在两可之间。正是因为英、法两国首脑处于这样一种精神状态之中,盟国在战争初期一直处于被动挨打的局面。英、法违背了自己许下的"如果德意志帝国胆敢入侵波兰,英法联军将直捣鲁尔谷地"的诺言。法国屯集重兵却躲在马其诺防线后面,眼睁睁地看着波兰独自抵抗着强大邻国的侵略。

希特勒估计,波兰可以抵挡数周之久;法国方面则估计,波兰可以支持到1940年春;波兰军事当局则盲目自信,认为波兰军队完全可以挡住德军的入侵。但德军突如其来的攻势,装甲部队与空军配合的"闪电战"使波兰猝不及防。波兰500多架飞机甚至没有来得及起飞就被德军摧毁了。到9月17日,波兰军队崩溃之势已成定局。9月28日,华沙守军司令与德军第八军团司令布拉斯柯维兹将军签订了降约,波兰战役仅仅历时27天便全部结束了。

战争给波兰造成了严重的创伤。时任希特勒大本营司令的隆美尔在家信中写道:"华沙已经残破不堪,房屋十有八九都被烧成了枯架。商店消失了,里面的陈列品已荡然无存,店主们只好用木板把它堵上。这里已经整整两天没水没电,没有煤气,没有粮食了……老百姓几乎都暴露在无法逃避的炮火之下。市长统计的伤亡人数是4万……"

虽说英国和法国已正式向德国宣战，声明要援助他们的盟国波兰，但当纳粹匪徒肆意践踏波兰国土、残酷屠杀波兰人民时，英、法却无动于衷，西线出现了惊人的平静。10月11日，波兰战事结束了3个星期以后，英国才派了4个师，共15.8万人，到法国去"参战"。实际上，直到1940年5月10日，英、法才和纳粹德国爆发正式冲突。从1939年9月1日到1940年5月10日，这段奇特的历史时期在德国被称之为"静坐战"，而其他国家则称之为"假战"。英、法两国的"假战"助长了纳粹德国的侵略野心，同时也让他们自己在后来付出了沉重的代价。

在德军闪击波兰之时，戴高乐依然默默无闻地率领他的第五军装甲部队驻守在阿尔萨斯。他对当前的时局深表忧心，但却远离决策中心，无力作出任何能够力挽狂澜的措施。让戴高乐忧心忡忡的有两件事。一方面，德军在大批作战飞机掩护下，以装甲部队进行的闪电战，风驰电掣，所向披靡，已经显示出了强大的攻击力。但法军、英军装备和战术都相对落后，而且缺乏斗志。另一方面，比利时前线非常脆弱，按照德军闪击波兰的速度，他们一旦入侵比利时，战斗可能会在数天内结束。

两者相较，更让戴高乐感到不安的还是英、法的消极防御政策。他在《战争回忆录》中如是写道："我毫不惊讶地看到，我们动员起来的力量仍然处在停滞状态之中……当敌人的兵力几乎全部用于维斯瓦河（波兰境内最大的河流）战役时，我们除了进行几次演习之外，实际上是无所事事，

马其诺防线的法军士兵悠闲地站岗

不向莱茵河畔进军。"

戴高乐也奉命了参加了几次军事演习。戴高乐的求战之心令第五军军长布雷将军倍受感动。为了安抚戴高乐，他把装甲部队的一个坦克营部署在了马其诺防线前方的比茨附近。实际上，这种演习除了耗费士兵们的体力，浪费一些弹药之外，毫无意义。戴高乐已经深切地感受到了这一点。戴高乐在给雷诺的一封信中写道："我斗胆就指挥这场战争的问题，向您表达我的意见。我们的军事体系只是为了防御而建立的。如果敌人明天来进攻我们，那我就深信我们将抵挡得住。但是，如果敌人不进攻，那我们就几乎完全处在无能的状态。我认为，敌人不会在短期内发起进攻。他们关注的事情是要让我们业已动员和处于防御状态的军队被动地钉在马其诺防线后面。当我们产生厌倦情绪，迷失方向，对自己的无所作为感到不满时，敌人将集中全部物资，以高昂的士气对我们发动最终的进攻。"

从这封信中可以看出，戴高乐已经意识到了停滞不前的状态已经极大地消磨了部队的斗志。德军很可能会利用法军的停滞不前，加剧这种可畏的、丧失斗志的的状况。因此，他极力说服雷诺，希望政府能对法国的军事体系进行改革，改变这种停滞不前的状态。

雷诺不懂军事，也没有多大可能改变总理达拉第等人的意志。1939年的冬季，雷诺到旺让堡视察，受到了第五军军长布雷将军的热情接待。第五军参谋长德拉特尔和装甲部队指挥官戴高乐也参加了这次接待。交谈中，雷诺询问布雷将军说："你们军队将做些什么？"

没等布雷将军回答，戴高乐就立即表态说，法国军队应在春天发动攻势！布雷将军和他的参谋长德拉特尔立即提出了反对意见。他们认为，无论是从装备方面看，还是从士气方面看，法军都无法在春天主动发起进攻。

戴高乐的努力再次受挫，但他并没有放弃！波兰军队的迅速溃败让戴高乐感到不可思议，他认为法军应当从中汲取教训。实际上，法军参谋部也正在努力分析波兰军队迅速溃败的原因。参谋部第二局在一份报告中指出："在波军每个团防守的1000～2000米的战线上……德军始终大量使用坦克……坦克的行动始终得到飞机的支持，飞机用炸弹或机关枪进行空中进攻。"

这份报告正确分析了德军的闪电战战术在波兰战役中发挥的作用，但却没有引起法军参谋部的足够重视。报告最后得出的结论是："德军在波兰的作战方法，是适应特殊形势的……无疑，行动在西线将具有另一种面貌。"

11月11日，戴高乐给参谋部寄了一篇总结波兰战役经验、教训的文章。这是一份"关于使用坦克的报告"！在报告中，戴高乐用"敌人在波兰刚刚实行的装甲大部队行动"的事实来证明该报告是正确的。他得出的结论是，把坦克分散在法军各个部队是极其危险的事情，必须在大部队范围内广泛和深入使用坦克。戴高乐的结论是符合战争发展规律的，但这一结论却没有得到任何答复！他的报告就像是一颗落入大海的小石子，迅速被海水吞没了。

面对越来越严峻的形势，一股浓重的悲观主义情绪在戴高乐的心底慢慢"壮大"了。能够掌控法兰西命运的政界高层还没有一个人能像戴高乐那样，清醒地看到一个失去意志的国家正在遭受着死亡的威胁！法兰西总统阿尔贝·勒布伦对戴高乐的军事观点略有耳闻，但他也和大部分法国人一样，盲目地相信马其诺防线的威力，认为德军根本不可能侵入到法国腹地。

1939年隆冬季节，勒布伦来到前线，检阅了戴高乐的装甲部队的一个营。会见戴高乐时，总统亲切地说："戴高乐先生，对你的观点，我是知道的，但敌人要那样做的话，看来为时太晚了。"

二

雷诺组阁,壮志难酬

令人忧郁的1939年过去了,但法国军政界高层依然没有意识到形势的严峻性。1940年1月,戴高乐作了最后一次努力,以促使法国领导人吸取并正视波兰失败的教训。1月18日,戴高乐应雷诺之邀,前往位于巴黎里沃里街的财政部长官邸共进晚餐。雷诺还邀请了前总理、社会党领袖勃鲁姆。戴高乐等人就战争的形势和发展趋势展开了讨论。勃鲁姆问:"您的预测是什么?"

戴高乐回答说:"问题在于我们要知道,德国人在今年春天是否向西线进攻,来占领巴黎,还是向东线进攻,去攻打莫斯科。"

勃鲁姆惊讶地反问道:"您是这样想的吗?德国人向东线进攻?但是,他们为什么要到俄国的内地去打败仗呢?向西线进攻?但是,他们攻打马其诺防线能有什么作为呢?"

戴高乐不得不提醒说,德军拥有装甲部队这种业已成为战场上最可怕的力量,其进攻能力是不可低估的。完全建立在防御体系基础之上的法军与之形成了鲜明的对比。他央求勃鲁姆说:"只有几十辆轻坦克归我指挥,犹如尘土一般……我担心,尽管波兰的教训是那样明确,但这种教训也会被人们的偏见所否定。人们不愿意看到,让那种在波兰获得成功的学说,在我们这里变成可以实行的东西。请您相信我,在我们这里,一切都有待于付诸实行……假如我们不及时作出反应,那我们就会可悲地输掉这场战争。我们将因我们的错误而输掉战争。如果您能同雷诺一道采取行动,那就请您行动吧,我求求您!"

当时,勃鲁姆并没有给戴高乐明确答复。不过,戴高乐可以感受到,勃鲁姆的内心已经有所震动。于是,他迅速于1月26日根据当时的形势和法国军队的状况,写了一份题为《机械化部队的产生》的备忘录。在备忘录中,戴高乐再次重申,德国军队的强大归于它的机械化力量,而法军的防御战略根本无济于事。他写道:"任何守军如果只限于旧式的武装进行静止防御,是注定要失败的。只有使用机械化部队对付机械化部队,采取机动灵活的运动战术,才能在一定程度上奏效。因此,用大规模的空中和地面部队进行反击……是现代防御战中不可缺少的手段。"

在备忘录的结尾,戴高乐提出,对付德军侵略唯一有效的办法是建立一支新式的军队。他要求法国与英、美合作,制定一项"宏伟计划",建立一支能独立作战的机械化部队。他设想使陆海空三军联合作战,在反击法西斯侵略的战争中要密切合作。

戴高乐将备忘录送给了包括达拉第、勃鲁姆和步兵监察兼坦克部队司令迪菲厄将军在内的80多名军政界高层。《机械化部队的产生》给了勃鲁姆极大的震动。多年之后,勃鲁姆在读后感中写道:"正是在那时,我获悉了一切,我理解了一切。必须不惜一切代价,而且毫不拖延地组建机械化部队。"

但唯独勃鲁姆一人作出了这样的反应!戴高乐想通过文字的力量来改变国家精英们那漠不关心的态度,但他遭到了失败。达拉第根本就没有读戴高乐的备忘录。时任东北战线司令的乔治将军在勃鲁姆的劝说下,看了这部书,但他的判断是坚决否定的:"有意思,但这种重现历史经不起批评。"

步兵监察兼坦克部队司令迪菲厄将军更是明确写道:"就问题的现状而言,(备忘录里的)结论是必须加以摒弃的。"

坦克部队总监凯勒将军则写道:"即使现在这道工事坚固的防线(指马其诺防线)被突破或者被绕过,看来我们的敌人也不可能像在波兰那样得到进行闪电战的种种有利条件。因此,显而易见,在未来的战斗中,坦克的主要作用将像过去一样,掩护步兵迫近一个接一个的目标。"

戴高乐的努力失败了,他的情绪也变得更加悲观起来。2月21日,戴高乐在致雷诺的信函中悲观地写道:"即使我们真的拿起武器,来阻止德国在中欧、巴尔干半岛、北欧和东欧地区建立霸权,我们也没有取得成功,再说我们也没有试图这样做……因此,人们可以说,这场战争已经完蛋了。但是,现在还是赢得另一场战争的时候。如果我们失去另一场战争的胜利,那么世界,首先是法兰西,就会逐渐地习惯于希特勒正在欧洲最大地区建立的新秩序……几天后，在我们眼里，由希特勒在既成事实基础上向我们建议的和约就会是唯一的解决办法。此后，我们就会对沉沦、孤立和毁灭熟视无睹了。"

经过了沉寂而漫长的冬季，希特勒也开始行动了。为了确保从瑞典进口铁矿砂的供应线，希特勒按照海军的建议，暂时推迟了向西线发动进攻的计划，决定挥师北上，向丹麦和挪威开刀。对德国来说，丹麦和挪威具有极其重要的战略地位。德国没有直接进入大西洋的出海口，这给缺乏铁矿的德国造成了不小的困扰。在第一次大战期间，英国曾用鱼雷和巡洋舰队，从设得兰群岛到挪威海岸，横跨狭窄的北海，布置了一道严密的封锁网，卡住了德国海军的脖子。德国潜水艇突破封锁进入北大西洋的企图严重受挫，德国商船也无法自由出海。

德国的海军军官们对此记忆犹新。因此，他们在第二次世界大战刚刚爆发之时便提出，德国必须设法在挪威建立海军基地，以突破英国在北海的封锁线，为海军舰队打通开往大西洋的通道，从而实现从海上封锁不列颠群岛的战略目的。

希特勒接受了海军军官们的建议，决定暂缓对西线的地面行动，先在北方打通出海口。为了实现征服挪威和丹麦的计划，希特勒收买了挪威前国防大臣吉斯林。1940年3月1日，希特勒发出了代号为"威塞演习"的密令，准备入侵丹麦和挪威。

就在这时，法国政局再一次出现了动荡。早在1939年，苏联为在其西北部建立一条更有效的防线，先后合并了拉脱维亚、立陶宛和爱沙尼亚。由于列宁格勒离国境线太近，不利于防御。苏联希望通过与芬兰交换领土，使列宁格勒方面的国境线向西延伸数百公里。芬兰拒绝了苏联的要求。1939年11月30日，苏芬战争爆发。芬兰人开始时进行了成功的抵抗，但后来却无法顶住苏联红军的强大压力。在芬兰的呼吁下，国际联盟于1939年12月作出了谴责苏联的决议并将其开除出了国际联盟。

英、法两国在经过长时间的辩论后，提出了一项从挪威和瑞典借道援助芬兰的计划，但挪威和瑞典迟迟不表示同意。这件事情拖了几个月后，芬兰终于在没有外援的情况下，被迫于1940年3月13日按照苏联开出的条件签订了和平协议。这一事件在一定程度上影响了法国国内的政治形势。达拉第政府于3月21日倒台了。

勒布伦总统召见了雷诺，请他出任政府总理。但是，如果在议会中得不到激进社会党的支持，雷诺就寸步难行。而激进社会党则把将达拉第留在战时内阁作为合作的条件。雷诺无奈，只好再一次任命达拉第为国防和陆军部长。就这样，达拉第这位绥靖政策的主导者之一在倒台之后并没有失去对权力的掌控。

刚听到雷诺奉命组阁的消息时，戴高乐异常兴奋。要知道，雷诺可是唯一热忱支持他的机械化战争主张的政治家。雷诺上台之后，还特地向戴高乐发出了邀请，请他去巴黎！这一下，戴高乐更加高兴了！一到巴黎，戴高乐便受托为总理起草了向议会发表的第一个声明。3月23日，雷诺一字不改地宣读了那篇声明。

然而，随之而来的便是无情的失望。戴高乐应邀出席了内阁会议。这是一次糟透了的会议。政客们为了各自党派的利益，勾心斗角，似乎根本没有把国家的前途放在心上。也有可能是他们太过迷信马其诺防线的威力，认为德国人根本打不进来。雷诺想请戴高乐在新成立的军事会议任副国务秘书，但立即遭到激进社会党的强烈反对。国防部长兼陆军部长达拉第甚至以辞去内阁职务相要挟。雷诺不愿冒新政府垮台的危险，惋惜地撤回了对戴高乐的邀请。

更加令戴高乐痛心的是，为了保持内阁的稳定性，雷诺不得不任用一些与他政见迥然不同的人。副总理卡来耶·肖当是激进社会党的领导人之一，曾当过总理，和达拉第一样，都是绥靖主义者。副国务秘书也是一贯反对雷诺的人。在这种情况下，主战的雷诺被缚住了手脚，处处受到制约，根本无法展开对抗德国的新局面。

第五章 从军事家到政治家的转变

三

德军绕过马其诺防线

1940年4月9日上午5点20分，德国驻哥本哈根和奥斯陆的使节，向丹麦和挪威政府递送了德国的最后通牒，要求他们立刻接受"德国的保护"。这份备忘录宣称，德国是来援助丹麦和挪威抵抗英、法两国的占领的。因此，德国要求挪威、丹麦政府和人民不要抵抗德军，因为"任何抵抗将不得不受到一切可能手段的击破，从而只能导致绝对无益的流血牺牲"。

与此同时，德军代号为"威赛演习"的行动也开始了。仅仅4个小时，德军便占领丹麦全境。德军空降兵、登陆兵也于同一时间陆续在挪威沿岸的奥斯陆、克里斯蒂安桑、斯塔万格和拉尔维克等地空降和登陆了。

德军遭到挪威军队的顽强抵抗，德国海军舰队遭到重创，德国舰队旗舰——最新型的"布吕歇尔"号重巡洋舰被挪威的海岸炮开火击沉，1600名德军官兵葬身鱼腹，舰队司令奥斯卡·孔末茨将军被俘。尽管如此，德军空降部队依然在当天占领了挪威首都奥斯陆。挪威第二大港口卑尔根也在当日午前被德军占领了。此后，挪威军队的抵抗持续了两个月之久，但终因力量悬殊而失败了。

德军在攻占挪威的过程中付出了沉重的代价。20艘驱逐舰损失了10艘；8艘巡洋舰损失了3艘；主力巡洋舰"夏恩霍尔斯特"号和"格奈斯脑"号及袖珍战舰"卢佐夫"号都负了重伤。不过，与取得的战果相比，这些损失是微不足道的。纳粹德国得到了冬季运输铁矿砂的道路，进一步保护了通往波罗的海的进出口，为德国的潜艇和海面舰只对英、法作战提供了良好的港口设备。

更为重要的是，征服丹麦和挪威大大增强了纳粹德国不可战胜的神话。一时间，西方上层社会被一种严重的失败主义情绪笼罩住了。英、法军政界的高层们苟且偷安，无所作为，只知道哀叹："未来的潮流看来是属于希特勒和纳粹主义了。"

上层社会中甚至有一种谣言，说德国人准备与法国人达成"协议"，让赖戈尔执政，并由贝当出面支持，以保证德国最高统帅部接受停战。当时，贝当元帅还在马德里担任法国驻西班牙大使。德国人印了几千份带有贝当元帅头像的折叠式传单，到处散发。这位第一次世界大战时期的英雄对法国人民具有强大的号召力。德国人的这一举措对瓦解法国人的抵抗意志起到了十分重要的作用。

正在法国一片混乱之时，戴高乐悻悻地离开了巴黎。他想通过雷诺总理实现军事抱负的理想破灭了。在返回驻地的途中，他的心情十分沉重。还没赶到驻地，他接到了法军总参谋长甘默林的命令，赶往设在万森城堡的总参谋部商讨战局。甘默林是法军中少数主张建立装甲师的高级将领。第二次世界大战爆发初期，他就利用总参谋长的权力，命令组建了第一装甲师和第二装甲师，并要求在1940年春末组建第三装甲师，此后再组建第四装甲师。雷诺曾致函甘默林，建议他晋升戴高乐为将军。甘默林在回复中说："戴高乐将是法国军队最年轻的将军，这样做很好。"

甘默林这次召见戴高乐就是为了这件事情。在总参谋长的办公室里，身材矮小的甘默林，心不在焉地对戴高乐说："装甲师的数目将要翻一番，从两个师增加到4个师。"

对此，戴高乐十分感兴趣。但他没有想到，甘默林会任命他为即将于5月15日成立的第四装甲师师长。要知道，他仅仅只是一个上校而已，从理论上说是不能担任师长职务的。受宠若惊的戴高乐对甘默林表示了感谢，但禁不住表达了他对当前时局的忧虑。甘默林笑呵呵地答复说："我理解你的满意心情，至于你的忧虑嘛，我认为没有什么根据。"

尽管甘默林认为戴高乐的忧虑没有什么根据，但欧洲战场的局势依然一天天地恶化下去了。在大敌压境之际，法兰西的军政首脑如此昏庸无谋，戴高乐不禁万分痛心。5月3日，他给又当上了军事会议主席的雷诺总理写了一封信，以表达自己的忧虑：

主席先生：

波兰战役及其之后的挪威之战均已证明，今日唯有根据现有的机械化部队的能力和规模方能订出合适的作战计划。假定战火明天蔓延到瑞典领土，后天扩大到巴尔干，接着烧向乌克兰、比利时，最后又在西线烧起，不论是烧到齐格菲防线还是烧到马其诺防线，这一显而易见的道理都将得到证明。

然而，法国的军事体制，从规划组织到装备指挥，都与现代战争中的这条规律背道而驰。彻底改革这一体制是当务之急，决非其他任务可比。"法国的军事问题"过去是，现在是，将来仍然是我们在这场战争中的首要问题。但是，如果继续迟疑不决，越趄不前，拖得愈久，改革就愈加困难，从而胜利也就愈加渺茫。

我们必须反复强调，军队由于其固有的特点是服从，因此不会自行改革。改革乃国家之事，且属头等大事，唯有政治家足以膺此重任。在这场战争中，法国如果出现伟人的话，他将是卡尔诺（拉扎尔·卡尔诺，1752—1823年，法兰西革命共和国军队的创建人）式的人物，舍此则无伟人可言。

阁下……身居要职，品格高尚，且在过去6年中别具慧眼，深明改革之义，因此唯有你能够而且有责任成就此项事业。我还要冒昧指出，倘若你以此事为内阁要务，必能使政府内外气象一新，并能使这套尚未用过的王牌在你手中发挥威力。从此时此刻起，每过一天，每经一事，时时事事都将有助于证明我们的理论。不过，应当指出的是，它也将有助于正在把这个理论付诸实践的敌人。

自不待言，我最大的奢望莫过于有幸在这一伟大的事业中，在你认为适宜的时候，为你效劳。

顺致敬意！

夏尔·戴高乐

这封信再一次证明了戴高乐卓越的预见才能和战略眼光，同时也首次表明了他在"适宜的时候"走上政治舞台的愿望。

德军从阿登山区绕过马其诺防线

1940年5月7日，戴高乐上校被正式任命为第四装甲师师长。仅仅3天后，德国进攻法国的"镰刀行动"就揭开了帷幕。西线的平静终于被希特勒的装甲部队闪电式的进攻打破了。德国集中了136个师，其中10个坦克师、7个摩托化师，2580辆坦克，3824架飞机，分A、B、C3个集团军群向荷兰、比利时、卢森堡发动了大规模的闪电式进攻。

A集团军群为左翼，避过比利时和卢森堡，拟在迪南与色当之间强渡默兹河，穿过法国边界防线，直取松姆河口。B集团军群为右翼，也将绕过马其诺防线攻入法国。只有C集团军群对法国视作生命线的马其诺防线发动佯攻，以迷惑法军。

英、法、比、荷等国部署在西线的部队共有142个师，其中法军100个师、荷军10个师、比军22个师、英军10个师，坦克2300辆，总兵力与德军大体相当。但由于战备不足，盟国没有组成联合参谋部，也没有建立统一的指挥体系，加上比利时和荷兰在德军发动进攻之时还深信希特勒保证恪守中立的诺言，所以处于劣势。再加上英、法政府始终一厢情愿地认为德国即使进攻，也会像第一次世界大战时期那样取道比利时。如果那样的话，德军就会被阻挡在固若金汤的马其诺防线以东地区。

法国人万万没有想到，德国庞大的装甲部队会像戴高乐在《建立职业军》里所预言的那样，从马其诺防线的北端，法、比边境的阿登山区绕过法军的防线。马其诺防线没有延伸到阿登山区，也是法、比军队防守最薄弱的地方。因为法军总参谋长甘默林等人深信，德军大规模的装甲部队无法越过崎岖的阿登山脉。

四

第四装甲师准将师长

在德军在西线发动进攻的当天,英国政坛也发生了一场地震。由于战事对英、法两国越来越不利,英国人民对战时内阁也产生了不满。5月8日,英国首相张伯伦感到自己无法继续执政,向英王提出辞呈,并建议由丘吉尔组阁。5月10日下午6点,英王召见了丘吉尔,令其组阁。

5月13日,丘吉尔首次以首相身份出席下议院会议,发表了著名的讲话:"我没有别的,只有热血、辛劳、眼泪和汗水献给大家……你们问:我们的目的是什么?我可以用一个词来答复:胜利,不惜一切代价去争取胜利,无论多么恐怖也要争取胜利,无论道路多么遥远艰难,也要争取胜利,因为没有胜利就无法生存。"

5月14日,决定法国命运的时刻到了。一支无论在数量、机动性,还是打击力量上都是前所未有的装甲部队,在希特勒的爱将古德里安将军的率领下,由德国边境越过阿登山脉,强渡默兹河,以破竹之势突破了法军第九军团和第二军团仅8万人的防线,向法国北部铺天盖地地压来。法国人一直坚信不疑的"马其诺神话"破灭了!

消息传来后,法国人被吓坏了,荷兰人被吓坏了,比利时人和英国人也被吓坏了。荷兰军队的总司令签署了停战投降令,法国总理雷诺也于15日清晨7点30分在电话里喃喃地告诉英国首相丘吉尔:"我们被打败了!我们被打败了!"

在这民族存亡的生死关头,50岁的戴高乐上校终于被破格起用了。5月15日清晨,法国东北前线参谋长杜芒克将军把戴高乐召到总部,心情沉重地对他说:"为了阻止敌人的攻势、保卫巴黎,法军必须在埃纳河和埃勒特河上设立一道防线。你的任务是指挥第四装甲师在拉昂地区单独作战!"

对刚刚成立的第四装甲师来说，这是一个艰巨的任务！戴高乐盼望的机会终于降临了！但建制不全，缺乏战斗经验的第四装甲师能完成这一任务吗？对此，戴高乐和他的上司们都十分清楚，由于仓促应战，第四装甲师根本无法守住拉昂。东北前线总司令乔治将军与他分手时，语气低沉地说："再见吧，戴高乐！敌人正在运用你长期以来所提倡的战术。现在到了你大显身手的时候了！"

在戴高乐听来，乔治将军的道别简直就像是永诀。第四装甲师的建制残缺不全，坦克的数量也少得可怜。友邻部队在前线也接连溃退，被打得晕头转向。在短短的5天里，德军已经跨越了默兹河，涌入了阿登山脉，使整个盟军防线面临着崩溃的威胁。戴高乐对法兰西的未来产生了怀疑，他的内心显得躁动不安。在给妻子伊冯娜的信中，戴高乐交待道："事件是非常严重的。我相信，我们将能左右局势。但是，必须预料到一切。再说，对你来说，不管现在发生什么事，都是毫无燃眉之急的。但是，如果可能的话，必须让布雷特将军向你通报情况，以便你不感到意外，万一……假如出现了万一，最好是首先找到苏珊娜。你要确保有一种可能的交通工具，但不要引人注目。此外，我真诚地对你说，我不相信事情会落到那一步。"

把给伊冯娜的信寄出去之后，戴高乐便向拉昂开去。途中，戴高乐遇到了大量被解除了武装的法国军人。他们都是在近日内被德军装甲部队打垮的部队。他们在溃逃中被敌人的机械化部队赶上了，被迫接受了德国人下达的缴枪、向南方行进、不要堵塞公路的命令。德军对他们喊道："我们没有时间来俘虏你们！"

戴高乐收拢了一大批溃兵。他的办法很简单，大声向他们喊话，宣布他们现在归他指挥！溃兵们惊讶极了，但又不敢反抗，只好掉头跟着第四装甲师向拉昂开去。5月16日，戴高乐整天都在拉昂周围来回奔波，集结第四装甲师。这时，戴高乐也渐渐明白了德军的真实意图。德军装甲部队并没有去攻击巴黎的打算，而是向西，去索姆省的圣昆坦和海滨。法国将军们又一次遭到了德军的愚弄。

5月17日，法军东北前线司令乔治将军决定从南北两个方向夹击德军装甲部队狭窄的走廊地带。戴高乐的第四装甲师也奉命参加此次行动。恰巧，古德里安的装甲部队在此时因车辆检修，士兵疲劳等因素被迫停止前进。这是西线战役爆发一周以来，德军第一次停下来休息。对东北前线的法军来说，这是一次千载难逢的好时机。

受命之后，戴高乐立即派出侦察部队对德军的行踪进行了侦察。戴高乐发现拉昂东北约 30 公里和兰斯北部 50 公里交叉处的蒙特科尔耐公路是德军后勤部队的必经之处。如果占领该处，切断德军的补给线，必定会给古德里安造成重大困扰。

5 月 17 日黎明时分，戴高乐命令部队从拉昂沿公路向蒙特科尔耐进发。途中，第四装甲师遇到了德军的小股部队。戴高乐以优势兵力迅速消灭了这些德军，并于下午 3 点抵达了蒙特科尔耐郊外。戴高乐选择的目标非常好，不仅因为这是公路交汇处，而且德军第一装甲师的指挥所也设在这个小村子。

德军第一装甲师师长基希纳在两天前遭遇了一场车祸，膝盖严重受损。但是这个疯狂的纳粹军官拒绝到医院接受治疗。气急败坏的基希纳当时正坐在指挥所里凝视着作战地图，思考击溃法军的方法。下午 3 点 30 分，副官突然冲进指挥所，向基希纳报告说，村外出现大批法军坦克。基希纳大吃一惊，立即命令部队设置障碍，展开阻击，同时迅速转移师指挥所！

残酷的战斗开始了。戴高乐集中全部火力，向德军展开了攻击。战斗持续了一整天，德军在黄昏时分主动放弃了蒙特科尔耐。德军的反抗十分顽强，第四装甲师出动的 90 辆坦克被击毁了 23 辆。令戴高乐感到惊讶的是，他们竟然没有击毁一辆德国坦克。这一方面是因为第四装甲师缺乏战斗经验，另一方面是因为德国的 3 型和 4 型重型坦克装甲厚度、火力配置均比法军坦克优越。

但戴高乐并没有被技术上的差距吓倒。5 月 19 日拂晓，他又命令部队向塞尔河上的克里西大桥发动了进攻，企图挡住古德里安前进的道路。这一次，戴高乐出动了 150 辆坦克和一个炮兵营。克里西的德军守备森严，第四装甲师的坦克刚出现就遭到了反坦克炮火的袭击。随后，大批德国俯冲轰炸机出现在了第四装甲师的上空。突然，无数重型炮弹在法军战斗队形中爆炸了。戴高乐无奈而绝望地请求法国空军保护，可空军来得太晚了。戴高乐不得不命令部队向南撤去。

由于法军在前线节节失利，总参谋长甘默林于 5 月 19 日晚 8 点 45 分

自由之魂 戴高乐

被解除了指挥权。第一次世界大战时期的法国名将魏刚被雷诺总理任命为新的总参谋长。魏刚上台之后非但没有立即采取挽救措施，反倒推迟了甘默林将军制定的反攻计划。这便给了德军以喘息之机，加强了其走廊地带防御薄弱之处。

法军高层没有利用时势及时作出反应，致使法军失去了反击的最佳时机，这一切都让戴高乐气愤异常。5月21日，军队最高层选择了戴高乐，让他在电台上发表关于军事形势的讲话。讲话录音是在萨维涅大厦的花园里录制的。此时，他的第四装甲师指挥所已经迁到了此处。在讲话中，戴高乐以一种坚强有力的口吻表明了自己的意见，号召法国人民鼓起勇气，坚定抗敌的信心。这次广播讲话并没有给人留下什么印象，连戴高乐本人在此后的岁月也没有提及过。但这是戴高乐第一次在麦克风前讲话，也可以说是他政治生涯的起步！

戴高乐将军

与此同时，戴高乐终于得到了晋升。在甘默林同意任命戴高乐为将军之后，事情就一直拖在那里。这应该是政治斗争的结果，因为当时达拉第一直担任着国防和陆军部长。5月18日，雷诺改组了战时内阁，邀请贝当元帅担任副总理兼国家军事委员会副主席。同时，他把达拉第调去主管外交，由他自己接任国防兼陆军部长。现在，雷诺终于把国防和陆军部长的职务揽到了自己的身上，戴高乐晋升问题的卷宗也终于被抽出了办公桌的抽屉。

5月24日，戴高乐在给妻子伊冯娜的信中写道："总是争吵不休。但就我而言，事情倒没有变坏。我得到的印象是，困难已被克服，我们在走向康复。然而，我们将会遭受和进一步遭受多大的损失啊！从昨日起，我已经升任将军了。我是通过保尔·雷诺的一封信获悉此消息的。他根据魏刚将军的建议，签署了我的委任状。"

就这样，戴高乐终于在西线战役爆发两周之后成为了法国军队中最年轻的战时准将之一。

　　5月27日，戴高乐将军带领残缺不全的第四装甲师奉命向阿布维尔的德军发动了攻势。这一次，他又在力所能及的范围内取得了胜利。德军在3天之内被迫后退了15公里，被俘500多人。但仓促组建的第四装甲师也损失惨重，士兵们已经精疲力竭了。

五

国防部兼陆军部副部长

盟国军队在前线接连失利,致使法国高层失去了抵抗的信心。法军总参谋长魏刚将军早就认为继续打下去已经"毫无意义"了。5月26日,他对一位内阁部长说:"我想得很多。政府只有留在巴黎束手就擒,再没有选择的余地了。"

新任副总理、国家军事委员会副主席贝当元帅支持魏刚将军的这一论断。这位第一次世界大战时期的英雄认为自己有义务保护即将失败的法兰西和法兰西人民。所以,他不主张法军再在前线进行"无谓"的抵抗。

在前线,35万英、法部队随时有被德军包围在敦刻尔克港的危险。为了保存实力,英国远征军司令戈特将军命令部队趁德军休整之机向敦刻尔克撤退,而后从海上撤往英国本土。5月26日黄昏时分,英国海军部下令执行代号为"发电机"的撤退行动,前往敦刻尔克接应撤退的英国远征军。英国政府和海军部发动了大批船只,动员人民起来营救军队。他们的计划是力争撤离3万人。对于即将发生的悲剧,人们怨声载道,争吵不休。他们猛烈抨击政府的无能和腐败,但仍然宁死不惧地投入到了撤离部队的工作中去。于是出现了驶往敦刻尔克的奇怪的"无敌舰队"。这支船队中有政府征用的船只,但更多的是自发前去接运部队的人民。他们没有登记过,也没有接到命令,但他们有比组织性更有力的东西,这就是不列颠民族征服海洋的精神。

5月28日,比利时国王奥波德三世命令比利时军队向德军投降。大量德军从英、法部队的侧翼长驱直入,迅速把敦刻尔克地区包围了起来。英、法军队一边组织抵抗,一边有序地撤离敦刻尔克。敦刻尔克的大撤退让法军总参谋长魏刚将军与法国副总理兼国家军事委员会副主席贝当元帅更加坚定地认为,抵抗已经毫无意义了。这使得主张抵抗到底的雷诺总理在内阁中越来越孤立了。

5月31日，戴高乐奉命从前线返回巴黎，去见总理雷诺和总参谋长魏刚。此时，雷诺已经在酝酿再次改组内阁的计划了。心力交瘁的总理似乎已经产生了邀请戴高乐到政府任职的想法。雷诺了解戴高乐，知道他跟自己一样是坚定的主战派！或许，只有邀请戴高乐入阁才能扭转投降派在政府中占主导的局面！

来到巴黎之后，戴高乐去了裁缝店，制作了一套崭新的将军制服。当他穿着崭新的将军制服出现在总理府之时，雷诺已经在那里焦急地等候多时了。戴高乐向雷诺建议："我们要尽可能坚持在欧洲大陆作战，同时必须下定决心，准备在法兰西帝国范围内继续作战。这就需要有一个相应的政策：必须把战争资源运往北非；必须挑选有能力的领导人来领导这项工作；而且不论对英国人有多大意见，都必须与他们保持密切联系。"

戴高乐抵抗的决心是坚定的，这让雷诺感到十分安心。不过，当戴高乐建议他撤销魏刚将军的总参谋长之职时，他犹豫了！戴高乐说，只有洪齐格尔将军才能胜任此职。在戴高乐看来，唯有这位足智多谋的军人才有能力从世界战略的高度来指挥这场战争，带领法兰西走向胜利。雷诺的回答闪烁其词，他原则上表示同意，但在兵败如山倒之时撤换最高指挥官是不可能的。

随后，戴高乐又奉命赶往设在蒙特里城堡的总参谋部去见魏刚。尽管这位总参谋长和他的前任甘默林将军一样，对戴高乐本人没有什么好感，但对他的战绩却很满意。他刚刚在一项嘉奖令中称赞戴高乐和他的第四装甲师说："该师指挥官戴高乐将军英勇果敢，实堪钦佩！他于5月30日及31日率部向敌军一个桥头堡发起攻击，突入敌防线15公里，俘敌数百，缴获甚多。"

刚一见面，魏刚就热情地向戴高乐表示祝贺，接着便征询他如何才能将坦克的作用发挥到最大。戴高乐将自己保卫巴黎和阻敌南进的计划详细地向魏刚作了介绍。可惜的是，心里已经打定主意要投降的魏刚没等戴高乐说完，就打断了他。魏刚说："如果事情不致发展得太快，如果我能及时地使敦刻尔克方面退下来的法军恢复元气，如果我有武器供给他们，如果英军可以在重新装备后回来参战，如果英国皇家空军答应全力投入大陆方面的战争——如果出现上述情况，那么我们还有机会。否则，就没有任何指望了。"

听完魏刚的叙述，戴高乐神色黯然地离开了总参谋部。第二天，他起草了几项建议，竭力劝说魏刚组织抵抗。他建议把法军剩下的装甲师重建成3支部队，集结成唯一的"装甲集团"。他还毫不谦虚地要求指挥该装甲集团。这明确地表明，他想要在法军统帅部里扮演一个重要角色。作为一名准将，戴高乐之所以会提出这样不切实际的要求，应该是雷诺总理大力支持他的原因。遗憾的是，他的建议被送到总参谋部之后就石沉大海了。

在法军高层内部矛盾重重之时，敦刻尔克大撤退也在有序地进行着。到6月4日下午2点23分，"发电机"行动结束之时，从敦刻尔克撤向英国本土的英法联军达33.5万人。敦刻尔克大撤退保存了英法联军的有生力量，为最终取得反法西斯战争的胜利创造了条件。

6月4日，英国首相丘吉尔在下院提醒议员们说："战争不是靠撤退打赢的。但是，在这次援救中却蕴藏着胜利。"

接着，他向议员们发表了气势磅礴的著名演说："尽管欧洲的大片土地和许多古老的国家已经陷入或可能陷入秘密警察和罪恶的纳粹统治者魔掌之中，我们也毫不动摇，毫不气馁。我们将战斗到底。我们将在法国作战，我们将在海上和大洋中作战，我们将具有愈来愈大的信心和愈来愈强的力量在空中作战；我们将不惜任何代价防卫本土，我们将在海滩上作战，我们将在敌人登陆的地点作战，我们将在田野和街头作战，我们将在山区作战；我们决不投降；即便我们这个岛屿或那个岛屿的大部分被征服并陷于饥饿之中——我从来不相信会发生这种情况——我们在海外的帝国臣民，在英国舰队的武装和保护之下也将继续战斗，直到新世界在上帝认为适当的时候，拿出它所有的一切力量，来拯救和解放这个旧世界。"

丘吉尔的著名演说，不仅有效地动员英国勇敢战斗，而且对全世界反法西斯侵略的国家和人民也产生了重要的影响。

6月5日下午，戴高乐获悉，他即将被雷诺总理任命为政府部长。6月6日，法国的广播报道了戴高乐即将成为政府成员的消息。不一会，雷诺本人就打电话给戴高乐，向他证实这个消息。他已经被雷诺总理任命为国防部副部长兼陆军部副部长。在政府中，这两个职务虽然都不算太高，但

敦刻尔克大撤退

却预示着戴高乐将参加国家的政治领导机构，率领法兰西人争取最后的胜利！

戴高乐表现得很平静。他赶紧召集他的军官，向他们致谢，接着到军官食堂去结算伙食余额。随后，这位准将便告别了军队，结束了自己的军旅生涯，向巴黎进发了。但法国此时面临的形势十分严峻！德军攻占敦刻尔克之后，立即向索姆河一线发动了大规模的攻势，包括10个装甲师在内的143个德国师向法国腹地狂扑过来！但法军却只剩下了65个残缺不全的师，因为最优秀的部队和大部分装甲部队都在比利时消耗掉了。英国能够派出来的只有驻在萨尔的一个步兵师和一个装甲师的部分人员。被贝当元帅和魏刚将军控制的法国最高统帅部已经拿定主意要投降了。

一到巴黎，戴高乐就直言不讳地向雷诺指出："让贝当元帅这样的失败主义者参加内阁，将来你会后悔的。"

雷诺无可奈何地搪塞道："把他放在（内阁）里面比放在外面好。"

戴高乐尖锐地反驳道："我只怕你会被迫改变你自己的意见。形势发展很快，失败主义很容易淹没一切，这一点就更加有可能了。我们与德国人之间实力相差太大，除非出现奇迹，否则在法国本土无法获胜，甚至无法守住。"

戴高乐顿了顿，又继续道："最高统帅部已经被意外事件吓倒，再也

自由之魂 | **戴高乐**

冷静不下来了。而且你比旁人更清楚，政府的周围笼罩着怎样一种绝望的气氛。贝当元帅和他的幕后人将使今后的局势按他们的方式发展。但是，如果1940年的战争失败了，我们还可以打赢另外一仗。"

戴高乐和英国首相丘吉尔在一起

雷诺惊奇地看了看戴高乐，这是他自战争爆发以来听到的最清晰、最理性的分析。于是，雷诺就把与英国人沟通的任务交给了戴高乐。6月9日，戴高乐带领两名外交官，飞赴伦敦去见英国首相丘吉尔，请求英国的帮助。这是他同温斯顿·丘吉尔的第一次见面。戴高乐请他派更多的英国空军到法国参战。丘吉尔回答说，因为地面战场离英国越来越远，而空战即将降临英伦三岛，所以他无法再派飞机到欧洲大陆去送死了。虽然戴高乐没有完成使命，但他与丘吉尔的会见却很顺利。这位新任副部长没有被英国首相吓倒。

· 第六章 ·

流亡英国，救国图存

一

"粉身碎骨也要战斗"

戴高乐回到法国之后，战局已经恶化到了无可挽回的境地。德军迅速消灭了法军的主力部队，随即像潮水一般地涌向法国腹地。6月10日，墨索里尼见德军已经逼近法国首都巴黎，也想趁机捞一把，随即加入了战争。墨索里尼的加入让德军如虎添翼。同日，法国政府匆忙地撤离巴黎，迁到了图尔，法军总参谋部则迁到了布里阿尔附近。

6月11日上午11点，雷诺总理给英国首相丘吉尔发了一封电报，他能在奥尔良附近的布里阿尔接待英国客人。同时，他也给美国总统罗斯福总统发了一封电报，要求美国派来"遮天蔽日的飞机"。然而，由于美国的孤立主义与和平主义思想严重，罗斯福被缚住了手脚，除了对法国的遭遇表示同情之外，什么也做不了。

当天下午2点，丘吉尔一行乘坐的飞机抵达了奥尔良机场。这是西线战事爆发一个月内，丘吉尔的第四次法国之行了。随丘吉尔一起抵达法国的还有英国陆军大臣艾登先生、帝国总参谋长迪尔将军等人。法国方面参加会谈的有雷诺总理、贝当元帅、魏刚将军、国防部兼陆军部副部长戴高乐等人。

英、法军政界高层举行的这次会谈，主要是讨论战与降的问题。丘吉尔力劝法国政府保卫巴黎，哪怕在城市内进行巷战也在所不惜。丘吉尔特意向贝当元帅追述了第一次世界大战时期的法国总理克雷孟梭曾经说过的话。克雷孟梭曾经说："我决定在巴黎的前面作战，在巴黎的城里作战，在巴黎的后面作战。"

但贝当元帅却回答说："那时，他可以调动60个师以上的大军！可是现在，我手上连一个师也没有了。再说，那时战线上有60个师的英军，就是把巴黎化为灰烬也不会影响最后的结局。"

丘吉尔重申了自己的立场，无论在任何险峻的情况下都坚持继续作战，相信盟国能够无限期地打下去，而最终能取得胜利。丘吉尔建议法军在敌强我弱的情况下开展游击战争。他说："德军在接触点上并不像人们想象的那样强。如果所有的法国军队，每一个师，每一个旅，在他们的战线上都不遗余力地作战，就可以使敌军的活动全部陷于停顿。"

贝当却回答说："公路上的状况十分可怕，难民拥挤，遭到无法抵御的德军机关枪的扫射，大量居民成批地逃难，还有政府机构和军事机关都在继续崩溃……"

突然，法军总参谋长魏刚将军打断了贝当元帅的话，插嘴道："法国将不得不要求停战。"

雷诺总理立即喝阻他道："那是政治问题！"

贝当元帅和魏刚既然已经下定决心要投降了，再劝说他们也无济于事了。于是，丘吉尔说："如果法国在苦难中认为最好的办法是让它的陆军投降，那就不必为了我们而有所犹豫。因为不管你们怎样做，我们都将永远、永远、永远地打下去。"

停顿了一下，丘吉尔神色黯然地喃喃道："法军不管在任何地方继续打下去都能牵制或消耗德军100个师的……"

魏刚将军轻蔑地回答道："即便是那样，他们也可拿出另外的100个师来进攻和征服你们。到那时你们又怎么办呢？"

第一次出席盟军会议的戴高乐提议把当时在法国的英国装甲师与法国装甲部队合并到一起，把法国重型坦克和英国轻型侦察车结合起来，互相弥补，这样会产生"强大得多的效力"。丘吉尔对此很感兴趣，表示"立即研究"。晚餐时，戴高乐坐在丘吉尔旁边，两人称赞了对方的果敢和百折不挠的精神。

但由于贝当元帅与魏刚将军坚决放弃抵抗，使得这次英、法军界高层的会谈最终不欢而散了。英国代表团走后不久，贝当和魏刚就自作主张地宣布巴黎为不设防的城市。贝当元帅声称法国政府应当不惜任何代价，要求停战。他断言："不迁移，不逃跑，政府就不可能放弃法国领土"。而且，他认为这是法兰西复兴的唯一机会！他在一份声明中说："关于法兰西的复兴，必须在原地呆着，等待复兴的到来，而不是在一种无法预见的条件和期限的情况下，让盟国的大炮来征服法国领土。"

坚信自己代表法兰西的贝当元帅认为，法国人民应当"接受痛苦"，因为那是"法兰西复活"必须付出的代价。他还宣布了自己的意愿："就我而言，我将继续在法国人民中间，与他们同甘共苦。"

6月12日，法国内阁决心将政府迁移到波尔多。此时，雷诺通过法国驻美国大使圣康坦获悉，罗斯福只能向自己发来一份同情电，并保证提供更多的物资援助。但除此之外，他什么也做不了。雷诺立即给罗斯福总统发去了一封电报，肯定地说，只有"当胜利的机遇在遥远的将来出现时"才能同意在海外继续进行抗战。他断言，英国的失败"即使不是多半可能的，也是可能的"。因此，他请求美国对这场战争进行干预，帮助法国继续进行斗争。并向罗斯福建议说："如果在未来的时刻里，您不能使法国相信，美国将在短期内参战，那世界的命运就会改变。"

但这封电报根本无法促使美国介入到第二次世界大战中来。雷诺的电报除了得到一些"深表同情和遗憾"的回复之外，什么也得不到。

形势对法国越来越不利了。丘吉尔力主抵抗到底，但欧洲大陆几乎已经没有英军的影子了。自从敦刻尔克大撤退之后，丢盔弃甲的英军就在本土进行训练。英国各大兵工厂也在加紧生产装备，以期早日重返战场。但远水毕竟救不了近火！再加上贝当元帅与魏刚将军的失败主义情绪，法国暂时的失败已经是不可避免的事情了。

从图尔到波尔多的路上，戴高乐看到了成群结队的难民和衣衫不整的溃兵。所有的迹象都表明，法兰西在战争开始一个月后已经支撑不下去了。因此，一到波尔多，戴高乐就马上来到雷诺身边，向他提出了明确的警告。他痛心地说："3天来，我估量着我们用什么样的速度滑向投降。我已经向您提供了绵薄之力，但目的是为了进行抗战。我拒不屈从于停战。如果您继续呆在这里，那您就会被失败的浪潮淹没。必须尽快动身去阿尔及尔。不知道您是否下定了这个决心？"

雷诺终于意识到了唯有按照戴高乐所说的那样，在更广阔的法兰西帝国范围内进行抵抗才能取得最后的胜利。最后，他以告别的方式对戴高乐说："您将同我在阿尔及尔重逢。"

6月14日，形势进一步恶化了。德军第十八集团军顺利开进了不设防的法国首都巴黎。巴黎的埃菲尔铁塔上立即升起了纳粹的"卐"字旗。雷诺立即叫来海军上将达尔朗，商量转移到北非的后勤问题，又命令戴高乐赴伦敦请求英国对转移提供援助。

戴高乐匆匆告别，当晚赶到布列塔尼，第二天清晨乘上"米兰号"驱逐舰前往伦敦。但他没想到，雷诺在贝当元帅的影响下，又给丘吉尔发了一封要求英国方面同意法国单独与德国媾和的电报！软弱的雷诺总理甚至按照贝当元帅的意思，在电报中暗示，如果英国拒绝，他就辞职。

1940年6月14日，德军攻占巴黎

到了伦敦之后，戴高乐才得知电报的内容！他的脑袋"轰"一下失去了判断力，他在心里惊叹道："完了，一切都完了！"

但几分钟之后，戴高乐就恢复了理智。他和英国方面几经协商，想出了一个相当大胆的救急办法：建立英法联盟，让英法两个民族合并为一体，共同承担战争责任。如此一来，法国的单独媾和就没有任何意义了。

6月16日中午，戴高乐与英国方面一起草拟了《联盟宣言》，下午交英国战时内阁讨论批准。《联盟宣言》的内容如下：

> 在当今世界历史这一紧要的关头，联合王国政府和法兰西共和国政府谨发表宣言，宣布两国结成永久的联盟，在共同保障正义和自由的事业中有毫不退缩的决心，反对把人类陷入机械生活和奴隶状态的制度。
>
> 两国政府宣布，法国和英国今后不再是两个国家，而是一个法英联盟。

联盟的宪法将规定执行国防、外交、财政和经济政策的联合机构。

每一个法国公民将立即享有大不列颠的公民身份；每一个英国臣民也将成为法国的公民。

无论两国领土的任何地方遭受战争的破坏，恢复的责任将由两国分担，两国的资源将同等的并像一个国家似的用于抵抗战争。

在战争期间，只设一个单独的战时内阁，所有英国和法国的武装力量，不论是陆军、海军或空军，都将归于该战时内阁的指挥之下。最宜于从什么地方指挥，就从什么地方指挥。

两国议会将正式合并。不列颠帝国所有的国家已在组织新军。法国将在陆地、海洋和空中继续维持其现有的兵力。联盟将向美国呼吁，大力补充盟国的经济资源，并为共同的事业提供大量的物资援助。

不论战斗发生在什么地方，联盟将集中全力打击敌人。这样，我们必将战胜敌人。

下午4点30分，戴高乐打电话把这件大事告诉了正要主持内阁辩论会的雷诺总理。随后，丘吉尔跟雷诺也通了话。这位意志坚定的首相兴奋地说："喂！雷诺，戴高乐是对的！我们的建议可能产生巨大的效果。你要坚持住！"

邱吉尔和戴高乐都高估了雷诺的抗压能力。当天晚上9点30分，当戴高乐乘坐的飞机在波尔多机场降落时，突然听到，《联盟宣言》已遭投降派坚决抵制，雷诺总理已愤而辞职！时任法国总统的勒布伦已召见贝当元帅，并命他组阁！

戴高乐一下子愣住了！这一消息犹如晴天霹雳，几乎打垮了他那坚强的意志！戴高乐清醒地意识到，摆在他面前的只有两条路：一条是遵循军人服从命令的天职，留下来跟贝当元帅一起投降；一条是就此背弃投降政府，舍弃身家性命和家人，乘原机返回英国，为法兰西的未来奔走！第一条路是安全的，但那与军人的荣誉和法兰西的利益背道而驰。第二条路虽然凶险万分，而且还有可能付出全家的生命为代价，但却隐现出一丝救国的希望。

略一沉思，戴高乐义无反顾地选择了后者。他决定天一亮就登上飞机，飞往伦敦！随后，他又赶去见他那位失败的朋友雷诺最后一面。富于才智但性格软弱的雷诺已被最近一连串的事变和内阁成员的背弃压垮了。由于绝望和失眠，雷诺的精神相当萎靡。

戴高乐没有责备他，只是说："为了挽救国家民族的危亡，就是粉身碎骨也要战斗下去！"

当戴高乐把自己准备逃亡英国的决定告诉了他之后，雷诺的精神稍稍好了一些。他毅然动用了他手中残存的权力，给了不屈不挠的戴高乐最后一次支持：从总理秘密款项中支付给戴高乐10万法郎作秘密经费。

二

法兰西最后的尊严受损

1940年6月17日清晨，波尔多的机场显得异常安静，但并不安宁。机场四周布满了秘密警察，他们或默不作声地信步走着，或若无其事地抽着烟卷，或三三两两地聚在一起，假装闲聊。戴高乐知道，这些人是来监视自己的。

戴高乐一副泰然自若的样子，假装为斯皮尔斯将军送行。斯皮尔斯将军是奉英国首相丘吉尔之命陪戴高乐到法国来宣读《联盟宣言》的。作为东道主，戴高乐送送斯皮尔斯将军也在情理之中。因此，秘密警察看到戴高乐和斯皮尔斯将军一起走向飞机之时并没有上去阻拦。那些秘密警察哪里知道，戴高乐的副官戴库尔塞尔中尉早已经躲进了飞机里。戴高乐和斯皮尔斯将军已经制定了一个大胆的逃亡计划。

斯皮尔斯登上了飞机，但并没有关闭舱门。戴高乐站在飞机前似乎在跟斯皮尔斯将军道别。突然，飞机的发动机发出轰鸣，机轮开始缓缓滑动。高大的戴高乐跟着飞机小步跑了几米，机舱里突然伸出一双大手，一把拉住了戴高乐伸出的手腕。戴高乐双腿一用力，跃上了飞机。"嘭"一声，飞机的舱门被关上了。监视戴高乐准将的秘密警察还没反应过来，飞机已经"载着法兰西的荣誉和未来"升上了蓝天。

初到伦敦，戴高乐感到了前所未有的孤独！他已经没有任何退路了，摆在他面前的唯有继续战斗一条路了。但是，如何战斗呢？在什么范围进行呢？要达到什么目的地呢？在那些日子里渡过英吉利海峡的一小群法国人，想的只是组成一支辅助部队，来帮助正在战斗的英国。如此一来，法国势必会成为英国的附属。大国之中如果只有法国放下武器径自退出世界大战，这对他说来是无法接受的。戴高乐不愿看到这样的情况出现，他要以政治家而非军人的身份在英国活动，代表法国政府和人民进行战斗。

虽然戴高乐信心十足，但也意识到了这一任务的艰巨性。强大的纳粹德国很快就可以利用业已沦陷的法国的官方机构来收拢法国人了。但戴高乐此时还是无名之辈，既无部属又无组织，在普通的民众之中也没有多少威望可言。说实在的，除了他本人的意志和品格而外，他唯一的便利条件，就是英国首相丘吉尔愿给他所代表的法国提供继续战斗的机会。

1940年6月18日，戴高乐在伦敦向法国民众发表广播

经过反复考虑，戴高乐认为当时首要的工作是升起国旗，宣布奋斗目标，号召人民起来战斗。6月17日下午，戴高乐要求使用英国广播公司电台发表讲话。丘吉尔慨然允诺。两人商定等贝当向德国人求和之后进行广播。当晚，就从法国传来消息说，法国新任总理贝当已经通过西班牙大使向德国要求停战了。希特勒于同一天答复说，他首先要和他的盟友墨索里尼商量。

就这样，戴高乐于6月18日下午6点来到布什大厦的播音室，坐在麦克风前开始了他对法兰西的首次广播。尽管广播时长仅仅只有4分钟，但为了这次广播，戴高乐却足足准备了好几个小时。广播的全文如下：

许多年来指挥法国武装力量的领袖们，已经成立了政府。这一政府断定我国军队必定会失败，已经开始和敌人进行交涉，以便停止敌对行动。完全可以肯定，无论是在地面，还是天空，我们过去和现在都被敌人的机械化部队压倒了。迫使我国军队撤退的是德国人的坦克、飞机和战术，而不是我们人数不足。正是德国的坦克、飞机和战术提供了突袭的因素，才使我国的领袖们落到现在这种不幸的境地。

但这是最终的结局吗？我们是否必须放弃一切希望呢？我们的失败是否已成定局而无法挽救了呢？我对这些问题的回答是：不，决不！

我是在充分了解了事实之后才做出这样的判断的。我说法国的事业没有失败，我请求你们相信我。使我们失败的那些因素，终有一天会使我们转败为胜。

你们要记住，法国不是孤单的，并没有被孤立。在法国的后面是一个广大的帝国，并且法兰西帝国还可以和大英帝国结成同盟——大英帝国控制着海洋，正在继续斗争。和英国一样，法国还能够毫无保留地利用美国取之不尽的资源。

这场战争并不局限于我们这个不幸的国家。法国之战没有决定战争的结局。这是一场世界大战。错误是犯过的，曾经有过迟延和说不尽的苦难；但是，事实仍旧是，我们来日粉碎敌人所需要的每一件东西依然在世界上存在着。今天我们被机械化实力的无情力量击败了，但是我们还能瞩望未来，更加强大的机械化实力将给我们带来胜利。世界的命运还有待决定！

我是戴高乐将军，我现在在伦敦，我向目前在英国土地上和将来可能来到英国上地上的持有武器或没有武器的法国官兵发出号召，我向目前在英国土地上和将来可能来到英国土地上的军火工厂的一切工程师和技术工人发出号召，请你们和我取得联系。无论发生什么事，法国抵抗的火焰不能熄灭，也决不会熄灭！

无论对法兰西来说，还是对戴高乐来说，这都是一个伟大的历史性时刻。戴高乐在一夜之间成了法国的战斗旗手，成了举世闻名的反法西斯英雄。他的讲话震撼人心，激励着法国人民进行战斗！

这篇广播讲话播出去之后，英国外交部立即进行了干预，要求戴高乐在随后的几天里不准再发表讲话。因为，这样会得罪贝当元帅，让英国失去争取贝当政府最后的机会。戴高乐接受了英国外交部的意见，为激励贝当政府振奋斗志作了最后一次努力！他给魏刚将军写了一封信，恳切地要求他出来领导抵抗运动。但他得到的却是法国大使馆转交的一封最后通牒式的回信。魏刚将军要求他去图卢兹的圣米歇尔监狱去投降，接受战争委员会的审判。这个委员会起初判戴高乐4年徒刑，后来由于魏刚的坚持，竟改为"缺席判处戴高乐死刑"。他们给戴高乐安的罪名是"叛国罪"！

戴高乐只好向法国驻海外的殖民当局打电报，呼吁他们坚持抗战，邀请他们来伦敦共商抵抗大计！但他的请求再一次被拒绝了，海外殖民当局的总督们纷纷嘲笑他，说他"只不过是一个野心勃勃、追名逐利、不久以前才被临时提升上来的准将"。就连坚决抵抗的北非总司令兼摩洛哥总督诺盖将军也认为没有理由非得响应戴高乐的呼吁不可。

6月19日晚，戴高乐再一次利用英国广播大声疾呼："一切仍有武器在手的法国人，继续抗战是我们义不容辞的责任。放下武器、撤离军事阵地，或同意把属于法国的任何一片领土交给敌人控制，都是对祖国的犯罪！"

但贝当政府对戴高乐的警告依然不理不睬，反而加快了投降的进程。希特勒和法国的停战谈判是在贡比涅森林中的一块小小的空地上举行的。就在这个地方，22年前法国人接受了德国人的投降。法国福煦元帅与德国人签订停战条约的那节火车车厢还保留在博物馆里。如今又轮到法国向德国投降了，历史让人多么的诧异啊！

希特勒选在这个地方签订停战协议显然是要侮辱法国人！工兵遵照希特勒的命令，推倒了博物馆的墙壁，把那节车厢推到了空地中间的轨道上。那正是福煦元帅与德国使节签订协议时，车厢停放的地点。

6月21日下午3点15分，希特勒乘着他的曼赛德斯牌汽车来了。同行的有德国空军元帅戈林、陆军元帅布劳希奇、德国外长里宾特洛甫等人。他们都身穿各种各样的制服，在离空地大约200米的纪念碑前走下

自由之魂 戴高乐

德、法在贡比涅森林签订停战协定

汽车。那座纪念碑正是1918年法国人为了庆祝胜利而建造的。纪念碑的形象是一把利剑插在一只有气无力的鹰身上。为了不让希特勒看见那把利剑，德国士兵已经用军旗把纪念碑盖住了。

在6月的阳光下，希特勒显得意气风发！他领着他的代表团成员走进了停战谈判的车厢！他特意坐在1918年福煦元帅坐过的那把椅子上。5分钟以后，法国代表团来了。这个代表团以色当的第二集团军司令查理·亨茨格将军为首，成员有一个海军将领，一个空军将领和一个文职官员利昂·诺尔。他们看起来精神颓丧，但还保持着最后的尊严。等他们发现希特勒要跟他们在象征着法兰西荣誉的车厢里签订协议时，他们心底那最后一丝尊严也被希特勒无情地碾碎了！

德军最高统帅部总参谋长凯特尔向法国代表团宣读了德国提出的停战条款。条款共36条，比22年前法国人提出的停战条款更加苛刻，其中最恶毒的几条是：法国必须把法国本土和海外属地上的反纳粹的德国流亡人士，全部交给第三帝国；凡是与别国联合对德国作战的法国人，被捕后立即枪决；所有战俘都将被拘留到签订和约为止。

最后，希特勒给法国划定一片未占领区——法国南部和东南部，由贝当政府治理，并指定把首都设在维希市。贝当政府完全成了德国的傀儡政权，史称维希政府。对这样苛刻的条件，法国的军政首脑们没提任何异议。6月22日下午，法国代表和凯特尔在停战协定上签了字。趾高气扬的希特勒以轻蔑的神气注视着法国于1918年为庆祝胜利而树立的纪念碑，仿佛在说："1918年的仇已经报了。"

三

掀起"自由法国运动"

维希政府投降的消息公开之后,法国震惊了,世界震惊了!6000万失去祖国的法兰西人暗自垂泪,对那些"老爷们"彻底失去了信心!在如此严峻的形势下,戴高乐更不愿意逆来顺受。他立即发表了广播讲话,宣称维希政府已经失去了合法性,不能代表法国!他宣布正式成立"自由法国运动",号召把"自由还给世界,把荣誉归还祖国!"当天,代表"自由法国运动"的洛林十字旗帜在伦敦上空高高飘扬了起来。洛林十字旗成了法国自由与独立的象征,戴高乐则成了自由法国之魂!

戴高乐的号召赢得到了一部分法国人的响应。"自由法国运动"设在伦敦柯曾广场的登记处陆续有人前去报名,要求投身拯救法国的事业中。虽然报名的人不是很多,也没有什么有影响力的人物,但这毕竟是一个好的开端。戴高乐的妻子伊冯娜和两个女儿也在自由人士的帮助下安全地跨越了英吉利海峡,到伦敦与戴高乐团聚了。妻子和女儿的到来给戴高乐增添了战斗下去的勇气。

戴高乐与他的"自由法国运动"也得到了英国政府的大力支持。维希政府投降的第二天,英国政府就宣布,他们不能再把贝当政府看作一个独立国家的政府,因为它已完全屈从于希特勒,丧失了代表自由法国公民的一切自由和一切权利。6月28日上午,英国首相丘吉尔再次发表公报称:"国王陛下的政府承认戴高乐将军为所有'自由法国'人的领袖!无论在何地,投奔他就是支持盟国的事业。"

英国国王和政府的承认为"自由法国运动"奠定了一个合法的基础。从此之后,每天都有志愿者从法国各地到英国来。他们有的是乘最后一班船离开的,有的自己驾着简易的木船逃出来的,还有的是经历千辛万苦取道西班牙逃来的。一些法国空军飞行员甚至违背维希政府的命令,直接开着飞机从北非飞到了直布罗陀。如果被秘密警察抓住,他们全部会被关进米朗达集中营。但他们毫不在乎,因为他们要为法国的独立和解放而战斗。

正当"自由法国运动"蓬勃展开之际,英国舰队于7月3日突袭了停泊在米尔斯克比尔军港的法国舰队,1297名法国海军官兵丧失了生命。法国沦陷以后,丘吉尔最担心的问题之一是法国舰队的命运。根据法德停战协定的规定,法国舰队应在德国或意大利的监督下退役并解除武装。希特勒许诺,他无意使用法国舰队的舰只,也不会伤害法国海军官兵。在这种情况下,唯一能够把握整个法国海军的弗朗索瓦·达尔朗海军上将面临着两种选择。他可以把舰队开往大西洋,领导自己的舰队与昔日的盟友并肩作战,以期恢复法国的荣光!他也可以遵照维希政府的命令,把舰队封存在地中海,在敌人的监视下生活。

达尔朗不相信希特勒的许诺,但也不相信英国人,他心中所牵挂的,只有法国。如果他率部离开的话,那就意味着法国本土的彻底沦陷!如果留下来,法国尚可保存一丝尊严。最终,作为军人,他服从了政府,服从了命令,被迫与他所憎恨的德国人为伍。

达尔朗的选择激怒了英国首相丘吉尔!于是乎,英国海军于7月3日执行了"弩炮计划"。对反抗法西斯侵略来看,这是一种预防性措施。但对法国人而言,这是一次令人震惊而心痛的悲剧。当丘吉尔于7月4日向议会通报米尔斯克比尔行动的经过时,戴高乐好像突然被人打了一闷棍似的,瘫坐在了椅子上。在他看来,英国人的行动并不完全是出于保障安全的动机,还由于"多年海上竞争的积怨、法西斯战役开始后日益加深的不满以及因维希政府缔结停战协定而爆发出来的愤恨"。

一时间,无论是留在本土和生活在殖民地的法国人,还是流亡英国的法国人,都对英国充满了怨恨!这对戴高乐刚刚起步的"自由法国运动"来说是一次沉重的打击。许多法国军人和平民本来打算参加"自由法国运动"的,但却在这一事件之后逃走了。此外,北非法兰西帝国各行政当局以及海军与陆军的态度也由犹疑变成了反对。

狡猾的希特勒立即抓住这一事件,煽动贝当政府与英国对抗。气愤异常的贝当当天便宣布同英国断绝外交关系,但不断绝同英联邦自治领的外交关系。与此同时,希特勒还采取了几项促使维希政府与英国对抗的举措。例如,让法国的战舰和货轮享受某种航行自由,将法国海军的档案物归原主,释放部分法国战俘,容许某些法国战舰重新武装,增加海军人数等。

为了挽救"自由法国运动",同时也为了缓和法国人民对反法西斯盟友的怨恨,戴高乐在英国新闻大臣达夫·库珀的支持下,于7月8日向法国人民发表了广播演说。在演说中,戴高乐谴责了这个"可悲的,可恶的"行动,同时又呼吁人们谅解英国人。他说,有朝一日德国人无疑会用法国军舰来打击英国和法兰西帝国。因此,"把它们毁掉还是上策"。尽管困难重重,但戴高乐并没有放弃,他依然以顽强的毅力继续进行着自己的工作。7月13日,他宣布说:"法国同胞们!请认清这一点,你们还有一个战斗的队伍存在。"

戴高乐将军在检阅部队

戴高乐的努力取得了一定的效果。7月14日是法国的国庆日。戴高乐在伦敦举行了一次别开生面的国庆阅兵仪式。上午,7000多名自由法国战士齐集白厅体育馆。戴高乐全副戎装,威严地站在台阶上,他的身后是第一次世界大战时期的英雄福煦元帅的画像。热情的伦敦人民从四面八方聚拢而来,目睹了戴高乐检阅部队的全过程。身材高大的戴高乐不断向列队通过的士兵挥手示意。这是戴高乐和他的部队第一次在伦敦公开亮相,也是对德国人和维希政府的首次公开挑战。

几天之后，首批"自由法国运动"的飞行员和英国皇家空军一起参加了对德国鲁尔区的轰炸。这标志着法国又重新投入了反法西斯战斗中去。绝望之中的法国人民立即沸腾了，他们纷纷用他们独特的方式向戴高乐表明了他们的态度。

7月19日，戴高乐收到了两张照片，一张是自由人士拍摄的法兰西国庆日的场景。照片上，无数法国男女伫立在无名将士碑周围，沉浸在无尽的悲哀里。照片的背后还写了这么几句话："戴高乐！我们听到你的话了。现在我们在等待你！"

另一张照片上是一处被过路人献满了鲜花的坟墓。这是戴高乐母亲的坟墓。7月16日，这位伟大的母亲默默地在班明去世了。虽然戴高乐没能陪母亲走完最后一程，但法国人用自己的行动告诉他：法国人民没有忘记替戴高乐向母亲献上表示敬意的鲜花。

看着这两张照片，一向严肃的戴高乐动容了，他的眼睛湿润了。为了法兰西，为了无数支持他的法国人民，无论前面的路有多难走，他都要坚持下去！

8月7日，戴高乐以"自由法国运动"领袖的身份与英国首相丘吉尔签订了一份协议。这一协议通常被称为"丘吉尔—戴高乐协议"。这份经过艰苦谈判换来的协议是"自由法国运动"的基石。在协议中，英国政府承担了"完整地恢复法国的独立和伟大"的义务；戴高乐保留对"自由法国运动"武装力量的最高指挥权，只接受"英国最高统帅部的一般指示"；但一旦自由法国战士与英军联合行动时，最高指挥权只能属于英国。

协议还规定，自由法国武装力量的开支暂时由英国政府负担。虽然"自由法国运动"暂时没有财源，但戴高乐坚持在协议上说明，这只是借贷，所有开支将单独立账，以后予以偿还。此后，戴高乐果然按协议规定偿还了英国政府的债务。在战争结束前，所有的债务就已全部清偿了。

这份协议保证了"自由法国"的独立地位，从法律上打消英国人可能怀有的任何攫取法属领土以扩大不列颠帝国的冒险想法。这是英国政府与"自由法国运动"合作的基础，也是英、法团结反抗法西斯的新开端。同时，这一协议还让戴高乐摆脱了当前的物质困难，让"自由法国运动"抵抗法西斯侵略具备了现实可能性。

丘吉尔、戴高乐和流亡伦敦波兰领袖

协议签订不久之后,在法兰西帝国的领土上,如中非的海外侨民便开始纷纷支持戴高乐了!紧接着,荷兰、比利时等流亡英国的政府也开始效法英国,承认了"自由法国运动"在国际上的代表地位和影响。

四

建立自由法国国防委员会

法兰西帝国在非洲，尤其是北非拥有广阔的殖民地。北非的战略地位十分重要，它与欧洲大陆隔地中海相望。地中海里的岛屿，如意大利的西西里岛与突尼斯相距仅仅150公里。如果要反攻欧洲大陆的话，北非将会是一块很好的跳板。戴高乐曾经力劝雷诺，将法军和战略物资都运到北非，在更广阔的法兰西帝国范围内进行一场反法西斯战争。不幸的是，这种努力在最后一刻因为贝当元帅和魏刚将军把持了内阁而失败了。

法兰西帝国的海外殖民当局对维希政府的单独媾和大都十分不满。北非法军总司令兼摩洛哥总督诺盖将军就曾抵制了维希政府与法西斯的媾和协议达3天之久，直到6月25日才无奈地接受了既成事实。中东总督皮奥和中东法军司令密特溴塞将军也一直到6月26日才被迫接受停战协议。尽管前往参加"自由法国运动"的北非法军仅有数百人，但要进一步争取他们也不是没有可能的。

幅员辽阔、人口稀少的西非和赤道非洲给了戴高乐不少支持。不少法国侨民给他写来了热情洋溢的信件，鼓励他将"自由法国运动"进行到底。在喀麦隆和乍得还掀起了一股支持戴高乐的民众运动。喀麦隆总督布律诺虽然不愿表态，但公共工程局长莫莱尔却领导人们成立了一个行动委员会，宣布支持戴高乐。乍得总督费利克斯·埃布埃也已经做好了充分的准备，随时可以公开发表声明，支持戴高乐。

但法属非洲的其他地区的反应不是模棱两可，就是令人泄气。法属刚果总督布瓦松起初反对投降，但当他从布拉柴维尔调往达喀尔，升任更为重要的法属西非各领地的高级专员时，便倒向维希政府一边了。在乌班吉（现中非共和国），人们是赞成抗战的，但是需经布拉柴维尔方面的同意，看起来不大可能采取什么行动。加蓬的态度令人捉摸不透，但沉默中很可能怀有敌意。

为了尽快打开非洲的局面，戴高乐在与丘吉尔展开谈判之时便派了一批自由法国的要员到非洲活动去了。出发之前，戴高乐等人认真分析了非洲的形势，打算先从形势有利的乍得、喀麦隆和刚果等地着手。代表团出色地完成了任务，而且没有流一滴血。到8月底，乍得、喀麦隆、刚果和乌班吉都归附了"自由法国运动"。对戴高乐来说，这是一次重大胜利。

乍得、喀麦隆和刚果等地归附"自由法国运动"一事引起了维希政权的警觉！维希政府海军部长达尔朗上将决定派一支由6艘巡洋舰组成的小型舰队，前往北非，以加强现有守军的力量，并企图收复"背叛"的国家。

为了稳住赤道非洲和西非的形势，戴高乐急忙与丘吉尔商议，派出一支英法联合舰队，前往非洲，威慑维希政府的行动。8月30日，法英联合舰队从英国的利物浦起锚了。联合舰队出动了两艘战舰、一艘航空母舰、3艘巡洋舰、9艘驱逐舰、3艘"自由法国"小型护卫舰、两艘武装拖网鱼船和4艘货船。此外，还有两艘荷兰班船，其中一艘是排水量为16000吨的"西方世界"号。戴高乐的指挥部就设在这艘船上。登陆部队共有4个皇家海军陆战营，两个独立的海军陆战连和两个自由法国营。

9月23日，英法联合舰队抵达达喀尔附近海面。不幸的是，他们碰到极其反常的坏天气，浓浓的大雾阻挡了视线。戴高乐当机立断，决定先派两架小型飞机前去联络，与守军将领布瓦松商谈合作事宜。两架涂上了法国三色旗的小飞机从英国航空母舰上起飞，安全地降落在了瓦卡姆机场。令两名飞行员没有想到的是，他们刚下飞机就被同样穿着法军制服的守军逮捕了。

随后，戴高乐又命令两艘挂着三色旗的汽艇向码头驶去。汽艇上的自由法国战士向岸上喊了几句，立即招来了守军的射击。重机枪"哒哒哒"地响着，不时有子弹击中汽艇，发出清脆的金属撞击声。在无奈之下，汽艇只好退到了英法联合舰队停留的水面。

戴高乐气愤极了！他立即请求守军将领布瓦松允许"自由法国"的

船只进港，但立即遭到了严厉的拒绝。布瓦松已经向达喀尔所有防御力量下令，一旦英法联合舰队靠近，立即开火射击。就这样，英法联合舰队与守军的冲突开始了。战斗持续了两天的时间，但英、法部队始终未能靠近港口。戴高乐接受了现实，他喃喃道："达喀尔占领不成了。"

戴高乐建议停止这次行动，但英国海军中将坎宁安将军等人断然决定再发动一次攻击。第三天上午，天气好转，大雾散去了一些，但能见度依然很差。戴高乐认为战役已经无法实现突然性了，建议停止行动。但英国海军中将坎宁安等人却命令战舰在更长的战线上向岸上开火。结果，英法联合舰队损失惨重，整个行动都宣告失败了。面对失败，戴高乐表现得十分镇静。英军将领欧文将军写道："戴高乐有惊人的忍耐力，他勇于面对巨大的失望……我和坎宁安海军中将都十分仰慕这样一位镇静、勇敢，头脑又清醒明晰的人。"

达喀尔的失败是戴高乐和"自由法国运动"的低谷，但并不是结局。10月8日，戴高乐和他的部队在英国舰队的护卫下抵达喀麦隆最大的城市杜阿拉。这一次，戴高乐和他的部队受到了英雄般的礼遇。从此之后，他们无论走到哪里，都会遇到欢迎的人群和"自由法国"的旗帜。到11月初，戴高乐便控制了喀麦隆、刚果、加篷等法属非洲的大部分领地。10月27日，他在刚果布拉柴维尔发表了一份宣言，颁布了两项法令和一项"建制公告"，即政府宪章。

戴高乐义正言辞地宣布：维希政权完全是违宪政权，唯有"自由法国运动"才有资格和能力承担指引法国反抗法西斯的"神圣使命"。他说："为了保卫法国，我要以法国的名义行使我的权力。我郑重地承诺，将尽快向有可能自由选出的法国人民的代表汇报我的所作所为。"

《布拉柴维尔宣言》的发表，宣示着一个代表法国的新政府——国防委员会成立了。戴高乐任命卡特鲁将军、米塞利埃海军中将、德拉米纳将军、埃布埃总督、索托总督、军医西塞将军、卡森教授、达尔让利厄神父和勒克莱尔少校等人为国防委员会委员，他自己则担任国防委员会主席。

为了让全体法国人认识到《布拉柴维尔宣言》的重要意义，戴高乐在离开布拉柴维尔之前，于11月16日又郑重地发表了一个"组织宣言"，宣布他掌权的目的是为了解放整个法国。形势的变化迅速提高了戴高乐的国际地位和影响力。原先,他只是一名流亡伦敦的法军准将,完全生活在英国的保护伞下。但现在的形势不同了,"自由法国运动"已经控制了法兰西帝国的一大片领土,戴高乐成了这些领土的代言人。更为重要的是,一个辽阔的作战基地和一个精干的行政机构已经向世界宣告:一个以戴高乐为领袖的自由法国人的国家业已建立起来了。

五

错综复杂的中东形势

一从非洲回到被德国人炸得千疮百孔的伦敦，戴高乐就开始考虑和英国一同进军中东的问题了。中东的战略地位十分重要，那里的苏伊士运河是连接大西洋与印度洋的最短航道，也是地中海的门户，因此是控制非洲的关键。如果能守住苏伊士运河，英、法部队就有从东方进至突尼斯、意大利和法国南部的可能。因此，戴高乐对中东，尤其是苏伊士运河方向的事态发展十分关注。

戴高乐的目标是争取法属索马里的卫戍部队和亚历山大港的海军部队。他派出手下两名骁勇善战的指挥官——蒙克拉尔上校和勒克莱尔上校率领自由法国的战士与英国部队前往中东协同作战。尽管力量相对弱小，但自由法国战士的参战在政治上的影响力却是非常大的。无论如何，戴高乐的行动向全世界人民宣告了这样一个事实：法国人没有停止抵抗。1941年初春，戴高乐亲自到北非督战，解放了大片被维希政府控制的领土，并俘虏了一名上将。自由法国部队的战绩赢得了包括英国首相丘吉尔在内的众多知名人士的赞扬。

1941年4月11日，戴高乐写信给英军中东总司令韦维尔将军，正式提出把勒·让·蒂约姆将军指挥的自由法国第一师调往昔兰尼加战场，协助他作战。但戴高乐明确指出，他认为必须保持该师建制的完整性，并仍由其师长指挥。就在戴高乐的部队在非洲取得进展的时候，自由法国和英国在这一地区的矛盾也加深了。北非的问题十分复杂，至少涉及到德国人、维希法国人、自由法国人、英国人、意大利人、阿拉伯人和美国人等7个方面截然不同的利益。

意大利人在战争爆发初期便趁火打劫，想把英国人赶出北非，恢复罗马帝国时期在非洲的疆域。但意大利部队装备落后，士气奇差。英军中东总司令韦维尔将军在同意大利人作战中取得了辉煌的胜利。后来，希特勒向北非派了一支由隆美尔率领的非洲军（后扩编为非洲装甲集团军），协助意大利人作战。战场上的形势发生了急剧的变化。4月20日，德国人包围了利比亚最重要的港口之一——托布鲁克。

在此之前，希特勒已经出兵侵占了南斯拉夫和希腊。与此同时，希特勒在伊拉克的代理人拉希德·阿里也在加紧策划，企图建立一个亲轴心国的政府，以换来德国的黄金。5月2日，希特勒和阿里的阴谋得逞了。维希法国和自由法国立即以互相敌对的态度卷入了这些事件之中。

法国投降之后，无论是自由法国，还是在维希法国在北非的影响力都受到了极大的削弱。英国和德国的影响力迅速提升。对戴高乐来说，他是不愿意看到这种有损法国利益的事情发生的。

美国人在一定程度上也掺和到北非的事务中来了。英国政府已经与维希法国断交，承认了"自由法国运动"的合法性。但美国政府却继续与维希法国保持着外交关系，拒不承认戴高乐和他所代表的"自由法国运动"。各国之间的矛盾错综复杂，十分棘手！

在这种情况下，戴高乐与英国政府的关系却正在经历着一个痛苦的阶段。5月9日，英方代表斯皮尔斯将军致电戴高乐，声称自由法国军队暂时没有在昔兰尼加战场作战的必要性。此外，斯皮尔斯将军还宣称：尽管韦维尔将军个人始终乐于同戴高乐见面，但他认为，无论在当时还是在不久的将来，戴高乐都没有到开罗的必要。

戴高乐憋着一肚子气，第二天回电说，鉴于英国政府所作的单方面决定，他根本无意去开罗。他感到遗憾的是勒·让·蒂约姆的自由法国第一师迟迟不能集结，因为德国人一旦从叙利亚登陆，自由法国将因此而无法在那里采取任何行动。

鉴于当时中东的形势，戴高乐敏锐地意识到，如果不考虑阿拉伯人的民族主义情绪，要想就叙利亚和黎巴嫩的前途达成持久而有效的协议是不可能的。为此，戴高乐给自由法国在伦敦的代表团发了一封电报，正式表示愿意承认上述两国的独立和主权，责成代表团将这一决定通知英国政府。戴高乐打算以此为交换条件，要求英国政府公开声明它尊重法国在地中海东部地区的权利。

6月6日，丘吉尔致电戴高乐，声称他对"自由法国运动"保证给予叙利亚和黎巴嫩独立地位的决定表示欢迎。但戴高乐非常清楚，英国政府的"欢迎"是有自己的打算的。尽管遭受了战争的创伤，但英国仍然是一个大国，而法国只是一个吃了败仗的国家。面对一个具有强大军事实力的大国，戴高乐一向保持着谨慎的态度。因此，当丘吉尔建议由英国出面保证叙利亚和黎巴嫩的独立之时，戴高乐未予理睬。英国驻开罗大使迈尔斯·兰普森爵士提议法军中东总司令卡特鲁将军发表的独立宣言不仅要用自由法国的名义，而且也应该用英国的名义发表。戴高乐立即反驳说，法国政府对其殖民地的许诺无需外国保证。

戴高乐担心英国人正在制造一种印象，似乎叙利亚和黎巴嫩的独立应该归功于英国而不是法国，似乎英国人已经取得了充当自由法国和地中海东部地区之间仲裁人的资格，因此，戴高乐径直公布了卡特鲁将军的宣言。使他恼火的是，英国政府在公布这个宣言时，竟加上了自己的名义。对此，戴高乐毫无办法，只能默默地接受了。

6月8日，当自由法国的部队打着盟国的旗号越过边境向叙利亚首都大马士革进发之时，英国军队也打着盟国的旗帜向大马士革出发了。联军与维希法国的部队激战了13天，基本上控制了叙利亚地区。与英国部队的实力相比，自由法国的力量十分弱小。如何在英国占据主导地位的情况下消除其在叙、黎两国独立问题上的影响，是一件十分棘手的任务。单纯从军事实力的角度而言，英国似乎已经取得了自由法国与其殖民地中东国家的仲裁人资格。

6月11日，戴高乐正式委任卡特鲁将军为他在中东地区的首席代表，负责与中东国家谈判，缔结相关条约，争取以给予中东国家独立和主权为条件，换取他们与自由法国结盟，同时确保该地区的防务。一直想攫取法国在中东利益的英国自然不允许戴高乐这一意图实现。于是乎，中东问题迅速转化为了一场严重的政治危机。

就在此时，欧洲战场再次出现了新的局面。疯狂的希特勒正在加紧实施"巴巴罗萨"作战计划，准备入侵苏联。"巴巴罗萨"的意思是"红胡子"。"红胡子"是神圣罗马帝国皇帝腓特烈一世的绰号。腓特烈一世崇尚扩张与侵略，他曾6次入侵意大利，并指挥过十字军东侵。

入侵苏联是危险的，一些军事和外交人员屡次劝告希特勒，先解决英国后再开辟对苏战场较为妥当。希特勒的决策通常与德军将领的建议相

自由之魂 ziyouzhihun 戴高乐 daigaole

反，但直到制定"巴巴罗萨"之时，他的这些决策都取得了辉煌的胜利。因此，不但被他蛊惑的人认为他是政治和军事天才，就连他自己也认为自己是千年难遇的奇才。希特勒狂妄地认为在1941年的冬季之前一定可以攻下苏联全境，因此不必准备过冬物资，以抵御苏联寒冷的冬天。这在后来成为德军受挫的主因之一。

戴高乐

1941年6月22日，希特勒撕毁苏德互不侵犯条约，突然出动190个师，3700辆坦克，4900架飞机，47000门大炮和190艘战舰，兵分三路以闪电战的方式突袭苏联。第二次世界大战的规模扩大了，反法西斯阵营中出现了一个强大的盟友——苏联。

六

胜利解决中东政治危机

对戴高乐来说,苏联参加到反法西斯阵营中来是一次千载难逢的良机。6月23日,正在大马士革视察部队的戴高乐听到这一消息时,立即向自由法国在伦敦的代表团发了一封电报:"我们目前不想说苏维埃政权的种种恶行,甚至罪行,我们应当像丘吉尔那样声明:我们毫不隐讳地站在俄国人一边,他们正在与德国人作战……"

一向视共产主义为洪水猛兽的戴高乐在战争面前收起了他的成见,企图与苏联建立关系,共同抵抗纳粹德国的暴行。发出这封电报之后,戴高乐又派他的得力助手卡森和德让前往苏联驻美国使馆会晤伊凡·麦斯基大使,向他保证自由法国一定支持苏联,并要求与默兹科建立军事关系。如果自由法国能与横跨欧、亚两大洲的大国——苏联建立军事关系的话,自由法国在国际上的地位势必会得到很大的提升。

不过,当时苏联政府对是否与自由法国建立军事关系还心存疑虑。6月28日,卡森和德让与苏联驻美国大使伊凡·麦斯基举行了会晤。迈斯基以苏联已经与维希政府存在外交关系为借口,委婉地拒绝了卡森的请求。实际上,苏联采取谨慎态度的真正原因完全是出于更实际的目的。为了共同抵抗纳粹德国,苏联正在与英国建立同盟关系。但是他们弄不清楚自由法国与英国的真实关系,至少从表面上看,丘吉尔与戴高乐之间矛盾重重。

7月10日,维希法国驻叙利亚总司令邓茨将军准备投降。对戴高乐来说,这是一次机遇,也是一次挑战。因为这是一次提高自由法国威信的大好机会,但他又不得不防范英国的插手。邓茨将军下令把军舰和飞机开到土耳其,但到那里以后就被盟军扣留了。由于英军的实力明显强过自由法国,英国政府在这次谈判中自然而然地占据了主导地位。维希法国与英国政府签订了协议,准备把叙利亚和黎巴嫩无条件地让给英国人。

对此,戴高乐后来在回忆录中写道:"维希签订这一停战协定,说明它是忠于它那肮脏事业的。英国人则怀着一肚子不可告人的动机来干这件事。显然他们甚至在形式上也把盟友自由法国抛到一边去了。其实,我们的倡议和合作,对他们所获得战略成果是有很大帮助的,他们企图利用维希的因循苟且,把邓茨在贝鲁特与大马士革交给他们的权力置于军事指挥部的掌握之下,他们还准备让东地中海地区的军队(指维希法国的军队)尽快走开。根据条约规定,这些军队将由他们的将领下令集中,并送到达尔朗派来的船只上去。同时还不准自由法国和他们接触或争取他们。他们留下的物资只许交给英国。最后所谓'特种部队',也就是叙利亚人和黎巴嫩人的军队,一直是极其忠于法国的,甚至维希在最近的战斗中都不敢用他们来同我们打仗。这些人丝毫没有经过考虑就被置于英国人的指挥之下了。"

为了扭转自由法国在中东政治危机中的不利地位,戴高乐匆忙赶到开罗,向英国中东事务大臣利特尔顿提出了强烈抗议。戴高乐义正言辞地指出:"你们和邓茨签订的协定是无法让人接受的。叙利亚和黎巴嫩的统治权不能从法国转移给英国,唯有自由法国才能行使这项权力,自由法国必须为此向全法国作交代。同时我也必须把跟我们作战的维希法国军队尽量争取过来。他们迅速地被成批遣返,而且被集中起来,与外界隔绝,使我们无法对他们做工作。总之,自由法国不能同意自己和法国部队无法接近的情况。尤其不能同意的是,我们共同作战的结果,却让你们在大马士革和贝鲁特独自建立起了权力。"

利特尔顿轻蔑地回答说:"根据英国和自由法国1940年8月7日签订的协议,你们应该承认英国最高统帅部的权力。"

戴高乐回答说:"我所承认的是最高统帅部对自由法国军队的指挥权,但只是在击溃共同敌人的军事方面,我从没有意思让这项特权伸展到法国辖区的主权、政策或行政事务中来。当我们在法国本土登陆的时候,你们是不是会提出由英国最高统帅部来统治法国呢?此外,我还要向你重复一次,我迫切要求和维希的部队接洽一下,尽量争取他们。这对你们也是有好处的。像这样的部队,将来我们在非洲或其他地方还可能遇上,如此不加考虑地把他们遣返,实在太荒谬了。最后,战争物资和特种部队的指挥权也应当属于自由法国。"

利特尔顿蛮横地说："关于我们在叙利亚和黎巴嫩的相应地位问题还可以讨论。但是，关于停战协定的问题，由于已经签了字，我们必须执行。"

戴高乐气愤地说："那个协定并不能约束自由法国，我没有批准！"

利特尔顿轻蔑地反问道："那么，你打算怎么样呢？"

戴高乐不为所动，激动地说："关于英国最高统帅部似乎打算在叙利亚和黎巴嫩行使的权力，为了避免含糊起见，我特此奉告，自由法国从7月24日起，即3天以后，就不再依靠这个统帅部了！同时，我已经命令卡特鲁，无论遇到任何反对意见，都必须将叙利亚和黎巴嫩全境的政权接管过来。我也已经向自由法国的军队下令，尽量和其他法国部队（指维希法国的军队）接触，并控制战争物资。最后，我们对叙利亚和黎巴嫩军队的整编工作已经开始了，今后还要积极进行。"

戴高乐略微停顿了一下，似乎要给利特尔顿一点思考的时间。然后，他又朗声道："利特尔顿先生，你知道我本人和我的追随者对我们的同盟事业做了一些什么。因此你可以估量出，如果我们不得不看到这个同盟被破坏，那将会是令人多么遗憾的事情！但是，我们本身以及我们国内把希望寄托在我们身上的人，都不能容忍这一同盟危害法国的任何行为。如果不幸出现了这种情况，我宁愿断绝我们和英国的关系。诚然，不论在什么情况下，我们都将尽可能跟共同敌人作战。我打算在3天内到贝鲁特去，在这3天之中，我随时准备进行你们认为有必要的谈判。"

戴高乐的强硬态度引起了自由法国驻伦敦代表的忧虑。单纯从实力对比来看，对英国来说，自由法国的力量简直微不足道，戴高乐的地位也不值一提。中东的政治危机还没有过去，北非又出事了。维希法国的海军部长达尔朗上将已经同意在北非和达喀尔给德国人提供海军基地。自由法国派驻伦敦的代表在8月10日发给戴高乐的电报中表示了他们的忧虑，如果自由法国与英国闹翻的话，再加上北非局势的恶化，"自由法国运动"很可能会走到穷途末路。

然而，戴高乐却不以为然。他坚信自己的行为是正确的，是着眼于法兰西未来的长远考虑。中东的政治危机和北非日益恶化的形势正是自由法国与英国政府建立公平的关系大好契机。实际上，丘吉尔也已经意识到了这两件错综复杂的事件纠缠在一起可能产生的后果。如果维希政府进一步向德国投降的话，自由法国这一代表法国人的流亡政府势必会得到更多反法西斯国家或中立国的同情，从而提高戴高乐的国际地位。

另一方面，如果英国真的凭借强大的军事实力而任意摆布戴高乐的话，英国在西线势必将面临着独自对抗纳粹德国的局面。尽管自由法国的军事实力是微不足道的，但其政治影响却是巨大的。即便是留在法国本土的法国人也是希望看到法国继续抵抗下去的。与自由法国关系的破裂肯定会给英军将来登陆法国，甚至在欧洲大陆作战造成不利影响。再说，如果英国真的凭借实力强行拒绝戴高乐的一切要求的话，肯定会让流亡伦敦的波兰、比利时、荷兰等政府产生疑虑。

基于这些考虑，丘吉尔最终向戴高乐让步了。自由法国的部队进入了叙利亚和黎巴嫩，顺利地争取过来了几千名维希官兵。这让戴高乐得以再建两个旅和一支装甲部队，极大地增强了自由法国的军事实力。

· 第七章 ·

艰难地领导法兰西前进

一

米塞利埃将军密谋夺权

中东政治危机刚刚结束，戴高乐又遇到了另一件更加棘手的事件。海军中将米塞利埃是首批投奔戴高乐的人中军衔最高的人，也是一个性格乖张、难以相处的老人。在专业领域，他是一个很有才干的人，所以戴高乐任命他为自由法国的海军司令。不过，他的权力欲极强，而且十分看重面子。他觉得自己的军衔比戴高乐高，应该理所当然指挥戴高乐。但到了伦敦之后，无论在军事上，还是政治上，他都成了戴高乐的下属。这种状况让米塞利埃心怀不满，经常干出一些超出职权发号施令的事，在自由法国内部很不得人心。

早在1941年初，米塞利埃就出了一次意外。1940年底，戴高乐从非洲返回到伦敦过新年。1941年元旦的清晨，戴高乐正在郊外的别墅里和家人一起过新年，英国外交大臣安东尼·艾登突然打来电话，要求戴高乐火速到伦敦会面。

戴高乐不敢怠慢，立即赶往伦敦去见艾登。两人刚见面，艾登就告诉他，自由法国的海军司令米塞利埃海军中将跟维希政府勾勾搭搭，曾经把英法联军远征达喀尔的计划透露给维希政府海军部长达尔朗。此外，米塞利埃还企图把"苏尔库夫"号潜艇交给维希政府。英国的情报部门甚至截获了一份米塞利埃因破坏了非洲海军部队的招募计划而获得维希政府2000英镑偿金的证明。丘吉尔闻知此事之后，勃然大怒，立即报请内阁批准，逮捕了米塞利埃。

戴高乐听完以后满心狐疑，而且十分气愤。他义正言辞地对艾登说："英方手里的情报是否确实很值得怀疑，而且英国竟然事前不打招呼就硬行逮捕了一名法国的海军中将，无疑是粗暴无礼的。"

戴高乐要求立即释放米塞利埃，并亲自到伦敦警察厅去看望了米塞利埃。他相信米塞利埃这位性格古怪的海军中将不会出卖自由法国的事业，英国情报机关截获的所谓"情报"纯属捏造。1月8日，戴高乐召见斯皮尔斯将军，强烈要求在24小时内释放米塞利埃、赔礼道歉，否则，自由法国就和英国"断绝关系"。据戴高乐的回忆录声称，斯皮尔斯将军当场承认，英方情报部门搞错了。第二天，丘吉尔和艾登在唐宁街10号会见了戴高乐，正式表示歉意，并且保证立即释放米塞利埃。

这件事情本身就算结束了，但对自由法国与英国政府的关系却产生了极大的负面影响。戴高乐很可能在表面上原谅了英国政府的粗暴，但他对英国政府无视自由法国主权的行为一直耿耿于怀。不久，他竟然下令把所有为自由法国工作的英国人统统解雇。自由法国驻伦敦代表和英国外交官员费了好大的劲，才促使戴高乐收回了成命，以免进一步影响自由法国与英国之间的关系。

令戴高乐没有想到的是，他刚刚解决了中东政治危机，第二次"米塞利埃事件"又爆发了。当时，戴高乐承受的压力十分沉重。由于中东政治危机的影响，无论是自由法国与英国政府的关系，还是戴高乐与丘吉尔之间的关系都十分紧张。9月12日下午3点，戴高乐与丘吉尔在唐宁街10号内阁会议室举行了一次会晤。

戴高乐到来前，丘吉尔向他的私人秘书科尔维尔交待了他设想的会见程序。丘吉尔说，当戴高乐进来时，他只起立，微微颔首致意即可，无需握手。丘吉尔还特别强调，会面时他不会跟戴高乐讲法语，而要通过翻译来谈话。他对科尔维尔说："你就是那个翻译。"

科尔维尔对此极其不快，但又不能不听从首相的吩咐。当戴高乐准时走进内阁办公室时，丘吉尔像他预先设想的那样，站了起来，微微颔首致意，示意他坐在会议桌对面的座位上。然后，丘吉尔便坐了下来。戴高乐在对面坐下来之后，神情淡定地注视着对面的首相，一句话也没有说。

过了几十秒钟，丘吉尔才一边逼视着科尔维尔，一边用英语缓缓说道："戴高乐将军，我请你今天下午来……"

科尔维尔用法语翻译道："我的将军，今天下午我邀请你来……"

丘吉尔打断了他，厉声道："我没说'我的将军'，我也没说我邀请过他。"

几句话之后，轮到戴高乐了。他也觉得科尔维尔的翻译不太准确。科尔维尔只翻译了一句话他就插嘴说："不，不，我说的不是这个意思。"

丘吉尔和戴高乐都明白，科尔维尔无法胜任这样一次暗藏机锋的对话的翻译。丘吉尔示意科尔维尔退下去，打电话找来了一位精通英、法两种语言的外交部官员。在新翻译赶到之前，戴高乐和丘吉尔就这么静静地坐在内阁会议室里，一句话也没有说。

不一会，新翻译赶到了。科尔维尔嘟嘟囔囔地对新翻译说："他们肯定是疯了！"

科尔维尔刚退出去，一场暗藏机锋的语言对决开始了！丘吉尔对戴高乐说："将军在近东和非洲留下了恐英足迹……我感到现在面对的不再是一位朋友了。对此，我感到十分痛苦！"

戴高乐回答说，首相不能坚持认为他是英国的敌人，但最近发生的事情，尤其是在叙利亚发生的事，使他的心境大受干扰。他认为，很多英国官员对他及"自由法国运动"的态度产生了变化。这些事情，加上他个人地位的艰难处境，以及容易激动的个性，使他说了一些英国人不爱听的话。

这次语言对决很快就结束了。丘吉尔和戴高乐这两个情绪极易激动，但同时也极力保持克制的人很快就醒悟过来，他们之间的对决很可能会影响盟国的反法西斯事业。最后，戴高乐说，他愿意对他说的那些英国人不爱听的言论表示"坦诚的愧疚之情"。

随后，内阁办公室里的气氛得到了极大的改善。谈话转到"自由法国"的组织建设上来之后，丘吉尔主张建立一个正式的委员会来分散戴高乐的权力，以遏制他思想上越来越鲜明的"君主独裁"倾向。

此时，在自由法国内部，以米塞利埃将军为首的一伙人也认为戴高乐患了妄自尊大的毛病。一向对戴高乐颇为不满的米塞利埃将军认为，要么他们换掉领袖，要么他们的领袖必须改变自己的作风。米塞利埃将军在说这话的时候具有明显的倾向性，即选择前者——换掉领袖。更明确一点说，自由法国的领袖应当由他这个无论是军事指挥经验，还是军衔都比戴高乐优越的人来担任。

不过，米塞利埃在政治上是一个比较幼稚的人，基本上没有取代戴高乐的可能性。无论是英国人，还是自由法国人，对这一点都十分清楚。但英国人和那些对戴高乐不满的自由法国人却想借这次机会，推动"自由法国运动"内部的民主化，削弱戴高乐的权力。

9月19日，米塞利埃、《法国解放报》的编辑拉巴特和英国的莫顿少校等人在萨瓦饭店的一间雅座里举行了一次秘密会谈，商讨削弱戴高乐权力的方案。米塞利埃踌躇满志地告诉众人，他已经向戴高乐递交了一份照会，要戴高乐立即建立一个执行委员会。今后，戴高乐发表任何声明和作出任何政策上的决定，都必须得到执委会的批准。米塞利埃还说，由戴高乐担任这个委员会的名誉主席，他本人则出任拥有一切实权的副主席兼管国防事务，拉巴特负责政治指导和宣传工作，莫莱出掌情报机构和海军。

米塞利埃要求戴高乐尽早答复，假如戴高乐拒绝这个方案，他将通知英国政府，他和他的舰队已完成战斗部署，随时可以参加战斗！不过，战斗总指挥将不再是戴高乐！

午餐后，这伙密谋分子回到米塞利埃的公寓起草了一个详细阐述该方案的法令，打算交给戴高乐签署和英国政府批准。

这次密谋活动基本上可以说是米塞利埃为了掌控自由法国的最高权力而进行的篡位行动，并没有得到多少人的支持。众人在会晤的过程中喝掉了大量的白兰地，但却没有规划出什么有价值的方案。会议的东道主贝斯伯勒勋爵事后曾说："我从没想到一次革命需要这么多的白兰地！"

二

创建自由法国民族委员会

丘吉尔对米塞利埃公开制造分裂的行径十分不满,戴高乐对如何应对这次事变也早已成竹在胸。他把米塞利埃送来的"照会"和"法令草案"丢在了一边,根本不予理睬。这下,米塞利埃着急了,第三天晚上便约了拉巴特一起去拜会戴高乐。

戴高乐和颜悦色地对他们说:"建立一个委员会是毫无问题的,委员会的主席将由我本人担任。"

戴高乐表示,他欢迎米塞利埃和拉巴特加入委员会,但断然拒绝让莫莱取代帕西。米塞利埃和拉巴特当即声明,他们不能接受由戴高乐继续独掌大权和帕西独掌情报工作的方案……他们拒绝加入委员会。

利令智昏的米塞利埃满心以为,戴高乐肯定会向他做出让步的。第二天早晨,他打电话给负责临时内阁事务的德尚,问将军是否改变了主意。德尚回答说,将军事实上正在准备宣布民族委员会的任命名单,其中既不包括米塞利埃,也没有莫莱和拉巴特。

米塞利埃勃然大怒道:"既然如此,海军将独立出来单独战斗!"

随后,米塞利埃通知了英国海军部,说他准备把自由法国舰队交给他们调遣。戴高乐闻知此事后,立即给米塞利埃发了个义正辞严的最后通牒:"你已通知我你的决定,即你本人及海军与自由法国决裂……我给你24小时的时间考虑,以恢复理智,重尽职守。否则,我将采取一切必要措施,以保证你不致造成危害,并将你的所作所为公之于众,也就是说,你将受到人们的唾弃……"

下午1点,戴高乐拜会了丘吉尔,通报了上述情况。丘吉尔大吃一惊,因为事情发展到这步田地,显然已严重危害英法两国的共同利益了!当天晚上,英国内阁进行紧急磋商,决定尽最大力量调解。最后,米塞利埃不得不屈服，戴高乐则把他纳入了新成立的"九人委员会"，因为"他无疑是一位出类拔萃的海军军官，而且仍然能够在他的岗位上为自由法国效力"。

9月26日，一个代表自由法国政府的正式民族委员会成立了。自由法国民族委员会的成立在一定程度上改善了英国政府与自由法国之间的关系，也很好地抑制了戴高乐冲动的性格。这就间接地为自由法国和苏联建交奠定了基础。6月30日，即戴高乐派出的代表与苏联驻美国大使麦斯基会晤的第三天，维希法国中止了与苏联的外交关系。如此一来，苏联就没有理由再拒绝与自由法国建交了。如今，民族委员会的成立又缓和了自由法国与英国的关系，苏联政府自然想多一个朋友，而不是一个敌人。

因此，当卡森和德让再次奉命前去与麦斯基会晤之时，苏联方面做出了积极回应。麦斯基说，苏联将和英国一样，承认戴高乐是自由法国的全权领导人。9月27日，莫斯科宣布任命前驻维希代表亚历山大·叶夫罗伊莫维奇·博戈莫洛夫为驻在伦敦的许多流亡政府及自由法国大使。麦斯基给戴高乐写信说，苏联保证战后"恢复法国的独立和完整"。苏联承认自由法国在无形中提高了戴高乐的国际地位，也保证了自由法国运动持续进行下去。

自由法国民族委员会的成立激怒了希特勒和维希政府。维希政府极尽诋毁之能事，把自由法国民族委员会说成是"一堆贪婪的政客、一群法西斯冒险家，一群乌合之众的共产党狂人"。但越来越多的法国人民已经清醒地意识到，当国家和民族处于危亡的关头，是戴高乐孤独地发出了最初的战斗号召，为国家和民族的利益向法西斯统治者宣战。但维希政府却奉行了投降政策，使得150万法国战俘在法西斯的铁窗下经受各种各样的苦难，使得阿尔萨斯、洛林及法国北部的广大领土都被德国人占领了……

留在本土的法国人越来越清醒地意识到，唯有响应戴高乐的号召，才能挽救岌岌可危的法兰西。于是，法国本土的地下抵抗运动也悄然兴起了。沦陷区人民在极其艰苦的条件下，纷纷以不同的方式加入了抵抗运动。有的积极编写、印刷和散发反法西斯传单；有的秘密监视敌人，为抗战组织提供情报；有的冒着生命危险，掩护和护送地下工作人员；有的在运输或分散偷运过来的军用物资；还有的则在袭扰敌人，破坏敌人要害部门的通讯联络。

更多的人则直接拿起枪，向德国占领军发起了挑战。自由法国民族委员会成立后，法国本土发生了一系列枪杀德国官兵的事件。为了报复，德国占领军枪毙了几百名人质，将好几千爱国者关进监狱，然后又押往德国服苦役。凡是有德国官兵被暗杀之地，德国政府都以极重的罚金和劳役来惩罚当地的法国居民。但这一切恐怖手段都没能阻挡法国人为解放法兰西而进行的不屈不挠的战斗！

德国人在法国本土制造的恐怖引起了戴高乐的忧虑。为了避免无谓的牺牲，他于10月23日通过广播，命令沦陷区人民要讲究斗争策略，目前不要去杀德国人，以保存力量等待进攻的命令。戴高乐这一命令发出的第二天，德国人又在南特和波尔多各杀害了50名人质。

戴高乐愤怒了！为了抗议侵略者这种惨无人道的行径，戴高乐于10月25日再次通过英国的广播向法国人发出了战斗号召。他在号召中说："敌人以为枪毙我爱国志士便可以吓倒法国！我们要让他们知道，法国是吓不倒的！现在，我呼请全法国的男子和妇女，在10月31日星期五这天，从下午4点到4点5分，在你们所站立的地方停止一切活动，静默5分钟。这将是一个巨大的警告，同时也是法国精诚团结的证明。"

10月31日下午4点，绝大多数法国人都响应了戴高乐的号召，在他们所站立的地方静默示威了足足5分钟。维希政府和德国占领军突然意识到，法国人的抵抗意志在戴高乐的号召下又恢复了！戴高乐再也不是战争爆发初期那个毫无影响力的准将师长了，他已经成长为自由法兰西的精神领袖！

从此之后，法国本土相继出现了各种各样的战斗组织。弗莱乃上尉领导的"战斗队"、艾曼纽耳·达斯迪埃·德拉维热里领导的"解放队"、让－皮尔·勒维领导的"义勇军"等解放组织主要在地下活动，号召人民以不同的方式同敌人展开斗争。法国北部的沦陷区也出现了不少秘密解放组织，杜尼上校创立的"军政组织"、黎饱舍领导的"自由人"、莱贡特·布纳组织的"抵抗者"、加瓦那建立的"自由北方"以及在艾诺、在法兰德斯和矿区由乌克指挥的"北方之音"均表示要为祖国的解放、民族的复兴而战斗到底。

尽管这些组织的政治观点不同，但他们都有一个共同的目标——反对法西斯统治。为了将这些分散的力量组织起来，戴高乐做了大量的努力。

他要曾担任埃尔—罗伯尔省省长的让·穆兰回法国活动，积极联络各武装组织，统一行动。

穆兰是一个坚定的爱国主义者，曾一度被德国人关在监狱里。戴高乐于1941年12月同穆兰进行了几次长时间的谈话。穆兰那天生的辩才和决断能力给他留下了极其深刻的印象。于是，他便决定派穆兰回法国去，在法国抵抗运动内作为他一切政治和军事行动的唯一代表。

1942年1月1日，穆兰被空投到了法国。他的密码代号先是"雷克斯"，后来又改为"马克斯"。穆兰的使命是组织秘密军事小组，设立空投武器接收站，分发经费，用无线电同伦敦保持联系。随后的几个月里，穆兰争取了大量地下组织，并将他们置于了自由法国民族委员会的统一指挥之下。南方地区抵抗运动组织的领导人率先组成了一个委员会，由民族委员会的代表担任主席。3月间，他们还发表了以戴高乐为抗战领袖的共同宣言。不幸的是，正当各项工作有条不紊地向前推进之时，穆兰遭到了敌人的逮捕，英勇牺牲了。

不过，法国地下解放运动依然在自由法国民族委员会的统一领导下蓬勃展开了！后来，他们与登陆的盟军配合，为推翻法西斯的独裁统治、解放欧洲大陆做出了卓越的贡献！许多人在战后还成为了新政府的成员，为法兰西的复兴付出了他们的全部才智！

三

坚决不向美国政府低头

1941年12月7日，日军突袭了美国太平洋舰队设在珍珠港的海军基地。美国太平洋舰队损失惨重，总共有19艘军舰被击沉、击毁，其中包括太平洋舰队的全部作战舰只。除了军舰之外，美军损失265架飞机，士兵死亡2403人，受伤1187人。珍珠港事件成为美国军史上最严重的惨案之一。

在袭击珍珠港的同时，日军还对东南亚展开了全面进攻。12月8日，日军在马来亚半岛东海岸三个地方同时登陆。在这一天，日军还对香港、关岛、菲律宾群岛、威克岛和中途岛等地展开了进攻。在马尼拉，麦克阿瑟将军领导的远东航空大队也遭到毁灭性的轰炸。

珍珠港事件的第二天，美国总统罗斯福发表了一通义愤填膺的演讲，要求国会对日宣战。参议院没有像往常一样展开辩论，很快便以绝对多数通过了这一提案。就这样，美国在1941年12月8日正式对日宣战了。与美国同时向日本宣战的还有另外一个强大的国家——英国。次日，中国政府在与日本实际交战多年之后，正式对日宣战。紧接着，对日宣战的国家增加到了20多个。德意日三国同盟条约的第三款规定：任何一方遭受攻击，其他方会尽全力协助，包括政治，经济和军事等等。根据这一规定，德国于12月11日对美国宣战，意大利也紧随其后。

美国直接介入到第二次世界大战中来极大地改变了战争的格局。至此，第二次世界大战的阵营结构最后形成了。德国、意大利、日本三大轴心国及芬兰、匈牙利、罗马尼亚等国为一方，美国、英国、苏联、中国等反法西斯同盟和全世界反法西斯力量为另一方，在全球范围内进行了一场规模浩大的战争。

美国的参战对戴高乐来说却是一件喜忧参半的事情。美国政府对戴高

日军偷袭珍珠港

乐领导的"自由法国运动"没有什么好感,一直与维希政府保持着外交关系。罗斯福企图唤醒贝当元帅的抵抗意志,领导法属北非拿起武器向德国人开战。

为了打开美国的大门,戴高乐早在1941年5月19日就派他的得力助手勒内·普利文前往华盛顿活动。他在指示中说,普利文在美国需要呆多久就呆多久,一定要完成6项任务:与国务院建立经常性联系;建立自由法国所属非洲、大洋洲与美国之间的经济联系;购买作战物资;组织或改组那里的自由法国委员会;建立一个新闻宣传机构,并与可能乐于帮助自由法国的有影响的美国非官方人士建立联系。

为了引起美国的重视,戴高乐指示普利文,主动提出在喀麦隆、乍得、刚果以及在太平洋的一些岛屿上为美国建立空军基地提供方便。这对美国具有很大的诱惑力,因为北非在维希的控制之下,美国人将来有可能需要在非洲建立这样的基地,以便在欧洲采取行动。

不过,美国政府依然拒不承认戴高乐和自由法国的合法性。普利文赶到华盛顿之后,美国国务院拟邀请他以专家的身份,而不是法国代表的身份参加会谈。戴高乐在8月9日的电报中指示普利文说:"一般说来,你很清楚,我们所要求的是美国提供作战物资,而不是什么救济品。我知道,国务院目前准备提供医疗用品,而不愿提供武器。如果他们不提供武器,我们就拒绝接受医疗用品。遵循老一套方针行事的幻想在华盛顿显然还很流行。他们偏袒维希,也就是说,偏袒一手培植了维希的希特勒。你是代表法国的,我不同意你仅仅以专家身份参加美、英、法三方会议。要出席,就得同其他与会者享有同等权利,否则就干脆不出席。"

就这样,美国与自由法国之间的关系一度十分紧张。1941年底爆发的"第三次米塞利埃事件"又进一步加深了两国的矛盾。在北美洲的纽芬兰海岸有两个法属小岛——圣皮埃尔和密克隆岛。两个小岛上一共生活着5000多居民。维希政府在岛上建了一座功率强大的无线电台,并利用它对美国进行广播宣传,向德国潜艇通报在大西洋上航行的盟国船队的位置等。在和平年代,或许谁也不会对这两个仅有5000多居民的小岛产生兴趣,但在战争年代,它们的战略地位就凸显出来了。美国和加拿大政府早就想控制这两个小岛了,只是碍于贝当元帅的情面才一直没有行动。

戴高乐也想收复这两座岛屿,端掉维希政府在北美的宣传站。但由于纽芬兰海岸大部分领土都属于加拿大,离美国也非常近,要想攻占这两个岛屿就必须征得加拿大和美国政府的同意。加拿大是英国的海外自治领地,要取得加拿大的同意并不是什么难事。当戴高乐向英国外交大臣安东尼·艾登通报他打算于1941年秋季动手时,艾登很快就帮助他搞定了加拿大政府。

不过,要取得美国的同意就完全是另一回事了。他们坚决不同意戴高乐对圣皮埃尔和密克隆岛采取行动。与此同时,美国政府还主张让加拿大派出人员管理岛上的无线电台。这样一来,一项军事计划又演变成了外国干涉法国领土的问题了。圣皮埃尔和密克隆岛毕竟是属于法国的领土!戴高乐绝不容许再次发生外国政府干涉法国领土的事件。

1941年12月初,戴高乐命令米塞利埃将军去加拿大视察驻扎在那里的自由法国海军部队。圣诞节前夕,他又命令米塞利埃立即攻占圣皮埃尔和密克隆岛。美国国务卿赫尔担心这件事情会影响维希政府与美国政府之间的关系,立即发表了一个公报以示愤慨:"我们得到的初步报告表明,所谓的自由法国人的军舰在圣皮埃尔岛登陆是一个武断的行动,它违反了有关各方的协定,事先根本没有通知或征求美国的同意。"

赫尔故意大张旗鼓地宣传此事,想逼迫自由法国海军撤出圣皮埃尔和密克隆岛。但英国、加拿大等国政府,乃至美国民众都对自由法国攻占这两个岛屿表现出了极大的宽容。加拿大政府给赫尔的答复中说:"加拿大人对戴高乐的行动感到欣慰。"

丘吉尔也认为"赫尔先生完全是小题大作",因为英国外交部已发来电报,指出任何逼迫戴高乐撤离的行动都"势必会引起一场难以置信的动乱,我们将无法向公众解释"。戴高乐也给丘吉尔拍来了一封电报,明确指出:"美国国务院对自由法国和维希政府采取的不同态度,将极大地损害法国和其他地方的战斗精神……美国政府对那些应对投降负责的人和犯有通敌罪的人公开表示这种偏爱……"

所以,丘吉尔不仅不支持赫尔的方案,反而极力谴责了维希政府的投降行径,并为戴高乐进行了有力的辩护。恼羞成怒的赫尔先是起草了一份保全面子的声明,希望能挽回自己的声誉。但丘吉尔拒绝在这份联合声明上签字。于是,赫尔又拟出一份新的协议草案,建议所有武装力量都从岛上撤走,两岛由美、英、加等国共管。他还向罗斯福总统施压说:"假如总统在这件事上不给予我更坚决的支持,我就辞职。"

罗斯福十分清楚,在战争年代保持政府的稳定是很重要的事情!他在无奈之下,只好劝丘吉尔去对戴高乐施压,将自由法国的军队撤出圣皮埃尔和密克隆岛。丘吉尔难堪极了,这岂不是等于扇自己的耳光吗?前一秒钟还在称赞戴高乐,在下一秒就要去逼迫他离开法国的领地,这实在是一个莫大的讽刺。丘吉尔拉不下这个脸皮,又只好敦促外交大臣艾登再次充当中间人。

当艾登把赫尔拟定的方案告诉戴高乐之后,戴高乐决定坚守底线,不向任何人妥协。他明白,一个人可能有朋友,但国家和民族却不可能有朋友,国家与国家,民族与民族之间只有永恒的利益!戴高乐知道,现在能保护法兰西利益的只有他一个人了!所以,他决不能妥协。

艾登暗示道:"美国正考虑派一艘巡洋舰和两艘驱逐舰到圣皮埃尔岛,那时您将怎么办?"

戴高乐回答说:"盟国的军舰将停泊在该岛领海范围之外,而美国海军将领则上岛同米塞利埃共进午餐。我想米塞利埃会十分高兴的。"

艾登又说:"但假如美国的巡洋舰驶入法国的领海呢?"

戴高乐坚定地回答说:"我们的人会按惯例通知他们停止前进。"

艾登又追问道:"假如他们还是向前开呢?"

戴高乐仍不动声色地说:"那就会发生最令人遗憾的事,因为那时我们的人将不得不开炮!"

戴高乐坚定的态度使艾登和丘吉尔陷入了进退维谷的境地。从客观上说,反法西斯战争需要美国丰富的资源、雄厚的经济实力和先进的科学技术。为了不得罪美国,丘吉尔只好亲自登门,劝说戴高乐委曲求全,满足美国人的要求。他以自己为例说:"你看看我是怎样能屈能伸、转来转去的!"

听了丘吉尔的这句话,戴高乐陷入了沉默。过了好一会,他才心情沉郁地说:"你能那样做,但我却办不到!因为你站在一个巩固的国家基础之上,有团结起来的民族,统一的帝国,庞大的军队。但是我呢!我的资源在哪里?可是我,你知道,我是对法国的利益和命运负责的。这个负担太重了。我没有条件低头,环境也不允许我低头!"

四

法兰西伟大复兴的开端

被戴高乐拒绝之后,丘吉尔不好再说什么了。这位老练的外交家再次施展他那高超的外交天才,多方斡旋,终于使这事拖了一个多月,双方的激动情绪都逐渐冷静了下来,最后默认了两岛的现实。就在一切逐渐恢复平静之时,自由法国的海军上将米塞利埃竟然莫名其妙地挑起了事端,并迅速把事态扩大成一场英、法政治危机。

1942年2月28日,戴高乐返回了英国。人们纷纷把戴高乐当作凯旋的英雄一样来欢迎,并马上请他领导一次新的作战行动。但是,米塞利埃海军上将却反常地当众指责戴高乐在处理圣皮埃尔和密克隆岛时损害了自由法国与美国人的关系,并怒斥戴高乐具有"独裁倾向"。3天之后,他竟宣布辞去民族委员会的职务,令所有人都目瞪口呆。

戴高乐无可奈何地接受了他的辞职。但米塞利埃却又宣称要继续留任自由法国海军总司令一职。令人费解的是,英国海军大臣亚历山大将军和战时内阁的大部分成员都支持米塞利埃继续担任自由法国海军司令。亚历山大将军等人甚至还促使战时内阁通过了一项决议:"我们必须坚决主张米塞利埃海军上将继续留任自由法国海军总司令职务。如果戴高乐将军不同意这一意见,我们将不得不采取必要的措施使这一意见生效。"

一场自由法国的内部矛盾又变成了一场英、法政治交锋。外交大臣安东尼·艾登在解决前两次米塞利埃事件中都起到了重要的作用,这次又被请出来向戴高乐转达战时内阁的立场。但义愤填膺地戴高乐根本不愿意听英国人的任何解释,他对艾登说:"作为自由法国运动的领袖,我绝不能允许我的立场为米塞利埃的阴谋活动所动摇!"

最后,艾登问:"将军将怎样处置海军上将呢?"

戴高乐回答说:"我会建议米塞利埃'休息'一段时间。"

艾登摇了摇头，劝道："将军最好再考虑一下，48小时再做答复。"

艾登的表述方式激怒了敏感的戴高乐。他一回去就召集民族委员会举行会议，决定让米塞利埃休假30天，期间不许在海军司令部露面。米塞利埃拒绝服从这一决议！于是乎，民族委员会便名正言顺地判处米塞利埃30天软禁。根据英法《司法协议》，戴高乐还要求英国政府保证处罚得到执行。英国内阁万分尴尬，不予答复。戴高乐立即下令停止与英国政府的一切往来，并于3月18日隐退到乡下去了。

英国战时内阁终于沉不住气了。自从1940年6月18日发表著名的"六·一八"讲话以来，戴高乐实际上已成为了法兰西的自由之魂！后来两年艰苦卓绝的努力又使他巩固了在自由法国的地位。就当时的形势来看，整个法兰西帝国都找不出一位可以代替戴高乐的人。

恰在此时，米塞利埃又干了一件傻事。这位海军上将居然在战争年代号召自由法国海军罢工。英国害怕了，他们认为这是煽动兵变。海军部匆忙采取行动断绝与米塞利埃的一切联系。3月23日，亚历山大将军终于向戴高乐妥协了，告诉他说，英国政府不再坚持让米塞利埃保留其自由法国海军总司令的职位了。一场危机总算过去了！从此之后，米塞利埃便退出了自由法国的政治舞台，站到了戴高乐的对立面。

戴高乐在政治上取得了胜利，自由法国战士也在前线证明了他们对祖国的忠诚。自由法国第一轻装师在北非创造了光辉的战绩。1942年6月，第一轻装师在彼尔哈盖伊姆地区被隆美尔的装甲兵团重重包围了。上有德军飞机的轮番轰炸，四周是德、意两国的地面部队，脚下是炙热的沙漠。第一轻装师的处境岌岌可危，随时有被德、意部队围歼的可能性。

6月3日，隆美尔写信要求被围的法军投降，以免痛遭歼灭。两天后，德国军官又重申隆美尔要求自由法国第一轻装师投降的最后通牒。但不论德国人如何劝诱，第一轻装师的回答只有隆隆的炮火。恼羞成怒的隆美尔于6月8日晚向被围的法军发起了总攻，企图将其悉数消灭在沙漠里。

法军在绝境之中奋起抵抗，死战不降。他们的子弹快打光了，食物快吃光了，水源也快要断绝了。在炽热的阳光下，他们每人每天只能得到2升水！在沙漠里作战，如此少的水根本无法维持正常的需要。

在遥远的伦敦，戴高乐将军始终密切地注视着战局的发展。他在发给第一轻装师师长盖伊将军的电报中说："盖伊将军，希望你知道，并转告你的军队,全法国注视着你们,你们是它的骄傲!"

戴高乐的号召和鼓舞起到了意想不到的作用。6月11日,第一轻装师经过11天艰苦的战斗终于奇迹般地突围了。第一轻装师5500多名官兵死伤达1109人,但德、意部队的伤亡更加惨重,几乎是法军的3倍。

彼尔哈盖伊姆战斗为自由法国战士赢得了荣誉。第一轻装师成了许多国家媒体关注的焦点。6月12日,伦敦、纽约、蒙特利尔、开罗、里约热内卢与布宜诺斯艾利斯等地的报刊纷纷以"法军的英勇防御!""辉煌的战绩!""在彼尔哈盖伊姆的德国人被打败了!"为题报道了第一轻装师的辉煌战绩。

戴高乐也对这次战斗在政治上的影响进行了总结。他说:"我们已经接近一直所向往的目的,那就是为我们的自由法国军队——虽然他们在数量上力量有限——取得一个伟大时期的伟大任务。彼尔哈盖伊姆的炮火向全世界宣布了法国复兴的开端。"

第一轻装师突围6天之后,万余名法国军民在伦敦举行集会,庆祝"六·一八"讲话发表两周年。戴高乐站在悬挂着洛林十字旗和三色帷幕的演说台上发表了振奋人心的演说。他极富感情地朗声说道:"香弗(法国哲学家)曾说过:'理智的人忍耐,热情的人生活!'法国在波尔多投降和被出卖已有两年了,但法国的反法西斯战士仍以顽强的精神继续作战。在这两年间,我们过着伟大的生活,因为我们是热情的人。可是我们也忍耐了,因为我们是理智的人。我说我们是热情的人,可是我们只有一种热情,那就是对我们的伟大祖国——法国!"

讲到这里,戴高乐略微停顿了一下,用坚定的目光扫视了一下在场的每一个人。人群里立即爆发出"法兰西万岁"的欢呼声和"战斗到底"的呐喊声!戴高乐摊开双手,往下压了压,示意众人安静下来。然后,他又接着道:"在所谓停战以后,有成千上万的人在非洲和东方的战场上,在广阔无边的海洋上,在英国、厄里特里亚和利比亚的天空中,在圣纳扎尔的夜战或是早晨的刑场上丧命。即使只剩下最后一口气里,他们也要念着法国的名字!千百万立场坚定的法国人,不论是在本国准备复仇,在战争中打击敌人,还是在海外以各种不同的方式维护着祖国的尊严和影响,都只有一个愿望,那就是为法国服务!他们只有一个思想,那就是对法国效忠。因为没有热情就不能成就任何大事。"

戴高乐越讲情绪越高昂，听众们都屏住了呼吸，仔细辨听着他所发出的每一个音节。戴高乐顿了顿，又接着道："我说我们是理智的人。因为我们选择了最困难、最光荣的战斗的道路。为了祖国的解放，我们不惜牺牲一切。我们从来不承认法国曾退出战争。在我们看来，1940年的战败，即所谓停战，所谓我们部队和领土的中立，只是那蛮横窃夺政权的人，为破坏法兰西共和国制度、法律和自由，为侵略者的利益而破坏我们的联盟，所施加的种种阴谋活动而已。"

接下来，戴高乐向听众们分析了法国所处的不利境况。但他号召法兰西人超脱自私和偏见，与一切反法西斯的国家和人民联合起来，彻底击溃纳粹德国的统治。最后，戴高乐慷慨激昂地说："我们知道血和火的考验还没有过去。我们了解敌人还有多大的力量和狡猾伎俩……我们必须团结战斗，忠诚地履行对法国的义务，不到全国解放决不罢休。那时，我们的工作就完成了，我们的义务就尽到了，我们将追随那些从祖国的历史开始以来为它服务的人，以及在它永久的未来中为它服务的先驱者，用庇古（英国哲学家、经济学家）的话简单地对法国说：母亲，看看您那些战斗得如此艰苦的儿子们！"

戴高乐这篇在"六·一八"战斗宣言发表两周年纪念会上的演说就像一声春雷，唤醒了仍在沉睡的法国人民！从此之后，越来越多的法国人拿起了武器跟自由法国战士一起，沿着戴高乐为他们指明的道路，向纳粹德国开战了……

五

从自由法国到战斗法国

"六·一八"纪念活动刚刚结束，戴高乐便收到了英军新任总参谋长布鲁克将军的来信。布鲁克在信中告诉戴高乐，尽管自由法国第一轻装师损失较重，但部队的建制依然完整，盖伊将军也安然无恙。戴高乐谢过信使，回到办公室，关上门，突然哭了起来。巨大的伤痛和幸福感促使这位平素不怎么表露感情的英雄落泪了。许多自由法国的战士们为了祖国的独立与自由付出了他们年轻的生命！这不能不让戴高乐感到心痛！好在，他一手建立起来的自由法国部队并没有遭到毁灭性打击！这又让他感到了些许安慰！

7月中旬，戴高乐把"自由法国"改名为"战斗法国"。这标志他现在不仅得到了海外的，而且也得到了国内的抵抗者的忠诚。7月底，戴高乐果然把法国本土的三大地下抵抗组织的领导人召集到了伦敦，举行了一次重要的会晤。

1942年8月7日，戴高乐赶到开罗去视察在北非战斗的战斗法国部队。他惊讶地发现，英国首相丘吉尔也在那里。两人一起吃了午餐，并就中东问题交换了意见。丘吉尔要赶到莫斯科去会见斯大林，商议在欧洲开辟第二战场的有关事宜。因此，他打算顺便调察研究一下英、法两国在中东问题上的分歧。

卡特鲁已于1941年9月宣布叙利亚"独立"，11月宣布黎巴嫩"独立"。但直到此时，卡特鲁在戴高乐的指示下依然没有结束对叙利亚和黎巴嫩的委托管理。黎巴嫩、叙利亚的政治家们异常愤怒，纷纷向英国的斯皮尔斯将军和新任驻开罗国务大臣理查德·凯西发出呼吁，希望他们能敦促法国结束对中东的殖民统治，让叙利亚和黎巴嫩举行自由选举。结果，戴高乐无可避免地与凯西发生了争执。戴高乐指出，英国"企图把法国从叙利亚和黎巴嫩赶出去，"同时列举了英国政府干涉法国对其殖民地统治的大量事实。

凯西则争辩说，英国对中东没有任何政治野心。就这样，他们的争吵最后变成了一场大喊大叫的"叫喊比赛"。戴高乐用法语嘶喊着，凯西则用英语还击，弄得翻译根本来不及翻译。不过，翻译对他们来说是多余的，因为他们完全听得懂对方的语言。

结果，这件事情再次演化成了一场政治危机。戴高乐始终坚定如一地认为，法国的国外领地，无论是直接统治的，还是委托管理的，都是法国完整的一部分，任何企图把法国势力排挤出去的行动都是对法国主权的侵犯。但对中东垂涎已久的英国政府却主张让当地民族主义政治家们举行大选，以便暗中操纵当地的民族政府。

英国战时内阁认为，应当把这位难对付的将军马上召回英国来，免得造成更大混乱。但戴高乐并不着急，他委婉地对丘吉尔说："我太忙了。"

就这样，戴高乐离开中东之后又悠闲地到法属赤道非洲转了一圈儿。9月6日，英国外交大臣艾登把德让叫到他的办公室，告诉他说，英国政府与维希驻马达加斯加总督的谈判失败了，英国将用武力占领该岛，并邀请战斗法国来管理全岛。

闻知这一消息，戴高乐立即做好了准备，并于9月25日返回了伦敦。第二天，戴高乐便带着普利文来到了唐宁街10号，会见丘吉尔。丘吉尔早在办公室等着他们了，外交大臣艾登和莫顿少校也静静地坐在一旁。结果，这次会谈很快就变成了一场歇斯底里的大争吵。脾气暴躁的丘吉尔喊道："你们不是法国，我不承认你们是法国。"

戴高乐反驳说："如果我不是法国，那为什么还跟我讨论问题呢？"

丘吉尔解释说："这一切都写在纸上：戴高乐将军不是法国，而是战斗法国。"

戴高乐坚持说："首相，你必须明白，我是以法国的名义行事，是和英国并肩作战的，而不是替英国在作战。我既然代表法国在说话，就要对法国负责。"

办公室里的气氛十分紧张，丘吉尔和戴高乐似乎都想把对方"吞"进眼睛里。可想而知，这次会谈最终以极不愉快的方式不了了之。丘吉尔怒气冲冲地对艾登说："我为这个人感到遗憾，他是个大傻瓜。"

艾登回答说："我从未见过这么无礼的举动。"

会谈结束后不久，丘吉尔便下令停止了对战斗法国的一切援助。对戴高乐来说，这一事件的后果是极其严重的。对丘吉尔来说，这样做也是极不明智的。英国与战斗法国关系的持续紧张只会让维希法国和希特勒感到高兴。当然，一直对戴高乐抱有成见的美国人对这样的结果也会感到很欣慰的。

英国的情报部门很快发现，收听戴高乐在英国广播公司广播的听众从1941年9月到1942年9月已经增加30倍。这一数字说明，至少有350万~400万人在冒险收听戴高乐的广播。此外，英国的情报部门还获悉，戴高乐已经完全掌握了法国本土的地下抵抗组织。戴高乐后来写道："当然，我们要让华盛顿和伦敦知道我们从法国听到了什么消息。"

戴高乐巧妙地把他从法国本土获得的消息放了出去。敏锐的英国人对战斗法国和戴高乐的态度也逐渐缓和了。戴高乐笑了，他对身边的人说："根据以往的经验，暴风雨很快就会过去的。"

10月30日，丘吉尔派莫顿少校到戴高乐居住的卡尔顿花园去拜访这位战斗法国的领袖。从表面上看，莫顿是来表示祝贺的，因为战斗法国的潜水艇一天前在挪威海岸击沉了两艘敌舰。戴高乐反过来又祝贺英国在埃尔阿拉梅恩取得的成功。接下来，两人自然而然地谈到了两国关系的疏远，并希望双方共同努力改变这种不正常的关系。就这样，危机过去了，戴高乐很高兴。

11月6日，马达加斯加停战的次日，戴高乐同意和英国发表联合公报，宣布任命勒·让·蒂罗姆将军为高级专员，前往马达加斯加岛，接管当地的政权。戴高乐洋洋得意地写道："艾登满口甜言蜜语。"

此时，美国和英国在北非谋划的"火炬"计划被提上了日程。但十分耐人寻味的是，美国方面却要求英国对戴高乐"保密"。"火炬"行动是第二次世界大战开始以来的英美首次联合进攻。根据计划，英美联军将于1942年11月8日在法属北非登陆，然后再由西向东对德、意两国驻守在那里的部队发动进攻，以彻底歼灭北非的德、意军队，控制地中海，巩固中东，为尔后在意大利和巴尔干半岛的军事行动创造有利条件。

按照罗斯福的旨意，戴高乐被排斥在"火炬"计划之外。总统把"火炬"计划看成是对维希政府的一次检验。他认为，美国政府一直跟维希政府保持着外交关系,何况盟军在北非登陆是为了打败纳粹德国,只要是美国人发动的进攻,维希法国是不会组织抵抗的。为使这次北非登陆看上去是解放而不是入侵,美国国务院授权其驻阿尔及尔总领事——默菲负责寻找一位支持"火炬"计划的法国领导人。

对默菲来说,这可不是一件容易的事情。首先,最具影响力的法国领导人——戴高乐已经被罗斯福总统排除在外了。那么,剩下的人也就寥寥无几了。默菲问过魏刚,但却被他一口回绝了。更加可怕的是,魏刚把这件事情向贝当作了汇报。贝当召来美国驻维希大使威廉·莱希,对他说:"法国领土不容任何国家入侵,包括美国。"

几经辗转,默菲最后找到了一位近乎完美的候选人——亨利·吉罗将军。吉罗将军于1940年5月被俘,1942年4月从柯尼施泰因的德国集中营里逃了出来。一周之后,他逃亡维希。时任维希政府总理的赖伐尔试图劝他向德国人投降,重返监狱。吉罗勃然大怒,认为这是对他的侮辱。

丘吉尔对罗斯福说:"这个人会对你们所希望的事起到决定性的作用。"

美国立即派情报人员与他谈话。吉罗受宠若惊,表示愿意合作。不过,他开价并不低,他要当登陆盟军的总司令。结果,这件事情就这样耽搁下来了。尽管如此,某种军事行动正在计划中的迹象已越来越明显了,丘吉尔已任命亚历山大将军担任中东总司令,蒙哥马利将军接任第八集团军司令。坦克和飞机的集结也从未中断过。

·第八章·

在法属北非的权力交锋

一

"火炬"行动的政治风波

法属北非包括法属摩洛哥、阿尔及利亚和突尼斯，隔地中海与欧洲大陆相望。维希政府在法属北非约有军队20万人、飞机500架。在法国的土伦港和法属北非各港口尚有4艘战列舰、12艘巡洋舰、40艘驱逐舰、20多艘潜艇和其他舰艇。这是一支不可忽视的力量。如果可以将吉罗将军争取过来的话，对盟军的登陆行动将是一个极大的帮助。

但吉罗的要求让"火炬"行动总指挥艾森豪威尔实在无法接受。吉罗这个手中没有一兵一卒的将军居然想把英美联军抓在手中，简直就是痴心妄想。艾森豪威尔告诉默菲，如果维希法国的军队进行抵抗的话，他就打算以足够的兵力强行登陆，攻破法军的防线。次日，吉罗又表示，他可以不要求当盟军总司令，愿意接受艾森豪威尔的指挥与领导。于是，艾森豪威尔便任命他为法属北非的总督，去处理那里的微妙局势。

不久，默菲又告诉艾森豪威尔，除吉罗之外，还有另外一个选择——维希政府武装部队的海军上将达尔朗。达尔朗将军的儿子曾找到默菲，并向他保证，达尔朗愿意和盟军合作。单纯地从军事角度来看，与达尔朗合作，要比与吉罗合作更加吸引人。吉罗手下没有一兵一卒，而达尔朗却是维希政府的海军部长，只要他一声令下，整个维希法国的军队都会和盟军合作，转而进攻德、意法西斯。

但政治上考虑的话，达尔朗显然不是一个合适的人选。这位海军上将已变成纳粹的热心合作者，也是维希反犹太法令的主谋，敌视英国和戴高乐将军领导的自由法国运动。正如罗斯福和丘吉尔所说的，达尔朗几乎完全代表着盟国正在与之战斗的欧洲反动势力。

艾森豪威尔接到默菲的电报之时正值星期天，丘吉尔休假去了。艾森豪威尔打电话给丘吉尔，让他回到伦敦讨论是否可以与达尔朗合作。回到伦敦之后，丘吉尔思索了一会儿说："若是你一定要把法国海军搞到手，就得去拍达尔朗的马屁！"

不过，考虑到政治影响，这次会议没有做出最终决定。丘吉尔要求艾森豪威尔视具体情况，再临时决断。但无论如何，"火炬"行动都要如期进行。11月7日晚，艾森豪威尔正式向部

北非登陆前夕，戴高乐（左）与战斗法国的将领在一起

队下达了进攻的命令。参加"火炬"作战的英美军队共有13个师，665艘军舰和运输舰，其中包括3艘战列舰、7艘航空母舰、17艘巡洋舰和64艘其他作战舰艇。军舰分别被编成"西部"、"中部"和"东部"3个特混舰队。首批登陆的兵力为7个师，其中有美国的4个步兵师和两个装甲师，英国的1个步兵师，共约11万人。

这是艾森豪威尔有生以来第一次指挥一个战役，而且是如此巨大规模的战役。艾森豪威尔焦急万分。"火炬"行动成功的话，他必定会在一夜之间成为世界上最著名的军事将领之一；如果失败了，会是什么后果呢？他不知道，也不敢去想……

盟军的3个特混舰队分别驶抵阿尔及尔、奥兰和卡萨布兰卡地区，准备强行登陆。正在这时，一件意外的事情发生了。维希法国的海军上将达尔朗的儿子突然得了小儿麻痹症，住在阿尔及尔的一家医院里。刚从北非巡视回到法国的达尔朗于11月5日飞回了北非。默菲希望达尔朗能在盟军登陆之前离开北非，但达尔朗爱子心切，在阿尔及尔多逗留了一天，住在一位法国官员费纳尔海军上将的别墅里。

由于达尔朗在北非，与默菲已经达成协议的法国驻北非陆军总司令朱安将军便无法控制驻守在北非的法军。11月7日午夜，默菲访问了朱安，

告诉他盟军登陆的时刻已经来临了。朱安闻讯不禁大吃一惊。经过商议，墨菲与朱安决定打电话给达尔朗，请他马上到他们这里来。

11月8日凌晨，朱安将军打电话唤醒了达尔朗，声称有要事需要面谈。当达尔朗听到了盟军即将登陆的消息后，暴跳如雷，气得满脸胀红。他说："我早就知道英国人是愚蠢的，但是我一直认为美国人要比英国人聪明一点。现在我开始认为美国人所犯的错误之多，也不亚于英国人。"

随着苏联红军在东线战场的节节胜利，达尔朗对纳粹德国的态度有所改变了。但他依然忠实地效忠于卖国投敌的贝当元帅。因此，尽管默菲和朱安百般劝说，达尔朗在大兵压境的情况下也只是答应发电报请求贝当，请他允许自己自由行事。

11月8日上午，艾森豪威尔在司令部接到了第一份交火报告。美国军舰"托马斯·斯东"号载着美军的一个加强营在驶向阿尔及尔的途中，距目的地仅240公里之时被德国的鱼雷击中了。军舰上的士兵在附近的一个港口企图乘坐救生艇继续前进，以按时发动进攻。但由于当天下午起了大雾，他们未能按照计划登陆，只得登上了驱逐舰和其他护航舰。结果，他

盟军登陆北非

们登陆的时间比原定时间晚了 20 个小时。可喜的是,这些部队的迟到并没有明显影响整个登陆计划。

英国海军少将布罗斯指挥的"东部"特混舰队于 11 月 8 日凌晨 1 点开始在阿尔及尔及其东、西两面登陆。维希法国仅仅进行了象征性的抵抗,便放下武器投降了。上午 11 点 30 分,达尔朗给贝当元帅发了一封电报:"阿尔及尔可能于今晚失守。"

下午 5 点,焦急万分而又已产生动摇之心的达尔朗再次给贝当发了一封电报。他在电报上说:"我军虽尽力阻挡,但美军业已进入市区!我已命当地驻军司令朱安将军就阿尔及尔城投降一事进行谈判。"

下午 7 点,朱安将军率部投降了。由这时起,达尔朗海军上将就落到美国人手里了,朱安将军在盟军的支持下掌握了大权。

美国弗里登少将指挥的"中部"特混舰队也于 11 月 8 日 1 点向奥兰发起了进攻。法军在这里的抵抗比在阿尔及尔猛烈。两艘载运美军的英国军舰,在强行驶入奥兰港时被击毁,乘员和部队伤亡过半。直到 11 月 9 日,美军在这里的进攻也没有任何起色。

巴顿少将指挥的"南部"特混舰队在 11 月 8 日拂晓前抵达摩洛哥海岸。由于夜间行驶,而且航程较远,所以登陆时间比原计划晚了 3 个小时。巴顿按照既定计划,指挥士兵们在卡萨布兰卡附近的费达拉、利奥特港和萨菲登陆。登陆部队在登陆时并没有遇到法军的顽强抵抗,但登陆后向前推进时,战斗却相当激烈。11 月 9 日,美军一面巩固自己的登陆点,一面向纵深推进,但因弹药、油料还堆积在滩头,来不及运给战斗部队,所以部队前进的速度极为缓慢。

11 月 9 日早晨,艾森豪威尔命克拉克将军陪同吉罗一起飞往阿尔及尔,企图同法属北非当局达成协议,希望法国人能够停止抵抗,并在盟军对德作战中给予必要的协助。出乎意料的是,非洲的法国人对吉罗非常冷淡,根本不理会这个手中没有一兵一卒的空头将军。艾森豪威尔收到了阿尔及尔发来的电报。正是由于达尔朗在阿尔及尔,吉罗才遭到了法国人的冷落!

这时,艾森豪威尔想起了丘吉尔对自己说过的话,必要的时候,要拍达尔朗的马屁!法国人无论做什么事,都十分注重名正言顺。许多法军士兵之所以在 1940 年向德国投降,仅仅是忠诚的军人服从合法命令的行为。

如今，他们拒绝向盟军靠拢的主要原因便是他们都向贝当元帅宣过誓，要效忠于他。如果他们的合法总司令、那位被他们视作贝当元帅直接代表和私人代表的达尔朗能够下达停止抵抗的命令，一切就会完全不同了。

11月9日，艾森豪威尔命令克拉克将军在阿尔及尔圣乔治大饭店会见达尔朗，要求他发布停火令。身材高大的克拉克将军俯视着瘦小的达尔朗上将，高声说："立即发布停火命令，否则的话，就把你送到监狱里去。"

达尔朗并没有被克拉克将军的气势吓倒，他淡淡地回答说："我要等候贝当元帅的命令。"

克拉克将军发起火来，臭骂了达尔朗一顿，并威胁他说："如果你再不配合的话，我就枪毙你！"

朱安将军把达尔朗拉到一边，对他说："盟军已经登陆，抵抗对我们来说是毫无意义的。"

在克拉克将军软硬兼施和朱安将军的劝导下，达尔朗终于同意命令卡萨布兰卡和奥兰的法军停止抵抗。不过，他仍然拒绝指示突尼斯的维希法国部队调转枪口，抗击德国法西斯。

二

风波四起的达尔朗交易

在盟军实施"火炬"计划之时，戴高乐一直密切关注着北非的局势。11月8日早晨6点，戴高乐闻知盟军在法属北非登陆的消息，立即火冒三丈。他一边穿衣一边大声喊道："好，我真希望那些维希分子会把他们赶下大海，进入法国可不那么容易。"

当天中午，戴高乐便和丘吉尔在相关人员的安排下坐在了一起。这时戴高乐的情绪已经有所缓和了。他跟丘吉尔一边进餐，一边聊着北非的局势。丘吉尔略显尴尬地告诉戴高乐，美国人将"战斗法国"排除在外了，但英国政府对此毫无办法。尽管英国部队在海上和空中占有较大的比重，但美军地面部队的人数远远超过英军。事实上，"火炬"行动是一场美国人的表演。

丘吉尔解释说："我们是不得已才这样做的。不过你可以放心，我们决不抛弃与你签订的协议。自1940年6月以来，我们就一直答应支持你。请相信我，总有一天，我们将肩并肩地行进在香榭丽舍大街上。"

随后，丘吉尔告诉戴高乐，经过与美国方面商议，他们打算让吉罗将军接管维希法国在北非的部队。听完丘吉尔的解释，戴高乐的心情已经完全恢复了平静。戴高乐很平静地对丘吉尔说："美国人现在在非洲登陆，这件事本身是令人满意的。你们英国和我们战斗法国在非洲共同作战已经有两年了。对法国说来，我看在非洲可以重建一支陆军，或者重建一支海军为解放法国而战。吉罗将军是个伟大的军人。我祝愿他的尝试成功。遗憾的是盟国怂恿他与我不和，否则我不仅预祝他成功，还能给他帮助。迟早我们会相互谅解的，盟国的干涉越少，我们的合作就会越好。至于说现在所进行的战斗十分激烈，我丝毫也不感到奇怪。在阿尔及利亚和摩洛哥，有许多去年在叙利亚同我们打过仗的军人，是你们不顾我们的警告把他们放走的。另外，美国人在北非要玩弄利用维希反对戴高乐的把戏。我一直这样想，到时候他们必然要还这笔帐。事实上他们正在付这笔代价，当然我们法国人也应该付出代价。但是，在我们军人的灵魂深处有道义观念，我相信这场战斗不会打很久。然而，不管时间多么短，德国人是要来的。"

然后，丘吉尔问戴高乐对战斗法国和北非政权之间的关系有什么打算，还问他是否知道达尔朗也在阿尔及尔。对此，戴高乐回答说："在我看来，只有统一起来。这就是说，有些关系应当尽早建立。在阿尔及尔的维希政权及其代表人物必须下台，因为整个抵抗运动不允许他们存在下去。如果达尔朗要在北非为王，那就没有取得协议的可能。"

当天晚上，戴高乐通过英国广播公司的广播向全体法国人发表了演说。他没有抱怨美国人闯入法国的领地。尽管他跟吉罗将军在政治上是竞争对手，但他并不打算从侧面打压他。他盛赞英军、苏军在各自战场上的胜利，最后呼吁北非的法国人拿起武器。

戴高乐在演说中说："法兰西的盟国，已投入到法属北非的解放战斗里来了。他们正在那儿让大批军队登陆。这样，就使我们的阿尔及利亚、摩洛哥、突尼斯成了解放法国的前进基地……法兰西的将领、士兵、海军、空军、公务人员们、北非的法国侨胞们，起来吧！帮助我们的祖国！毫无保留地与他们团结在一起。战斗法兰西特别命令你们，不要考虑什么名义和形式，只有一件重要的事情，那就是拯救祖国！所有战斗法国的成员，赞扬和欢迎一切不怕敌人和卖国贼、敢于重新站立起来的人。不要听信奸细的谣言，说什么我们的盟友，将要夺取我们的法兰西帝国。前进吧！这是伟大的时刻……"

维希政府在盟军登陆初期的态度非常暧昧，他们中的成员大多和达尔朗一样，既不愿意拼尽全力抵抗，也不愿意一枪不开地放盟军进入法属北非。但在希特勒的压力下，维希政府很快便改变了这种暧昧的态度。他们接受了德国在西西里岛和撒丁岛为其提供空军援助的建议。这就使得西西里岛和撒丁岛这两个地中海中重要的战略要地成为了德军攻击盟军的空军基地。11月9日，维希政府还单方面宣布，同美国断绝外交关系。与此同时，希特勒以惊人的效率对盟军在北非登陆作出了反应。他通过飞机,大量往突尼斯运送精锐部队和坦克,准备向盟军发动进攻。

11月11日,希特勒突然决定占领法国全境,登陆科西嘉岛,在突尼斯建立一个桥头堡。11日早晨,德军的机械化部队和意大利的6个师迅速侵入原先没有被占领的法国南部地区,维希政府就此在形式上也失去了任何意义。

达尔朗借此给自己找了一个台阶,他宣布说:"贝当元帅在此时实际上已经成为了一名俘虏,失去了行动自由。我曾得到贝当的秘密命令,授权我在这种情况下采取行动。"

此时,艾森豪威尔沮丧地认为,"火炬"获得战略胜利的可能性已经消失了。要想使得这次行动取得战役性的胜利,也必须联合在突尼斯的法国人。如何联合在突尼斯的法国人呢?这条线还必须从思想上业已松动的达尔朗身上来寻找。可以说,达尔朗的命令对许多维希法国军官来说,是一个关键因素。艾森豪威尔相信,达尔朗能够说服突尼斯的法军抵抗德国人,能将法国的舰队交给盟军。

这样不但可以大大加速"火炬"行动的进程,还可以降低盟军的伤亡。艾森豪威尔曾说:"只要他们此刻头脑清醒过来,我们可以避免好几个星期的战斗。"

在这种情况下,艾森豪威尔便命令克拉克将军和达尔朗达成协议,让达尔朗担任北非高级专员,吉罗和朱安分别当法国武装部队总司令和副总司令,负责指挥地面部队。为了取得一个稳固的后方,艾森豪威尔还命令克拉克将军,尽量与维希法国当局合作,不管其声名在国际上是多么狼藉!

艾森豪威尔之所以选择与维希政府合作,是因为这样做具有重要的军事意义。北非的阿拉伯人骁勇善战,他们已经习惯了在法国政府的统治下生活。一旦维希政府向他们发出号召,或者盟军在他们中间无意中挑起了争端,盟军很有可能会陷入四面皆敌的境地。于是,艾森豪威尔于11月13日亲自从直布罗陀飞到了阿尔及尔,会见了达尔朗,当面与其完成了这笔交易。

出于政治上的考虑,艾森豪威尔强调,这份协议只是他代表盟军同维希政府签订的,美、英两国政府并没有做出任何形式上的政治承认!随即,达尔朗便向法国军队下达了命令,配合盟军作战。11月27日,德军在进攻法国南部的土伦港时，达尔朗命令土伦海军决不让舰艇落入德国人之手。法国水兵凿沉了73艘军舰，其中包括1艘战列舰、2艘战列巡洋舰、7艘巡洋舰、29艘驱逐舰和鱼雷艇、以及16艘潜艇。

由于法军的配合，盟军在北非的行动十分迅速，很快便占领了除突尼斯之外的整个法属北非，而且伤亡数字也比预想中的要少得多！盟军司令部估计，美国的损失将高达18000人，但事实上只有1800人！达尔朗协议实际上让美国士兵的伤亡减少了16200人。

艾森豪威尔与达尔朗签订的协定在事实上给盟军在北非的军事行动带来了极大的便利，但却招来了世界舆论的非议。许多人认为，这是一桩卑鄙龌龊的勾当，因为签订这份协议的对象"是一位与我们不共戴天的仇敌"。许多报纸纷纷指责艾森豪威尔为"法西斯主义者"、"人民的敌人"……

丘吉尔称这一协议简直是"晴天霹雳"，英国外交部说达尔朗的历史这样丑恶，不能考虑让他当北非的常任首脑。大部分英国人则说："我们正在为国际的体面而战斗，而达尔朗却是它的反面。"

戴高乐对盟军与达尔朗的交易更是十分不满。11月16日，戴高乐拜会了丘吉尔和艾登，告诉他们，与达尔朗作交易的决定并不像他们所辩解的那样，在战略上是站不住脚的。丘吉尔忙解释说，"英国只是因为这是权宜之计才同意的。"

戴高乐立即反驳道："我了解英国的立场，但我的看法是不同的。你们援引了一些战略上的理由，但这正是战略上的错误，正是与这次战争的道义性质相矛盾的。我们不是处在腓特烈向维也纳朝廷行贿夺取西里西亚的18世纪，也不是利用米兰的警官或佛罗伦萨的刺客的意大利复兴时期。况且，后来人们也没有选他们出来充当解放了的人民的领袖。今天，我们是以人民的生命、鲜血和痛苦进行战争的。"

说到这里，戴高乐把法国来的电报拿给丘吉尔和艾登看。他指着电报，继续说："这些电报反映出来的舆论令人震惊。你们要想一想这种冒险所带来的后果。法国的解放事业中卷进了达尔朗。那时候你们会发现你们虽然在军事上取得了胜利，但在道义上却完全失败了，而最终的胜利者只有一个——斯大林。"

首相竭力安慰这位倔强的将军说："事态很可能朝着对你有利的方向

转化，吉罗在政治上已经完蛋了，达尔朗迟早也会有同样的下场，你就是荣誉，只有你一个人能站得住。美国人到时候会来找你的，因为他们没有别的选择余地。"

第八章 在法属北非的权力交锋

三 与吉罗将军展开斗争

在达尔朗事件中，戴高乐尽管代表着正义的一方，也获得了法国人民的支持，但美、英、苏三国领导人并没有给予他支持。美国总统罗斯福无可争辩地站在了艾森豪威尔那边去了。英国首相丘吉尔一边默认了艾森豪威尔与达尔朗的交易，一边在公众面前装模作样地表示了他的"震惊"。苏联领导人斯大林依然以惯常的冷眼旁观的态度来看着事态的发展。他甚至还对丘吉尔和罗斯福说，他认为将达尔朗拉进盟国抗击希特勒的阵营中来，"乃是一大成就"。这样，戴高乐又陷入了政治上被孤立的危机之中。面对新的挑战，他必须及时调整战略，依靠法国内外抵抗运动的全力支持，采取打击达尔朗，争取吉罗的正确方针。

为了平息舆论，罗斯福先后于11月17日和18日发表了两次公告。他不断强调，宣称盟军与达尔朗的协议只是"权宜之计"。他在第二份公告中明确指出："未来的法国政府决不能由法国本土或海外的任何个人来成立，它只能在法国人民被同盟国的胜利所解放后，由法国人民自己来成立。目前在北非和西非所作的安排，仅是由于战事紧迫而不得已采取的一种权宜之计。"

罗斯福的公告在很大程度上解除了人民的忧虑，同时也让戴高乐的心中宽慰了不少。11月20日，罗斯福总统又写信告诉丘吉尔说："昨天我私下对报界讲了一个流传在巴尔干的古老的希腊教会的格言，因为它似乎适用于我们目前的'达尔朗—戴高乐'问题，这句格言是：'我的孩子们，在大难临头之际，你们可与魔鬼同行，直到你们下桥为止。'"

罗斯福所谓的"权宜之计"和"与魔鬼同行"使远在北非的达尔朗惊慌失措起来。这位声名狼藉的海军上将已经感受到了自己日益孤立的地位。他在给艾森豪威尔的参谋长克拉克将军的信中写道："由各处获得的消息，都证实了这样一种看法，即我仅是一个被美国人挤干后将要扔掉的柠檬。"

也许是出于自保的心理，也许仅仅是出于政治上的理念，达尔朗担任北非高级专员之后虽然口口声声忠于他的祖国，要真诚地与盟国合作，但却继续为非作歹。他一方面继续任用维希政府的官员，其中包括那些与纳粹密切合作的声名狼藉之人；另一方面把在阿尔及尔的"战斗法国"分子关进了监狱，甚至还封闭了他们的《战斗报》。

戴高乐受到市民的欢迎

法国人民对达尔朗的仇视迅速升级。战斗法国、地下抵抗运动以及英、美报刊群起而攻之。正如丘吉尔所说的那样，达尔朗在政治上完蛋了！12月23日，达尔朗像往常一样走向他的办公室。他没有注意到，一个20岁上下的青年就站在他办公室前的台阶上。当他步上台阶时，那名青年突然拔枪向他连开数枪。达尔朗应声倒地！鲜血从他的胸口喷涌而出，染红了一大片地面。仅仅一个小时之后，这位臭名昭著的海军上将便命丧黄泉了。

那名叫博尼埃·德拉夏佩尔的青年被当场抓住了。这位拥护战斗法国的青年义正辞严地宣布：为法国人民铲除一个声名狼藉的领导人是他的责任。吉罗命令将德拉夏佩尔送到了军事法庭，接受审判。12月26日，这位年仅20岁的英勇青年被执行了枪决。

达尔朗之死让美国人甩掉了一个政治包袱，也对戴高乐迈进法属北非的最高权力，以及后来法国的最高权力有着莫大的益处。12月26日，戴高乐致电在阿克拉的卡特鲁。电报中说达尔朗的"消失"使北非局势"呈现出光明"。

美国总统罗斯福对达尔朗之死耿耿于怀，认为戴高乐无论如何也无法摆脱与暗杀行动的关系。于是，他便决定取消戴高乐的访美计划。本来，他打算在1943年的新年在华盛顿接见戴高乐的。12月27日，戴高乐在去机场的途中，突然接到了行程取消的通知。

戴高乐似乎一点也不感到意外，他非常平静地从机场回到了办公室。随后，他给吉罗将军发了一封电报，警告他说："达尔朗被刺是一个警告，现在建立一个全国性的政权比过去任何时候都更有必要了。"

因此，戴高乐建议尽快在法国领地阿尔及尔或乍得与吉罗会晤。此时，吉罗将军已经身兼北非法军总司令和法属北非高级专员双重职务了。他的一举一动都可能对法兰西的未来产生深远的影响。不过，吉罗并没有对戴高乐的建议做任何答复。

12月28日，戴高乐再次向吉罗致意，并呼吁法国人团结一致，共同对付德、意法西斯。吉罗将军无奈，只得在12月29日作出了这样的答复："鉴于达尔朗被刺所引起的情绪，我认为当前时机不利于我们之间举行会谈。"

戴高乐决定，利用达尔朗之死所造成的有利形势，大力宣传战斗法国的政策，并扩大其影响。1943年1月2日，戴高乐发表广播讲话，呼吁在更广泛的基础上建立临时中央政府。他说："法属北非和西非内部的混乱局势日趋严重。这是由于法国政权在这里的基础并不巩固，在维希政权垮台后，就出现了一阵混乱。战斗法国组织起来的富有热情和久经考验的强大民族力量，虽然使法兰西帝国大部分领地投入战斗，重新回到共和国的怀抱，但这个力量在法国这块属地上还没有真正体现出来。"

随后，戴高乐又进一步阐述了建立中央临时政权的必要性。最后，他呼吁说："12月25日，我得到民族委员会和帝国防务委员会的同意，向吉罗将军建议从速在法国领土上会晤，共商大计，以争取实现这个目标……事实上，我认为法国的形势以及战争总形势，都不允许我们再有任何迟延了!"

戴高乐还指出,新成立的中央政权必须"以全国统一为基础,以战斗精神和解放精神为鼓舞力量,以共和国的法律为依据"。这个声明以及声明所产生的广泛影响得到了群众的热烈支持,也击中了美国政府的痛处,使罗斯福和他所支持的吉罗陷入了十分被动的困境。

1月6日,吉罗被迫给戴高乐写了一封信,表示他在原则上同意和戴高乐在阿尔及尔举行会谈。不过,他又借口已经与其他领导人有约,无法在1月底前确定具体的谈判日期。吉罗的含糊其辞让戴高乐非常生气。他在回信中说:"早在1942年12月25日我就建议与你举行会谈,使我遗憾的是,你由于早有约会而延至今年1月底举行。我要坦白地告诉你,关于实现法兰西帝国的统一以及把它的力量和全国抵抗运动的力量结合在一起的迫切性,民族委员会和我个人跟你的见解都完全不同。"

四

与罗斯福总统的首次交锋

1943年1月14日至24日,罗斯福、丘吉尔各带一批军政要员赶赴卡萨布兰卡,召开了一次重要的会议,以便对该年度的作战进程和法国的问题做出安排。罗斯福和丘吉尔等人决定,在突尼斯战役结束之后,盟军应该进攻意大利的西西里岛,并将其命名为"赫斯基"行动。

对拥有强大参谋班子的英、法两国来说,制定军事计划是一件相对容易的事情,但在政治上的分歧就不那么容易解决了。法国问题依然是让罗斯福和丘吉尔伤脑筋的事情。罗斯福对戴高乐不感兴趣,对这位将军怀有很深的偏见。不过,他对吉罗的表现也十分不满,因为吉罗缺乏"政治头脑"。鉴于阿尔及尔的混乱日趋严重,罗斯福建议,吉罗和戴高乐在美、英两国的主导下进行一次会谈。

对于戴高乐和吉罗之间的分歧,罗斯福以一种近乎戏弄的傲慢态度对丘吉尔说:"我们把吉罗叫做新郎,我把他从阿尔及尔弄来,你把新娘戴高乐从伦敦接来,我们来强迫他们举行婚礼。"

就这样,一场"结婚闹剧"开始了。1月17日,吉罗首先带着一小批随员到了卡萨布兰卡。然而,如何把"新娘"弄到卡萨布兰卡来却不是一件容易的事。吉罗赶到卡萨布兰卡的当天,英国外交大臣艾登给戴高乐发了一封电报。他在电报中说:"我可以在这里给你和吉罗在完全秘密的情况下安排一次具有良好远景的会谈。"

接到艾登的电报之后,戴高乐顿时勃然大怒。他不愿意在一出有失身份的喜剧中充当丘吉尔的斗士,去与受罗斯福庇护的吉罗较量。戴高乐立即回电拒绝了艾登的邀请!他在电报中提醒丘吉尔说,他曾一直找机会与吉罗会晤,但都没有成功。他坚持说,这场谈判最好在法国人之间举行,他不喜欢"盟国高级法庭"的气氛,而盟国却正是建议用这样的"法庭"来代替最好由法国人自己安排的会议。

随后，戴高乐又给吉罗发了一封电报。他在电报中毫不客气地说："请你记住，我仍旧随时准备与你会谈，但必须在法国领土上，在法国人当中进行，地点和时间，完全由你选择。"

戴高乐的拒绝让丘吉尔感到十分难堪，他极力在美国人面前掩饰，并敦促倔强的戴高乐重新考虑此事。两天后，丘吉尔又让艾登给戴高乐发了一封电报。丘吉尔在电报中说："我受他人的委托告诉你，那份关于参加会议的邀请是美国总统和我本人共同向你发出的。在这次会议上，首先要讨论北非问题，如果你参加这个问题的讨论，那么美国总统以及英国首相将感到十分荣幸。"

艾登甚至威胁戴高乐说："如果再这样下去，恐怕舆论会对你不利。恐怕这会让丘吉尔不会再促使美国人帮助战斗法国了。"

戴高乐并没有被艾登的威胁吓倒，但无论如何他都应该把这件事情提交民族委员会审议。结果，委员会一致决定，哪怕仅仅是为了与罗斯福会晤，戴高乐也应该走一趟。于是他在给丘吉尔的回电中牢骚满腹地

罗斯福（左二）、邱吉尔（右一）、戴高乐（右二）和吉罗在卡萨布兰卡会议上

说:"大战的形势和法国目前的处境,不容许我拒绝跟美利坚合众国总统和英王陛下的首相举行会谈……"

1月22日,戴高乐一行终于抵达了卡萨布兰卡机场。美国将军韦尔伯等人早已在机场等候他们了。为了封锁戴高乐抵达卡萨布兰卡的消息,韦尔伯将军在汽车玻璃涂满了污泥。如此一来,除了知情人之外,谁也不会知道这辆汽车里坐着战斗法国的领袖。

会议是在一片别墅里举行的,这些别墅的住户都迁到别处去了。别墅的周围除了层层铁丝网之外,空无一物。美国大兵们荷枪实弹地站在别墅的里里外外,严密监视着周围的一切动静。戴高乐对这种近似于坐牢的会谈氛围十分反感。他跟吉罗将军见面头几句话就很不客气。他说:"喂!怎么回事!我4次向你建议会谈,而你怎么要我在这铁丝网里,在外国人中间来跟你会谈呢?从国家观念上说,你难道不感到有些难为情吗?"

吉罗显得很窘,他忙向戴高乐解释说,他也是迫不得已才这样做的。进餐时,戴高乐渐渐心平气和下来。他请吉罗讲述一下他轰动一时的脱险经历。吉罗讲得绘声绘色,甚至把戴高乐都逗笑了。但是,当话题转到政治上来时,气氛一下子就紧张起来了。吉罗将军说,他丝毫不反对维希政府,他所要做的事只是打击德国人。吉罗的这段话就像一颗炸弹一样,立即摧毁了戴高乐和他的随从们的理智。不过,戴高乐毕竟是战斗法国的领袖,他以极大的毅力克制住了自己。随从们在戴高乐的极力压制下才没有将一腔怒火爆发出来。

吉罗比较容易对付,但机谋颇深的罗斯福和丘吉尔就没有那么好对付了。罗斯福和丘吉尔打算让戴高乐和吉罗共同担任执行委员会主席,互相制约。从表面上看,他们的权力是平等的,但是美国人还坚持让吉罗兼任最高军事长官。戴高乐对此严肃地评论道:"盟国撇开我,并且违反我的意图在阿尔及尔建立了行使职权的行政系统。显然,因为他们在这方面不能得到任何满足,所以现在又图谋把战斗法国溺死。但战斗法国不允许这样做。如果战斗法国必然灭亡的话,它也愿意光荣地灭亡。"

丘吉尔劝慰道:"你看我的政府怎样?你知道我是长期为反对慕尼黑精神而战,但我组织政府时,却让那些具有慕尼黑精神的头面人物进入政府。结果他们干得很起劲。好！以致在今天，人们已经辨认不出他们跟别人有什么不同了。"

戴高乐回答说："这样讲，你一定是没有看见法国的遭遇，至于我，可不是一个想组织内阁并在议会得到多数票而左右逢源的政客。"

丘吉尔被戴高乐弄得很窘迫，但还是要他认真考虑这一方案，并告诉他说："今晚你要和美国总统会谈，而且你将知道，在这个问题上，美国总统和我是有连带关系的。"

当晚，戴高乐与罗斯福在一座漂亮的别墅里举行了会晤。罗斯福亲切地接待了戴高乐，并用他那迷人的风度，用法语问候了戴高乐。他的法语讲得不好，再加上翻译时不时地打断他们的谈话，使得整个会晤显得有些混乱。不过，戴高乐还是了解了罗斯福的基本观点。罗斯福说，他不能承认戴高乐的组织，因为戴高乐"不是选举产生的"。

戴高乐援引法国历史上的著名事例，解释说，许多拯救法兰西的人都不是选举产生的，比如圣女贞德。但罗斯福对法国历史丝毫不感兴趣，对戴高乐的成见依然存在。结果，这次会晤虽然表面上客客气气，但进行得却十分勉强。戴高乐在回忆录中描述这次会晤说："罗斯福转弯抹角地向我暗示丘吉尔已直言不讳地告诉给我的那套既定方案，并且使我慢慢地理解他要强制我接受这个计划，因为他自己早已决定好了。而我呢？只是很审慎地告诉他说，法兰西的民族意志已经有了自己的选择，并且迟早要先在法兰西帝国内，然后在法兰西本土上建立起法国人所渴望的政权。但是，我们都竭力小心，避免引起正面冲突，因为我们都感觉到，冲突没有什么好处。我们也知道，此后我们俩都需要彼此尊重对方的利益。"

五

战胜美国人和吉罗将军

与罗斯福会晤的第二天，戴高乐单独会见了吉罗将军。吉罗再次向戴高乐兜售了罗斯福和丘吉尔已经决定的方案。按照既定计划，未来的法国执政委员会将有3位主席，吉罗为第一位首脑，戴高乐位居第二位，英国人打算把从法国调来的乔治将军位居第三。为了保持3位首脑军衔的平衡，他们打算让未来的执行委员会把戴高乐提升为陆军上将。包括战斗法国和抵抗运动在内的一切法国武装力量都将被置于吉罗将军的统一指挥之下。另外，还应组织一个"法兰西帝国议会"。该议会的职责是管理法兰西帝国的行政事务，但绝不能从事任何政治活动。

戴高乐默默地听吉罗将军介绍完这个计划，突然冷冷地说道："你所想象的是，在罗斯福的庇护下由你掌握实权。总之，这是任凭外国摆布的第一执政官。但是，第一执政官拿破仑是在战争和独立中得到人民的一致称赞的。你要举行一个什么样的公民投票呢？如果举行一次公民投票的话，准能对你有利吗？况且，拿破仑是以一个为法国赢得多次伟大胜利以及占领了广大领土的将领姿态出现的。我也全心全意地希望你能做到跟他一样。但是，照目前的情况来说，你的胜利在哪儿呢？"

吉罗将军窘迫地坐在戴高乐的对面，一句话也说不出来。戴高乐紧追不放，又咄咄逼人地质问道："第一执政官在立法方面和行政方面都应该有过人之处。你有这样的才能吗？更何况，你也知道，法兰西的舆论界都在攻击维希政府。但是，你的职务先是从达尔朗那里取得的……所以你是以贝当元帅的名义取得你的那些职务的……你相信你能取得大部分法国人民的拥护吗？没有人民的拥护，一个政府即使不成为叛乱的靶子，也只是个徒有虚名的政府。最后，对盎格鲁—撒克逊人（指英国人和美国人）来说，你的权力是人为的，是处在从属地位的。在这种情势下，你如何能保全法国的主权呢？"

吉罗磕磕巴巴地回答说，戴高乐所谈的属于政治问题，但他不愿卷入政治漩涡，他只想重建法国军队，而且他完全信赖美国盟友。他强调说："我刚刚跟罗斯福总统达成了一项协议，根据这项协议，我能组织多少师，美国就负责装备多少个师。我打算在未来的半年内创建12个师。你能在同样的时间内组织起一半的兵力吗？谁来供应你装备呢？"

戴高乐盯着吉罗，一气呵成地说道："请注意，我们要谈的不是你和我在军备上的竞赛。北非的军队是属于法国的，而不是你的产业。我相信，如果我们不能达成协议，你很快就可以明白这一点的。现在的关键是法兰西帝国以及法国本土的统一，这就要求建立一个适应这种形势的中央政权。做到了这一点，无论是法国本土的军队，还是非洲的军队就会毫无问题地统一起来，而且能统一使用。"

吉罗将军的额上沁出了汗珠，这在阴冷的北非之冬是极不正常的。戴高乐没有给他喘息之机，继续穷追猛打。他朗声道："在复杂的国际局势中，战斗法国已然成为抗击敌人、维护共和国以及复兴民族的标志。当维希这个幽灵灭亡的时候，全法国的民族归属感自然而然地会转向战斗法国……"

尽管吉罗理屈词穷，但却拒绝让步。不过，他们最终总算同意在北非建立一个联络组，以便战斗法国与法属北非进一步加强联系。

1月23日下午，默菲又来向这位倔强的将军施压。默菲告诉戴高乐，英、美已经同吉罗将军达成了新的协议，今后盟国援助法国的武器和粮食都将提供给吉罗当局。这就意味着，美国总统和英国首相已经正式承认吉罗是掌管法国的军事、经济和财政权益的政府。戴高乐对供应方面的安排不置可否，那毕竟是英、美两国政府的自由，但有一点刺痛了他的民族自尊心——美国和英国俨然已经把自己当成了法国问题的裁判官！更让他不能容忍的是，吉罗将军竟然在所谓不染指政治的借口下，承认了美国盟友的绝对权威。在这种情况，如何才能保证法国的权益受到尊重呢？

第二天，默菲等人便交给了戴高乐一份他们和吉罗草拟的协议文本。协议规定，吉罗和戴高乐应立即组成一个联合委员会，以便在战争期间管理法兰西帝国。戴高乐十分气愤，他认为法兰西的未来应该由法国人自己决定，而不是由盟国依靠强大的军事实力在那里指手画脚。更何况，一旦这份协议生效的话，他就不得不放弃现有的战斗法国政权。戴高乐身边的随从人员也认为，法国的事务决不允许外国干预，不管这种干预是多么友好或者多么高尚。

在卡萨布拉卡会议的最后一天，戴高乐同丘吉尔进行了一次"最激烈的交锋"。丘吉尔声色俱厉地威胁戴高乐说，他一回到伦敦就会公开谴责戴高乐阻挠协议的达成，发动舆论来反对戴高乐。

戴高乐不甘示弱，立即指责丘吉尔说，他支持了一个法国不能接受的、使欧洲不安宁的、使英国感到遗憾的事业。戴高乐越说越激动，最终竟然咆哮着对丘吉尔喊道："首相的这种做法，只是为了使美国人满意，而不考虑任何代价。"

与丘吉尔的争吵结束之后，戴高乐又去见了美国总统罗斯福。罗斯福要比丘吉尔和戴高乐稳重得多，他小心翼翼地克制着自己，并没有跟戴高乐发生任何冲突。他用外交辞令说道："对不能说服阁下接受公报的内容，我感到十分遗憾。公众需要的是戏剧性的事件。如果吉罗和阁下在会议期间举行会谈，发表某种共同声明，即使达成协议仅仅是'理论性'的，也会产生良好的预期效果。"

戴高乐回答说："这事我可以办到，会有一个公报的，尽管它不可能是你所需要的。"

会谈即将结束时，丘吉尔、吉罗和他们各自的随员也进来了。丘吉尔再次暴怒起来，他向戴高乐大声吼道："我的将军，请不要妨碍战争！"

罗斯福装作没有看到丘吉尔的失态，依然极力克制着自己，微笑着问戴高乐："阁下是否愿意与我、首相和吉罗将军合影留念？"

戴高乐很有礼数地回答说："当然愿意。"

摄影师拍完照片后，罗斯福又微笑着对戴高乐说："再请你当着我们的面，在照像机前和吉罗将军握握手，行吗？"

戴高乐破例用英语回答总统说："为了你，我愿意这样做。"

罗斯福笑了起来。尽管卡萨布兰卡会议没有解决法国的问题，但有了戴高乐与吉罗"握手言和"的照片，他就可以向美国新闻界表明他的政策是多么成功了！

离开卡萨布拉卡之前，戴高乐草拟了一个简短的公告。他把公告给吉罗看了，但却没有让罗斯福和丘吉尔事先知道其中的内容。他在公告中写道："我们见面了，我们会谈了。我们注意到，我们所要达到的目标是完全一致的，这个目标就是彻底打败敌人，从而赢得法国的解放和人类自由的胜利。与所有盟国并肩作战的全体法国人在战争中团结一致，这个目标肯定会达到的。"

戴高乐在卡萨布兰卡坚持了自己的立场，但他与吉罗的斗争远远没有结束。在戴高乐看来，吉罗唯有割断与维希政府的联系，战斗法国才有可能与其达成和解。战斗法国中东总司令卡特鲁将军就曾明确表示，如果要取得谅解，必须清除维希分子。

但吉罗将军在美国人的支持下依然在坚定不移地推行他的军政分离政策，即将军事指挥权交给盟军最高统帅部，另外建立一个行使政治权利的委员会。4月10日，吉罗发表公告，建议成立"海外领地委员会"。他和戴高乐都将是这个委员会的成员，但并无政治权力，委员会也无权指挥法军总司令（吉罗）手中的部队。

吉罗的新建议激怒了法兰西全国委员会的大部分成员。吉罗的做法等于在向法国人宣告，他将把法国人的未来交到盟国，尤其是美国的手中。他这种挫伤法兰西民族感情的做法无疑帮助了戴高乐。4月15日，法兰西全国委员会决定一致支持戴高乐，组成一个拥有实权的执行委员会，撤换通敌的维希人员，并要求法军总司令服从委员会的领导，全国委员会主席戴高乐应有权在不附带任何条件的情况下去法兰西帝国的领土阿尔及尔。

吉罗在政治上已经完蛋了！战斗法国的洛林十字旗陆续出现在了阿尔及尔各地，人们纷纷发表通电，公开支持戴高乐。当战斗法国的军队开进突尼斯的斯法克斯时，迎接他们的是一片"戴高乐万岁"的欢呼声。

吉罗终于在4月27日写信给戴高乐，说他放弃占优势的政治地位，并邀请戴高乐立即前往阿尔及尔，以便商谈组建法国中央权力机构的问题。至此，戴高乐在与吉罗的交锋中赢得了第一个回合的胜利。

六

掌握法兰西的军政大权

1943年5月15日,法兰西全国抗战运动委员会成立了。持不同政治信念的抵抗组织都团结在了这一委员会周围,一致向戴高乐和民族委员会表示,他们将继续战斗,直到解放法兰西。同时,全国抗战运动委员会还要求在阿尔及尔迅速成立一个"以戴高乐为主席的中央临时政府,并任命吉罗将军为军事首脑"。全国抗战运动委员会的呼吁表明了法兰西的民族意愿,也为法国的政治纷争指明了解决的途径。

5月30日上午,戴高乐和他提名参加拟议中的法兰西联合委员会的勒内·马西格里、安德烈·菲利普、帕莱夫斯基和比约特等人乘坐一架法国战斗机,降落在了阿尔及尔的布法里克机场。吉罗将军亲自到机场欢迎,卡特鲁将军和美国、英国使团的代表也来了。国民志愿军的仪仗队向法国抗战领袖致敬,乐队奏响了《马赛曲》。与卡萨布兰卡会议时的安排相比,戴高乐对眼前的一切感到十分欣慰。这至少说明战斗法国已经在北非取得了胜利。

阿尔及尔、伦敦和纽约的新闻检查机关封锁了戴高乐抵达阿尔及尔的消息。但仍有一部分人得知了戴高乐抵达阿尔及尔的消息。当车队抵达阿尔及尔郊区时,人们夹道欢迎,一边高呼"戴高乐万岁",一边追着车队往前跑。地方当局以"安全"为由,并没有让群众接近车队。看着欢呼的人群,戴高乐的眼睛湿润了。

当天中午,吉罗将军为戴高乐举行了盛大的欢迎宴会。参加的有乔治将军、卡特鲁将军和法国其他知名人士共40多人。戴高乐在《回忆录》中如是描述欢迎宴会上的人:"今天,参加宴会的有两种人。在这两种人中,力量的对比是一眼就能看出来的。一方无所不有,另一方却一无所有。这里的军队、警察、行政、财政、报纸、电台和广播,都由军政长官部,吉罗将军直接管辖。这是由于盟国当局的安排才成为今天这个样子的,但盟国当局只是为自己的利益而工作的。至于我——戴高乐,在这里没有军队、宪兵,没有银行存款,也没有能使人们听到我的声音的工具。"

不过,戴高乐的情绪依然十分高涨,因为他清醒地意识到,法国人民是站在他那一边的。当他于下午 4 点到邮政广场洛林死难者纪念碑前献十字架时,成千上万的法兰西人神秘地出现了。戴高乐感动极了,领着大家唱起了《马赛曲》。等戴高乐回到下榻的别墅时,从法兰西帝国各地寄来的信件陆续送到了。他收到的第一封信是前空军总参谋长维勒曼将军寄来的。维勒曼将军从法国投降后就一直隐居在故乡,但他心中的战斗之火从未熄灭。他要求戴高乐在战斗法国的空军里给他一个相应的军阶,派他指挥一个飞行中队,前去与纳粹德国战斗。有了维勒曼将军和无数法国人的支持,戴高乐更加坚定了与吉罗摊牌的信心。

第二天,戴高乐派和吉罗派在国立弗罗芒坦中学举行了一次争吵激烈的会议。戴高乐用严词谴责了当地的维希分子——阿尔及利亚总督佩卢东、摩洛哥总督诺盖将军和法属西非总督布瓦松将军。争吵最激烈的时候,戴高乐突然站了起来,走出了会议室,"砰"地一声把门关上了。会议室突然安静了下来,人们面面相觑地看了一会,也纷纷离开了。随后,在与吉罗单独会谈时,戴高乐重申了他的最后通牒,必须将佩卢东等 3 人解职,否则他不能与委员会一起工作。

6 月 1 日,戴高乐不失时机地在下榻的别墅召开了记者招待会。他就法国人民和记者们最关注的问题发表了讲话。戴高乐说,他到北非来,目的在于建立一个有效的法国权力机构,以领导民族力量进行作战,这个机构的建立是为了维护法国的主权,但要将某些代表维希方面的人士排除在外。

听到戴高乐的这些话,阿尔及利亚总督佩卢东忧心忡忡。尽管他曾在维希政府担任部长、驻巴西大使之职,后来又支持吉罗将军,但他始终是一个爱国者。为了法兰西的前途,佩卢东做出了抉择。当天晚上,他就给戴高乐和吉罗各写了一封信。两份信的内容大同小异,只是在措辞上稍有不同而已!

佩卢东说,他愿意放弃总督的职位,以促成为取得胜利和恢复伟大法国所必需的全体法国的联合。佩卢东甚至请求戴高乐,支持他即将向军事当局提出的申请,即以一名殖民军步兵上尉的身份到法军中去服役。

戴高乐立即接受了佩卢东的辞呈,并在复信中说:"……在祖国正经受危险考验的时候,我相信法国人一定都和我一样,重视你这种大公无私的行为的价值。请你将职务移交给阿尔及利亚总督府秘书长,并请承认你已经被动员入伍,以殖民地步兵上尉的资格听候地中海东岸国家总司令的调遣。"

随后,戴高乐把佩卢东的来信和他的回信的副本送交给了吉罗将军,同时也把这一切情况向媒体公开了。第二天一早,世界各地各大报刊便刊登了这一消息。佩卢东的辞职立刻产生了一系列重大的影响。佩卢东是在吉罗的支持和罗斯福的催促下,才从巴西到阿尔及利亚来担任总督职务的。如今,佩卢东公开引咎辞职,表示了对戴高乐的顺从,从而否定了吉罗的阿尔及尔体系。对戴高乐来说,这是一个巨大的胜利!

吉罗将军失败了,不得不在撤换首要的维希分子的问题上让步了。佩卢东、诺盖将军、布瓦松将军先后被解除了总督职务。戴高乐与吉罗将军之间的障碍基本上解除了,建立法兰西民族解放委员会的协议便迅速达成了。戴高乐和吉罗共同担任主席。委员中戴高乐方面有卡特鲁、马西格利和菲利普,吉罗方面有乔治和莫内。委员会宣布它为法国的中央政权,负责领导法国的抗战和其他一切事宜。

法兰西民族解放委员会刚成立便遭到了美、英政府的抵制。盟国军事检察机关扣发了解放委员会的第一篇宣言。不过,戴高乐设法通过广播讲话公布了这条消息,因为广播设施已在很大程度上为组织得很好的戴派所控制。与此同时,英国人还把运送由戴高乐提名的、将从伦敦前来参加委员会的人的飞机启程时间推迟了10天。

实际上,美、英政府一直在关注戴高乐的行踪。5月30日,当戴高乐乘坐的飞机在阿尔及尔的布法里克机场着陆之时,丘吉尔也秘密地来到这里。不久,外交大臣艾登也赶来了。他们住在离阿尔及尔很远的别墅里,等着乔治将军等人暗中向他们汇报事态的发展情况。6月6日,即法国解放委员会成立的第三天,丘吉尔终于露面了。他邀请戴高乐、吉罗和其他几个委员去参加所谓的"乡村"宴会。

戴高乐指出:"首相在这样的环境下出现,可能是专为我们来的。"

丘吉尔连忙否认说,他丝毫也不打算干涉法国的事情。不过,他旋即又补充说:"在军事倥偬的情况下,英王陛下的政府应该了解北非这个交通要冲内部所发生的任何事情。如果在这儿突然发生了一种非常震动的事件,比方说,你把吉罗一下子吞并了,我们也好采取一些措施。"

戴高乐说,他绝对没有这样的意图,他只不过希望促使吉罗将军自觉地站到代表公众利益的一方来。

戴高乐面临的压力很大,来自盟国方面的阻力不断,解放委员会内部也矛盾重重。乔治将军建议给吉罗充分的军权,即吉罗仍将是主席之一,但在军事问题上不受委员会的约束。大多数委员都否决了这一建议。戴高乐建议,在当前军务繁忙的情况下,身为总司令的吉罗应尽快亲临前线指挥,因此应解除他的政府职务。同时,军事事务应由一个特别委员会来处理,吉罗和戴高乐应在其中任职,但该委员会最终应对政府负责。双方的分歧十分明显,争吵不断。吉罗和乔治将军已经成了美、英的代言人,他们极力想把法军的指挥权交到盟军最高统帅部。戴高乐则代表法兰西的利益,他认为,无论如何都要将法兰西的军队交由法兰西人指挥。

双方的争吵一直持续到6月底,连盟军总司令艾森豪威尔也在罗斯福的授意下参加了争论。但戴高乐仍然取得了最后的胜利。戴高乐成立了一个以他自己为主席的军事委员会。这个军事委员会在戴高乐的领导下,包括总司令,参谋长和政府的代表,以便加强对法兰西军队的领导。在执行问题上,分设两个最高军事司令部:吉罗仍负责北非司令部,戴高乐负责法兰西帝国其余地区和法国抵抗运动。从此,戴高乐就成了名副其实的法国领袖和最高军事统帅。

第九章

重返离别数年的祖国

一

诺曼底登陆前夕的分歧

击溃了吉罗之后,戴高乐在北非的地位已经相对稳固了。在"火炬"行动结束后,戴高乐领导的武装力量也有了新的发展。对他来说,一切都朝着清晰明了的方向发展着。

1943年5月13日,在北非作战的25万德、意军队终于在盟军的打击下缴械投降了,墨索里尼建立的"非洲大帝国"的梦想彻底失败了。根据卡萨布兰卡会议的既定方针,盟军于6月份开始准备在地中海开辟新战场。艾森豪威尔出任地中海战场盟军总司令,英国的亚历山大元帅任进攻西西里岛的总指挥。7月9日夜,美军将领巴顿率领的第七集团军和英国将领蒙哥马利率领的第八集团军共16万人,开始向西西里岛大举进攻。两天之后,盟军以极小的代价登上了西西里岛。

面对盟军强大的攻势,意大利军队就像躲避恶魔一样躲避着盟军。只要遇到盟军,他们就像迎风扬糠那样四散逃亡了。正所谓"兵败如山倒",赶来增援的德军想把这座已经轰然倒塌的大山再扶起来已经是不可能的事情了。于是,德军也迅即被逼回了意大利本土。

意大利军队的的惨败让意大利法西斯政权在国内遇到了前所未有的危机。轴心国同盟在此时也显示出了它的脆弱性。7月25日,意大利国王维克托·伊曼纽尔召见墨索里尼,宣布他为"意大利最遭人痛恨的人",随即以保护他的安全为名将其强行送入救护车予以拘禁。几天之后,墨索里尼被送往荒无人烟的马达莱纳岛。

意大利的法西斯政权在第二次世界大战中第一个垮台了,轴心国同盟已经出现了一道裂隙。意大利新政府由彼得罗·巴多格利奥元帅领导,他试图使意大利不受损伤地从战争中脱身出来。

意大利法西斯政权的瓦解让戴高乐十分高兴,种种迹象表明,法国部队重返欧洲大陆的时机即将成熟了。但法军的力量还很弱小,要想由法国人来解放法国,他还必须进一步积蓄力量。戴高乐在回忆录中如是描述当时的情况:"当盟军进攻欧洲的时候,法兰西之剑是多么的短啊!在这样严重的关头,我们国家的武装力量还从来没有相对地减少到如此地步。为我们祖国的解放事业而斗争的人们,回忆起我国旧日的力量,不免忧心忡忡。但是,我国军队的素质也从来没有像今天这样优良。我们越是从苦难的深渊中复兴起来,我们的事业就越光辉灿烂。"

在无数法兰西人的努力之下,法国的武装力量终于逐步发展壮大起来了。到1943年底,法国的抗战武装的地面部队发展到了拥有23万野战军、15万殖民地军的强大部队。海军的力量也不容忽视,法国海军已经有5万名海员和32万吨位的舰队,120万吨位的货船和商船。空军也发展到了3万多人,并且拥有500多架作战飞机。

不过,与美、英的近千万大军相比,戴高乐的武装部队依然显得有些不起眼。在意大利战役期间,盟国只要求法国军队参战,但不允许戴高乐参加计划的制定和重大问题的讨论。戴高乐在《回忆录》中愤愤不平地写道:"尽管盟国费尽心机不让我们参与它们的决策,但是,现在我们的武装力量已经足够使人相信:不经我们同意就不能通过任何与我们有关的决议。尽管我从不蔑视丘吉尔见解的迷人之处,但我也不表示赞成。从军事观点来看,从地中海向中欧进军,我认为这太冒险了。即使能够很快地粉碎意大利敌人的兵力,以后也要越过阿尔卑斯山的天险……"

尽管戴高乐对盟军作战计划意见很多,但仍派出了3个远征师,共12万人参加了意大利战役。这支军队英勇顽强,在整个战役中作出了重要贡献。1944年6月4日,芮因将军指挥的法军先头部队率先攻入了意大利首都罗马。戴高乐在获悉这一捷报后,立即向全军指战员致电祝贺。他在电报中说:"在罗马大捷中,法军作出了巨大的努力。应当如此!你们做得好!芮因将军啊!你和你所率领的军队完全没有辜负祖国的期望!"

除了地面部队之外,法国海军和空军也在1943年底到1944年夏季有利地支持了盟军的作战行动。法国的战斗形成一个整体。战争的神速发展,不仅加重了国外正规军的任务,而且由抵抗组织改编而成的内地军也迅速壮大起来了。为了迎接全国的解放，为了配合盟军在诺曼底登陆，内地军到处打击敌人，破坏敌人的仓库和军事设施，他们由小到大，作战能力不断提高，有的可以整连、整营地歼灭敌人，从乡村到城市，从山地到平原，到处燃起了复仇的烈火。

盟军攻克罗马之时，戴高乐正在前往伦敦的飞机上。当时，历史上最大的两栖登陆战——诺曼底战役马上就要开始了。戴高乐应丘吉尔之邀，前往伦敦会面。在此之前，美、英政府从未就诺曼底登陆计划同戴高乐进行过任何商讨。对戴高乐

戴高乐眉飞色舞地与"自由战士"们交谈

来说，这是令他无法忍受的屈辱。英国的史墨兹元帅早在几个月以前就曾说，法国已经是一个强国，它应该与英帝国并列在一起。美、英两国的报纸也曾大肆渲染说，法国的力量已经不容忽视了。但真正涉及到决策之时，美、英两国却悄无声息地将法国丢在了一旁。不过，现在已经不能不让戴高乐知道这项计划了。盟军马上就要到法国本土去战斗了，如果没有戴高乐的支持，盟军定然会遇到极大的困难。

6月4日中午，丘吉尔在朴茨茅斯车站的一列火车上接见了戴高乐。首相向戴高乐透露了诺曼底登陆计划，并对英军即将在诺曼底登陆战役中承担的责任感到十分骄傲。但戴高乐的神情却有些不大自然。当谈起双边和多边的关系时，丘吉尔对戴高乐说："我们研究一下在法国的合作问题，随后你就到美国去，让罗斯福总统决定这些问题。他可能会接受它，那时我们就可以把它付诸实行。无论如何，你要去跟他会谈。这

样他才会软化，并在某种形式下承认你的政府。"

戴高乐不满地回答说："为什么你硬要我到罗斯福眼前去作法国政权的继承人？法国已有政府。在这一方面我没有任何必须向美国和英国请求的事情。在这里，最重要的是盟国把法国行政机构和盟军司令部的相互关系建立起来。我们早在9个月前就提出这个问题来了。因为明天陆军就要登陆，我知道你们急于要解决这个问题，我们自己也准备好了。但是，为了解决这个问题，美国的代表在哪里呢？而且你也非常清楚，没有他，我们在这件事情上将得不出任何结论。另外，我知道，华盛顿和伦敦政府不与我们协商，就有了它们自己的解决办法。举例来说，我刚才得到消息，听说准备登陆的部队和工作人员都带有所谓法国货币，但这些货币都是外国制造的。共和国政府完全不承认，而这种货币在盟军司令的命令下将在法国领土上强制流通。我就等待明天艾森豪威尔将军按照美国总统和你同意的指示，来宣布法国应受他的管辖，你要我们在这种基础上怎么举行谈判呢？"

丘吉尔立即反击道："你怎么能叫我们英国人采取与美国不同的政策呢？我们能解放欧洲，这是因为美国人同我们一道来做这项工作。你要知道！当我们在欧洲和海洋之间进行选择时，我们总是挑选海洋。当我在罗斯福和戴高乐中间选择时，我总是选择罗斯福。"

丘吉尔对戴高乐讲完这番话后，外交大臣艾登摇了摇头，他似乎不敢相信他的首相会说出这样的话来。这时，劳工大臣贝文走了过来。为了让别人都能听到，贝文大声对戴高乐说："首相对你说，无论如何他是赞成美国总统的。你要知道，那是他个人的看法，绝不是以英国内阁的名义来说的。"

丘吉尔听见贝文的话，脸上红一阵白一阵，再也没有说话。随后，他便和戴高乐一起前往附近的盟军总部去了。盟军总司令艾森豪威尔指着墙上的作战地图，向丘吉尔和戴高乐详细地介绍了登陆计划和准备情况。但是，艾森豪威尔对进攻日期和时间还有些犹疑不决。因为当时的天气状况不甚理想，但如果错过6月3日到7日之间的这个既定登陆日期的话，整个行动必须推迟一个月。

艾森豪威尔就此事征询戴高乐说："您的意见怎么样？"

戴高乐立即坚定地回答说："我只向您说一句，如果我是你的话，我决不推迟。我认为天气的危险并不比推迟几个星期的危险更大，一再推迟就会涣散军心，也有泄露军事机密的危险。"

戴高乐的建议似乎让艾森豪威尔下定了如期发动战役的决心。当戴高乐准备告辞时，艾森豪威尔有些侷促地递给戴高乐一份文件。他说："这就是我准备向西欧人民发表的声明，特别是对法兰西人民。"

戴高乐浏览了一下，对声明表示不满意。总司令向他保证说："这只是一个草稿，我准备按您的意见修改。"

诺曼底战役前夕，戴高乐（右）与蒙哥马利元帅会谈

双方约定，等到第二天再具体商谈修改意见。之后，戴高乐和丘吉尔一同回到列车中。

一

重返离别数年的故土

美国方面撰写的声明让戴高乐十分不满。这份声明文件规定，艾森豪威尔应以盟军总司令的身份向挪威、荷兰、比利时和卢森堡人民发表声明，但不干涉这些国家的政治前途。但是，文件却要求法国执行艾森豪威尔的命令。声明中说："如果没有相反的指示，在行政机关中，人人应继续执行自己的任务。等法国全境解放后，由法国人自己来选举他们的代表和政府。"

这份声明根本没有正视这样一个事实——法国已经存在了一个以戴高乐为首的中央政府。因此，戴高乐对这份声明反感至极。他在《回忆录》中说："艾森豪威尔在表面上自命为担负我们的责任，其实他只不过是一个有权指挥军队的盟国将军而已，他没有任何资格来干涉我们的内政，何况他也是无法干涉的。在这个问题上，它（指声明）对法国的政权只字未提，这个政权几年来是鼓舞和领导我国人民作战的力量，这个政权也引以为荣地把大部分法国军队委托给艾森豪威尔指挥。无论如何，我在6月5日上午交给盟军总部一份关于我们能够承认的声明文件。正如我所估计的那样，他们答复我说，这个声明文件来得太晚了，因为声明文件都已经印制妥当，随时准备要投掷到法国的本土上。"

虽然在声明文件上存在分歧，但戴高乐一回到伦敦还是展开了工作，准备配合盟军的登陆行动。艾森豪威尔的心理战主任麦克卢尔、政治战执行处主任洛克哈特、英国首相丘吉尔和外交大臣艾登劝说戴高乐按照盟军总部已经准备好的讲稿照本宣科即可，但戴高乐执意要用自己的话来鼓舞法兰西人民。他说："亲爱的同胞们！最后的战斗开始了……当然是法国的战争，也只是法国的战争……凡是法兰西的儿子，不论他们在哪里，也不论他们是谁，他们唯一而神圣的义务是尽一切力量打击敌人……在我们的鲜血和眼泪所凝成的浓雾后面，将重新出现我们伟大的太阳！"

午夜之前，散布在法国各地内地军纷纷出动了。他们按照戴高乐的指示，准备进行游击战，破坏德军的通讯和运输设备。对他们来说，这是一个振奋人心、盼望已久的时刻！他们已经在德军的铁蹄下忍受了4年的时间。他们通过自己的方式，把满腔怒火发泄了出来。他们切断敌人的电缆，毁掉敌人的电话线，使法国各地，尤其是勒阿弗尔和阿弗朗什之间的线路突然中断，使得德军指挥部陷入了一片混乱之中。

6月6日凌晨，盟军2935架运输机和847架滑翔机，从英国20个机场起飞，载着3个伞兵师向南疾飞，到法国诺曼底海岸后边的重要地区空降伞兵。黎明时分，英国皇家空军的1163架飞机，对勒阿弗尔和瑟堡之间事先选定的敌军海岸的十个堡垒，投弹5853吨。天亮以后，美国第八航空队的轰炸机开始出击，1083架飞机在部队登陆前半小时，对德军海岸防御工事投弹1763吨。然后，盟军各类飞机同时出击，轰炸了海岸目标和内陆的炮兵阵地。

太阳升起来之后，有史以来规模最大的两栖登陆战开始了。盟军乘着比较有利的潮汐出其不意地在诺曼底地区登陆了。盟军的登陆行动进行得十分顺利。经过一天的激战，从海上登陆的英国和加拿大部队已达到75215人。他们在宽约40公里的正面上向纵深突入了6~10公里。成功登陆的美国部队也达到了57500人。虽然他们在"奥马哈"滩头的登陆行动不大顺利，付出了3000余人伤亡的代价，但在"犹他"却站稳了脚跟。与此同时，两个空降师也正在巩固阵地。战局正朝着戴高乐预料的方向发展，盟军掌握着制空权和制海权，德军的坦克则被牢牢地吸在了卡昂。

法兰西内地军和战斗法国的舰队、机群、伞兵、突击队、向导在这次登陆行动中作出了巨大的贡献。当戴高乐得知战斗法国的武装力量终于登上了法国的土地之时，激动地落下了热泪。自从1940年6月战败以来，他一直在期盼着这一天！现在，他的梦想终于实现了。

在随后的几天里，戴高乐便忙活开了，他要重新踏上离开了4年的故土。6月14日，戴高乐乘坐"战斗"号驱逐舰驶抵法国海岸。"战斗"号刚靠近海岸，大量法国平民和武装人员就围了上来，用"戴高乐万岁"的欢呼声欢迎他们领袖的到来。当戴高乐进入贝叶城时,当地的居民先是一愣,随即开始奔走相告:"戴高乐将军回来了!戴高乐将军回来了!"

青年们纷纷走上街头,高呼"戴高乐万岁"的口号。老人和姑娘们泪流如注,站在原地一动不动地注视着戴高乐站立的地方,希望能看他一眼。实际上,他们根本看不到他们的领袖!戴高乐正被一群孩子围着,静静地听几个老人向他诉说沦陷后的痛苦生活和法西斯匪帮在这里犯下的暴行。不一会,贝叶城的市长赶来了,他对街上的人高喊道:"荣誉和祖国!我们的戴高乐将军回来了!"

人群中立即爆发出了一阵热烈的掌声和欢呼声。市长示意大家安静,并请戴高乐发表讲话。戴高乐眼里噙着泪水,动情地对人民说:"敌人毕竟是敌人,我们的任务就是击败他们。法国一定会胜利的。说老实话,这不就是民族革命吗?"

随后,戴高乐号召人民积极支援盟军作战,积极支援法国内地军和正规军作战,狠狠打击敌人,为解放自己的祖国作出贡献。他说:"我们法国人要永远记住6月6日这一天,这是伟大解放战争的第一天。从这一天起,我们在法国本土上开始了反攻;从这一天起,我们要获得胜

戴高乐返回法国

利，我们的国家和民族要从法西斯的铁蹄下获得解放！"

为了让人民牢记这个神圣的日子，戴高乐背诵了《唐璜》中的诗句：

> 那是夏季的一天——6月6日，
> 我对日期喜欢说得确切，
> 不仅哪一代哪一年，也要说明哪一月；
> 它们像是一种驿站，命运女神，
> 在那里调换马匹，使历史改变调子，
> 然后越过帝国和国家疾驰而去，
> 留下的除了编年史外没有别的，
> 要么还有死后才能进去的天堂。
> 日子是6月6日，
> 时间大约6点30分——或许更近7点……

拜伦的这首小诗和戴高乐有感情的背诵感动了法国人民。他们静静地倾听着戴高乐那富有魅力的声音，静静地流着眼泪……对法国人民来说，还有什么比让他们重获自由的日子更让人难以忘怀的呢？

三

再次与罗斯福总统交锋

戴高乐来到法国的消息很快在法军正规军和抵抗组织中传开了，人们异常兴奋！在戴高乐的鼓舞下，他们有武器的就拿起武器去和德国人拼命，没有武器的就徒手去破坏敌人的通讯设备……无数与戴高乐政见不同的法国人也丢弃了一切成见，紧密地团结在他身边，誓将战斗进行到底。法军正规军和抵抗组织对法国的地理环境十分熟悉，战斗起来显得轻车熟路，有利地配合了盟军的登陆行动。盟军总司令艾森豪威尔在6月底宣布说，法军，尤其是抵抗组织组成的内地军所获得的战果远远超出了他的期望。法国内地军的贡献起码相当于15个正规师。"他们实际上等于是一支在关键时刻到来时已经着陆的伞兵。"

到7月中旬，法国全国40个省全都爆发了大规模起义。布列塔尼、中央高地、利莫森省、阿尔卑斯省、上加隆省、多尔顿省、德伦省、汝拉省等地已经完全控制在了抵抗组织的手里。维希官员纷纷投降或自首，归顺了新政权。人们的胸前、墙上、公共纪念物的旗帜上都挂上了代表战斗法国的洛林十字。

随着战事的节节胜利，如何让美、英政府承认法国战后的新政权和国际地位等问题便成了戴高乐在外交上面临的首要问题。对西方世界来说，美国是实力最强大的国家，也是各国对外关系中最重要的一环。如果能够获得美国政府的保证或承认，其他所有的问题都可以迎刃而解。戴高乐原本打算在盟军登陆之初就到华盛顿去拜访罗斯福的，但罗斯福的态度让他改变了主意。

罗斯福已经多次表态，他不会直接或间接支持任何总统候选人、任何政党。法国未来的政府应当由摆脱了奴役的法国人民自己来决定。从表面上看，罗斯福的意见似乎是没有意见。不过，罗斯福实际上是有自己的想法的。他曾表示，希望这场斗争"是民主国家的一场斗争"！他不希望法国以建立波拿巴或佛朗哥式的军事独裁政权而结束，他希望由幸存的法国文官和议员们组成未来的政府。

但戴高乐给人的印象过于专横，他担心戴高乐会将法国领向军事独裁的道路。因此，罗斯福总统向美军总参谋长马歇尔、盟军总司令艾森豪威尔和盟军总参谋长史密斯将军等军事领导人下达了最严厉的指示，要求他们避免表示支持戴高乐，对法国沦陷或自由区所奉行的政策，是只同"地方当局"打交道。戴高乐对此十分不满，断然决定推迟访问华盛顿的时间。

盟军总司令艾森豪威尔并不同意罗斯福总统的观点，因为他身处欧洲，亲眼看到了戴高乐在法国日益高涨的声望。如果将戴高乐排除在新政府之外的话，战后的法国必定会再次陷入混乱之中。为了一劳永逸地解决法国问题，艾森豪威尔派他的参谋长史密斯将军前往伦敦，希望能够敦促罗斯福总统在华盛顿接见戴高乐。当时，美军总参谋长马歇尔将军也在伦敦。了解戴高乐与罗斯福的冲突之后，马歇尔将军非常支持艾森豪威尔的意见。

第二天，美国海军上将费纳尔从华盛顿抵达伦敦，并带来了罗斯福总统的信件。就与戴高乐的会晤，费纳尔将军根据罗斯福总统的意思，提出了几个可供选择的时间。但戴高乐不卑不亢，坚持独立外交。他不愿看到卡萨布兰卡会议时的情况重演。当时，罗斯福根本听不进他的意见。

戴高乐在致战斗法国驻美代表普利文和马西格利的信中说："罗斯福总统本人向公众介绍我访问华盛顿计划所采取的那种极不确切和带倾向性的方式，以及让美国报刊就此发表的评论表现了同样的、应当称之为霸权主义的思想。他似乎想让人们相信，这次访问是主动要求的，是他恩赐予我的访问。似乎我戴高乐必须经美国总统审查资格才能得到他颁发的管理法国的证书。"

从6月8日至20日间，比利时、卢森堡、南斯拉夫、挪威、波兰和捷克的流亡政府均承认了法兰西共和国临时政府。随后，戴高乐又以国家元首的身份访问了意大利和梵蒂冈。这不但提高了戴高乐的国际地位，而且也在向美国宣布：他戴高乐已经成了事实上的法国领袖，法国的未来不需要美国和美国总统指手画脚。

如此一来，罗斯福再坚持下去也没有多大的意义了。罗斯福终于妥协了，向戴高乐发出了访问美国的正式邀请。7月6日，戴高乐乘坐的飞机降落在了华盛顿机场。他被当作一位高级军事领导人，在机场受到17响礼炮的欢迎。这是一种比较谨慎的做法，因为美国政府还没有承认法国临时政府，无法给戴高乐以国家元首鸣礼炮21响的待遇。在欢迎的人群中，有法国人、美国人和新闻界人士，以及美国著名将领马歇尔、阿诺德·金海军上将等。但是，国务卿科德尔·赫尔等高级政界人士并没有到机场欢迎。

随后，戴高乐一行乘坐美国人提供的汽车，直接来到了白宫。罗斯福总统、赫尔国务卿和前驻维希大使李海海军上将已经在那里等候他了。罗斯福再次用法语欢迎他的客人："我见到你是多么高兴啊！"

第二天，罗斯福在白宫设午宴款待戴高乐，并发表了动听的讲话："我认为，法国有些东西在世界任何地方都不存在，这就是不仅对我们，而且对全世界都珍贵的文明精神……岁月流逝，我们已看到法兰西的黎明来到了，我们已看到这一文明将获得全部解放，不仅是过去的文明，而且比战争以前更吸引人，更伟大的文明都将获得全部解放。"

在向法国致意后，罗斯福又以他那政治家特有的魅力亲切地对众人说："一年以前，也就是去年的一月，我第一次会见了戴高乐将军。我非常高兴我们今天又有第二次会晤，我希望还有第三次，乃至更多次的会晤……在法国人和美国人之间，或戴高乐将军和我本人之间没有什么大的问题，一切都会得到很好的解决。毫无例外，戴高乐将军和我本人，今天早上曾谈到涉及全世界的许多事务，我们对世界前途的看法完全一致，并且同意解除德国武装，使其近5年发生的事情在今后50年内不再重演。"

戴高乐在美访问期间，一共和罗斯福举行了两次单独会谈。他们谈论了法美关系和未来世界的组织问题。戴高乐在《回忆录》中写道："在我们的会谈中，他根本不提棘手的事情，而只让我理解他自己想从胜利中达到什么样的政治目的。在我看来，他的胃口是不小的，这使欧洲和法国感到不安。按照总统的看法，美国的孤立主义是过去的一个最大的错误。但是，罗斯福从一个极端跑到了另一个极端，他打算通过国际法来建立一个常设的干涉机构。在他的思想中，他要建立美国、苏联、中国、英国四大国的领导权来解决全世界的问题。"

戴高乐进一步指出，罗斯福的计划冒着把西方国家置于绝境的危险。他对罗斯福说："西欧是应该复兴的。如果它复兴起来，世界上其他各国都宁愿以它为榜样。如果它削弱下去，蛮横的暴力就要席卷一切。虽然西欧存在着一些分歧，但是西方国家还是一个重要因素。任何东西代替不了古老民族的价值、能力和光辉。的确，首先是法国，它是欧洲的大国。只有法兰西，无论过去、现在或将来都是你们的盟友。我知道你们准备从物质上帮助它，这对它是十分宝贵的。但是在政治上也应该使它恢复自己的实力和信心，因此，必须使它能起作用。如果有关世界最重要的决定不让法国参加，如果法国丧失了它在非洲和亚洲的殖民地，一句话，如果战争的最后给它造成一种战败者的心理，那它怎么能起作用呢？"

很显然，戴高乐要竭力在英、美两个大国的夹缝中为法国寻求世界大国的地位。不过，罗斯福则想通过美国在欧洲的代理人——英国来实现主导欧洲政局的目的。他十分尖锐地对戴高乐说："我这个美国总统，甚至有时还想不起法国政府的短命总理的名字。在这儿，现在你看到我国热烈地欢迎了你。但演完这幕悲剧后，不知道你是否还是政府的领袖？"

戴高乐针锋相对地说："总统所不欢迎的动荡不安的政治局面是没有用处的。在国际事务中，理论和感情同强权的现实比较起来是不重要的；最主要的是人们所掌握的和坚持的事实；法国要恢复自己的地位，只有靠自己。"

罗斯福笑着说："我们应该努力去做。的确，为法国服务，谁也不能代替法国人民！"

罗斯福与戴高乐的几次谈话共用了两天半的时间，但两人并未就两国的分歧达成一致意见。罗斯福正处于他事业的巅峰。美国无论是军事、工业生产能力，还是财政上都控制着它的盟国。这就促使罗斯福以宏大的目光来思考全球的未来！但戴高乐所考虑的仅是满目疮痍的法国。法兰西在罗斯福所描绘的奇妙的巨幅画面中，只占着无足轻重的地位。

会晤结束之后，罗斯福于7月11日在白宫举行了记者招待会，公布了他与戴高乐谈判的结果。固执的总统依然坚持他先前的意见："在法国人民选出它的政府之前"，他同意法兰西民族委员会作为"事实上的民政当局"，但并不承认戴高乐的委员会就是法国的临时政府。

四

解放"法兰西的荣誉"

在戴高乐访美期间,欧洲的战事依然在紧张地进行着。战斗持续到8月中旬,盟军已经推进到了法国腹地。加拿大第一集团军奉令沿海岸向法国北部进发,英国第二集团军向利西约和鲁昂以南地区推进,美国第一集团军向塞纳河下游,第三集团军向塞纳河上游前进。如此一来,位于塞纳河畔的巴黎就被美国第一和第三集团军包围了。勒克莱尔将军指挥的法国第二装甲师更是已经逼近巴黎的大门。

沦陷4年的首都马上就光复了,戴高乐向全体法国人发出了解放首

1944年8月20日,戴高乐将军在法国瑟堡发表讲话

都的号召。1944 年 8 月 20 日，戴高乐对参加解放巴黎战斗的官兵们说："我们攀登的苦难的山峰是法兰西历史中最大的考验。但是，我们知道自己是从什么样的深渊里挣扎出来的，也知道我们要走上什么样的高峰。"

每一个法国人都明白，戴高乐所说的高峰是指解放巴黎，光复法国全境。此时，巴黎就像是一块巨大的磁铁，吸引着每一个人。每个师、军和集团军的指挥官都想得到解放巴黎的光荣。

巴黎解放前夕，戴高乐面临的局势比从前更加复杂了。阴谋家们开始利用戴高乐与盟国之间的矛盾，企图将巴黎这一政治中心牢牢掌控在自己的手中。戴高乐清醒地意识到了这一点，他指出："如果让巴黎自由抉择的话，它首先必须解决政权问题。谁也不怀疑，戴高乐回到首都时，不会遭到人民的反对，而会受到人民的欢迎。但是，国内外那些无论站在哪一立场都想阻碍这种情况出现或至少使它不那么美满的人们，都千方百计地想利用解放的最后时机，来制造一个使我感到困难的局面。如果可能的话，还要把我搞垮。但是，民族已经有所选择，群众的觉悟必将粉碎这些阴谋。"

维希政府总理赖伐尔就是一个这样的阴谋家。在德国人暗中支持下，赖伐尔妄图在巴黎召集 1940 年的"国民议会"，并建立一个所谓的"联合政府"，来欢迎盟国和戴高乐进入首都。赖伐尔野心勃勃，他想抢在戴高乐之前组织政府，剥夺戴高乐的荣誉，使他失去民众的支持！如果戴高乐反击的话，他就可以说戴高乐是在国家危难之时闹党派纠纷的罪人，说戴高乐没有能力管理国家却想搞独裁！

为了实现他的阴谋，赖伐尔把曾任政府总理和国民议会议长的著名政治家赫里欧先生搬了出来。赫里欧在国内外都享有盛誉，而且又是极力反对贝当政府的政治家，由他出面组建新政府必然会赢得一部分人的同情。由于当时的巴黎还在德国的控制之下，贝当还是维希政府名义上的总统，组建"联合政府"一事必须得到德国和贝当的支持。另外，"联合政府"还必须得到即将解放巴黎的盟军的承认。

赖伐尔在活动中发现，美国政府一直在排挤戴高乐，要得到美国人的支持并不是什么困难的事情。德国人也赞同赖伐尔的计划，并暗中予以支持。德国外长里宾特洛甫等人都一致认为，在盟军大军压境之际，巴黎和法国全境的解放只是时间问题。法国解放之后，最好在巴黎出现一个包括维希分子在内的政府，这样对战后的德国会稍稍有利一些。至于贝当本人，出于减轻自己罪责的考虑，也表示愿予以积极支持。

一切准备就绪之后，赖伐尔就把赫里欧搬了出来，开始召集1940年的"国民议会"。以戴高乐为首的战斗法国人士立即群起而攻之，揭露了赖伐尔的阴谋。他们声明，1940年的"国民议会"没有资格代表法国说话。

巴黎人民的反应更是从根本上粉碎了赖伐尔的诡计。盼望得解放的人民纷纷走上街头，高举三色国旗，进行了声势浩大的游行。在挥舞的国旗下，人们高唱着《马赛曲》，不断高呼"戴高乐万岁"！被囚禁在桑德监狱的政治犯们也冒着被严厉惩罚的危险在所有的窗户上挂起国旗，高呼"打倒法西斯！""打倒维希卖国政府！""打倒赖伐尔！"。警察、邮政电讯工人也组织了起来，举行了大规模的罢工游行，支持戴高乐进入巴黎。这一切都说明了民心所向！戴高乐应当是法国人民名正言顺的新领袖！

8月21日，艾森豪威尔命令勒克莱克将军所统率的法国第二装甲师和美国第四步兵师进入巴黎。勒克莱尔在给戴高乐的电报中称："我得到了这样的印象，即1940年的局面正在倒过来重演着——敌方情况十分混乱，各部队无不惊慌失措。"

8月24日晚9点22分，一支法国坦克先头部队开进了巴黎市政广场。第二装甲师的主力队伍准备于次日陆续开进首都。第二天一早，法军的几个装甲纵队占领了巴黎城对面的塞纳河两岸。到了下午，德军司令官肖尔蒂茨将军设在默里斯大厦的总部就被包围了，肖尔蒂茨向一位法国中尉投降了。

正在此时，勒克莱尔将军赶到了巴黎，并在蒙特巴那斯车站建立了指挥部。当天下午，他又将指挥部移至警察总局的所在地。4点左右，肖尔蒂茨被押解到了勒克莱尔将军面前。勒克莱尔将军喃喃地说："这一天终于盼到了。"

之后，他用德语向这个手下败将说明了自己的身份。经过一段简短、不客气的谈话之后，双方签订了投降协议书。接着，内地军和正规部队逐一占领了敌方其余一些支撑点。被德国占领达4年之久、有"法兰西的荣誉"之称的伟大城市解放了。

8月25日，戴高乐已经回到了法国。他立即来到了塞纳省省长的办公室。在那里，他受到了抗战官员们的热烈欢迎。戴高乐刚刚走进大厅，乔治·皮杜尔便快步迎上去，兴奋地说："我的将军！你瞧，全国抵抗运动委员会和巴黎解放委员会都团结在你的周围。我们请您在这里聚集的民众面前庄严宣告共和国的成立。"

戴高乐回答说："共和国一直存在着。自由法国、战斗法国、法兰西民族解放委员会都与它形成一体。维希政权过去和现在都是无效的和非法的。我本人就是共和国政府的主席。为什么我还要宣布共和国成立呢？"

说完，戴高乐走到窗前，向挤在广场上的群众挥手致敬，向他们欢呼："法兰西共和国万岁！"

晚上，勒克莱尔将军也赶来了。他向戴高乐汇报了巴黎市区的战斗情况。他说，德军所有据点的受降已经完毕。法军第二装甲师在这一天的战斗中付出了沉重的代价，官兵伤亡达600余人，其中军官28人。内地军的伤亡没有精确的数字，据负责医务的巴斯德·瓦莱利·拉道教授估计，内地军在游击战中的伤亡约为2500人。此外，巴黎市民也在战斗中被打死约1000人。

听着勒克莱尔将军的汇报，戴高乐的脸上始终没有任何表情。尽管他很伤心，但为了祖国的解放，他认为这些牺牲是值得的。

随后，勒克莱尔将军汇报了第二装甲师的战果。仅仅8月24日这一天，第二装甲师就俘获德军14800人，毙伤德军4200余人。戴高乐对这一战果十分满意，当即高度赞扬了勒克莱尔将军和他的第二装甲师。

五

恢复传统的国家机构

巴黎解放的喜讯迅速传遍了法兰西，传遍了全世界。巴黎全城都沉浸在狂欢之中。人民纷纷向被俘或正准备向法军投降的德军吐唾沫，把通敌的奸细拖着游街，向解放他们的第二装甲师和盟军献上鲜花和食物……

8月25日下午5点，戴高乐来到了巴黎圣多米尼克大道，并在陆军部旧址设立了总部。两小时之后，他在内地军的一些主要人物及勒克莱尔将军等人陪同下，首次以战斗法国领导人的身份出现在了巴黎群众面前。广场上人群鼎沸，到处都散发着狂欢的热情。

当天，戴高乐在巴黎市政府大厦向军政官员和各界代表发表了热情洋溢的讲话。他的讲话很短，但却铿锵有力。他的讲话全文如下：

你们为什么要我们在自己家里，在起来解放并且亲手解放了自己的巴黎之时，把我们每个男女公民的激情掩藏起来呢？决不，我们不能把这种深刻而神圣的激情掩藏起来。这是在我们不幸的一生从未有过的时刻。

巴黎！被敌人践踏过的巴黎！横遭破坏的巴黎！受尽千辛万苦的巴黎！巴黎，到底是解放了！巴黎是自己解放了自己，巴黎是它自己的人民在法兰西军队的协助下，在全法国、战斗的法国、唯一的法国、真正的法国、永久的法国的援助和支持下解放的！

当然，盘据巴黎的敌人在我们手下投降了，法兰西又回到巴黎来了，它又回到自己的家里来了。法兰西虽然遍体鳞伤地回到巴黎，但它却是十分果断坚决的。法兰西回到巴黎，无数的教训使它清醒过来，它对自己的义务和权利，比任何时候都要看得更明确。

我首先谈一下它的义务，目前，我们把所有的义务总括为战争的义务。敌人虽然动摇了，但它并没有被彻底降伏。它还留在我们的土地上。我们不能满足于借助我们敬爱和令人钦佩的盟军就能把敌人赶出去，我们不能满足于过去。我们必须以战胜者的姿态直捣他们的国境。所以，法兰西先头部队是以炮击进入巴黎；所以，在意大利的法国大军在南方登陆后，即迅速向罗尼河流域挺进；所以，我们那些英勇可爱的内地军要装备起新式武器来。这是为了雪耻，为了报仇，为了正义！我们必须继续战斗，一直战斗到全面而彻底的胜利为止。在场的同胞们，还有法兰西听从我们的人都要知道，这个战争的义务要求全国统一。

在目前的情况下，国家不容许破坏它的统一。我们的国家知道，为了胜利，为了复兴，为了使它壮大强盛，必须有它的儿女跟它站在一起！我们的国家需要它的儿子，它所有的儿女——几个可恶的投敌的卖国贼除外，他们知道或将会知道国

1944年8月26日，戴高乐将军在巴黎香榭丽舍大街检阅军队

家法律的尊严！不错，法兰西的所有儿女，应当像兄弟般共同携手，走向法兰西的目标。法兰西万岁！

8月26日，戴高乐举行了正式的入城仪式。大街小巷到处都是狂欢的人群，每一座房屋上都飘扬着法兰西的三色旗！下午3点，戴高乐来到了凯旋门。临时政府的官员和将军们，以及内地军的许多军官和战士都站在英雄纪念碑前，静静地等着戴高乐向他们发表讲话。戴高乐首先向英勇的殖民军乍得团致敬！随后，他一边快步走着，一边向在凯旋门前排成战斗队形的官兵挥手致意。

走到英雄纪念碑前时，戴高乐拿起火把，点起了碑前的灯火。自1940年6月14日巴黎沦陷以来，这是纪念碑前的灯火第一次亮起来。

当天，戴高乐还收到了美、英承认法兰西民族解放委员会的证书。两国的证书基本一致，但美国的文本比英国人的更具有限制性。美国的证书上写道："美国政府赞成建立法兰西民族解放委员会。我们希望委员会将按照所有成员集体负责的原则进行工作，以便继续积极进行战争。鉴于争取战争胜利，共同努力极为重要，与法兰西民族解放委员会的关系仍应当继续服从盟国指挥部的军事需要。"

这份证书非常符合罗斯福总统的意愿，法兰西民族委员会作为"事实上的民政当局"，但并不承认戴高乐的委员会就是法国的临时政府。英国政府承认的范围比美国政府要宽一些，苏联政府则毫无保留地承认法兰西民族解放委员会为法兰西共和国利益的代表。

在随后的几天里，"戴高乐万岁"的口号响彻了巴黎的每一条大街小巷。戴高乐也先后在巴黎几个重要的广场上接见了热情的巴黎人民。戴高乐在《回忆录》中写道："啊！简直是人的海洋！人山人海，到处都是欢

1944年8月26日，戴高乐在巴黎凯旋门前

呼的人群。总有 200 万人！屋顶上黑鸦鸦的一片人；窗口里密密拥挤着人，人群中间则夹杂着许多旗帜；梯子和柱子上边甚至也爬满了人；凡是能看到的地方，都是阳光灿烂、国旗飘扬下的人群的巨浪。"

8 月 29 日，戴高乐在巴黎广播电台向全国人民发表了讲话。他说："巴黎的德寇在法国人民面前投降已经 4 天了。巴黎解放已经 4 天了，一种无比的喜悦和骄傲使全国沸腾起来。甚至全世界的人们，当听到巴黎从苦难深渊中摆脱出来而又将重放光芒的时候，也都为之欢欣鼓舞。"

在提到法兰西的未来时，戴高乐说："法兰西向一切使巴黎走向胜利的人们表示感激……可怕的狂潮已经退去了，全国人民正在兴高采烈地呼吸着胜利和自由的空气。法国的各个角落里都呈现出空前的团结和统一！我们的国家感到今后不仅有希望，而且完全有把握成为一个战胜国。我们的远景像美丽的春天一样，我们可以重新出现在世界大国的行列中，也就是像它过去那样，站在最大强国的行列里。"

戴高乐又进一步指出了法兰西面临的困境："不过，我们国家也知道它距自己要达到和所能达到的终点还有多大的距离，它必须注意到如何彻底使它毫无保留地打垮敌人，并使法国在最后胜利中具有最大的功绩！它注意到自己领土上和它的人民遭受灾难的程度。它也考虑到现在的极端困难的粮食供应、运输、武器装备和目前阻碍战斗力以及解放地区生产力的装备。"

巴黎解放之后，法国南部地区也陆续获得了解放。到 1944 年 11 月，只剩下阿尔萨斯和洛林的一部分地区尚待光复。当然，战争还没有过去，仍有 250 多万法国战俘被关押在德国本土。在戴高乐的号召下，全法国人紧密地团结在一起，掀起了重建家园的热潮！

戴高乐改组了阿尔及尔政府，吸收了法国抵抗运动委员会的成员，同时取消了抵抗运动建立的一些临时机构，恢复了传统的国家机构。很快，解放委员会就掌管了全国绝大部分省的权力，他们正着手制订法律，征用物资，并着手解决解放后所出现的各种问题。共产党人、社会党人和从基督教抵抗运动中产生出来的第三大党"人民共和运动"都被吸收进了新政府，甚至传统的右翼势力中某些知名人士也在政府中担任了要职。这说明全国人都响应了戴高乐的号召，为共同的目标——打败纳粹德国，暂时抛开了政治成见，紧密地团结在了一起！

维希政权彻底完蛋了！它的法律被全部废除了，头目们全部被关进了监狱。德国人不顾贝当和皮埃尔·赖伐尔的意愿，把他们迁到了西格马林根。他们的罪行昭然若揭，遭到了法兰西人民的诅咒和痛骂。对赖伐尔这位政治掮客，戴高乐在回忆录中评述道："赖伐尔进行了一场赌博，他输了。他有勇气承认自己应对一切后果负责。他为了支撑那岌岌可危的局面，在当政期间无疑使用了一切诡诈手段，力图以此为他的傀儡政权效劳。"

就在重建工作稳步进行之时，被德国人囚禁起来的贝当给戴高乐写了一封信。这封信是维希政府前任部长奥方海军上将托朱安将军转给戴高乐的。在被德国人拘禁起来以前，贝当曾向奥方海军上将下达了一项秘密任务——同戴高乐取得联系，以便使"所有善良的法国人"重归于好。贝当的这封信再次表达了他想与戴高乐联合组建政府的意愿，但他又加了一个附加条件："只要我所体现的法统得到了维护。"

戴高乐和贝当元帅所扮演的角色在这个时候完全调了一个个儿！贝当曾经在戴高乐的军事生涯中给了他很大的帮助，是戴高乐上司兼人生的领路人。但在战争爆发之后，他却走向了他自以为可以拯救法兰西的道路，开始通敌卖国。戴高乐流亡伦敦之后，他甚至缺席判处了戴高乐死刑！然而，现在的情况完全不同了。戴高乐赢得了法国人民的尊敬，掌握了国家的政权！贝当元帅希望能取得这位新领袖的谅解！

戴高乐面临着在个人感情和国家利益之间作出抉择的问题。从个人感情角度来讲，戴高乐是同情贝当的；但从国家利益的角度来讲，贝当的所作所为是他无法容忍的！这一次，他没有犹豫。他决定不予答复。无论是戴高乐，还是全体法兰西人，大家都明白，有资格自称正统的，决不是贝当这个曾经在希特勒面前屈辱投降的老头子，而是拒不承认失败、并引导整个民族恢复了尊严的戴高乐将军！

后来，戴高乐领导的临时政府根据贝当元帅及其同党的罪行，对其进行了审判或缺席审判。1945年8月15日，法庭宣判贝当有罪，并定为死刑。但建议从宽发落，后改判他无期徒刑。就这样，贝当先被飞机送到比利牛斯山中的波尔塔莱特堡，然后被送到大西洋岸边的一座小岛。

在那里，他一直呆到1951年7月23日去世，时年95岁。

　　法国人对戴高乐的拥护和戴高乐一系列强硬的举措不但提高了法国的国际地位，也迫使美国总统罗斯福作出了让步。1944年10月23日，他正式承认了民族解放委员会为法兰西共和国临时政府。

第十章

重建千疮百孔的法兰西

一

恢复生产和经济秩序

随着战事逐渐远离法国本土，法国人对胜利的热情也消褪了许多。这时，人们才突然发现，他们的法兰西已经被希特勒和战争破坏得千疮百孔了。人们重建家园的要求越来越强烈了！作为法兰西的领袖，戴高乐必须以中央政府的名义了解法国各地的真实情况，下达各项命令并监督其执行。不过，巴黎和各省之间暂时还不能正常联系。大部分电报和电话线路被切断了；在弹痕斑斑的飞机场上根本看不见法国的联络飞机；铁路和公路几乎全部不能使用，全国12000台机车只剩下2800台，300多万辆汽车只有30万能够勉强使用，3000多座铁路和公路桥梁被炸毁了……

人民的生活水平也因战争而受到了极大的影响。在战争中，全法国先后有50万座房屋完全被毁，有150万座房屋遭到严重破坏；有100万公顷土地已不能耕种，另有1500万公顷土地由于长期无人耕种而濒于荒芜。到处都缺乏种子、肥料、农具和最重要的人力资源……

城市里的状况也十分糟糕。城市居民每天所获得的全部食品配给量仅能维持生命；由于没有羊毛和棉花，皮革十分匮乏，大部分人都衣不蔽体。很多人在寒冷的冬天里，甚至还光脚穿着木板拖鞋。因为没有取暖的燃料，大多数平民只能瑟瑟发抖地渡过寒冷的冬季。因为城市里几乎没有煤，煤矿因缺乏劳动力而无法正常生产。即便生产出一些煤炭，也要优先供给军队、铁路、发电站和医院等和战争相关的部门。

面对千疮百孔的法兰西，戴高乐哀叹道："光明大道已经打开，但法兰西却成了一个破烂摊子！"

无论困难有多大，重建工作都必须进行下去。戴高乐在《回忆录》中写道："这个民族的危机使我每天操劳不安。四面八方涌来的责难、意见、诉苦和批评，并没有使我担心。我和每一个人一样，忍受着人民天天所忍受的困难，勉强维持着政府的工作，知道这些问题目前是不易解决的。尽管目前困难重重，但是必须建设未来。建设需要政策，并要尽力根据情况推行它。为了恢复生产和粉碎颠覆活动，必须进行社会改革。"

戴高乐主张将主要动力资源由国家掌握起来，巨大工程实行国有化，国家需要亲自领导银行，要成立法兰西航空公司。另外，提高工人工资，努力改善工人的生活条件。在1945年把各种社会保险制度完全恢复起来，并加以扩大。一切靠工资生活的人，都必须享受社会保险。

戴高乐建立了一个名为"重新装备和现代计划最高委员会"的重建最高领导机构。在该委员会的领导下，煤炭、石油、天然气和电力工业基本上都被收归国有了。在法兰西银行和各种信贷机构实行国有化以后，重新建设的资金也归政府掌管了。法兰西航空公司也是由一些受资助的私营公司合并组成的。农民的土地租赁权也受到了政府的保护。

戴高乐在巴黎

戴高乐政府制定的这些政策和推行改革完全是法国复兴的需要。在能源和信贷方面实行国有化，是为了巩固国家，使之能够控制经济。减轻工人及其家庭的疾苦，保证农民的土地租佃权，是为了缓和他们的不满，使他们投身到重建家园的工作中来。因此，他所推行的改革虽然触犯了少数特权阶级的利益，但确实受到广大群众的拥护！

1945年春，盟军在前线稳步推进，希特勒的末日已经到了。不过，戴高乐面临的财政问题却日益严重了。财政专家估计，法国1945年的税收不可能多于1750亿法郎，而这个数目仅仅能够满足军费开支，其他公共开支还需要2150亿法郎。如何解决巨大的资金缺口，便成了戴高乐政府面临的首要问题。

经济部长皮埃尔·孟戴斯·弗朗斯主张紧缩。他建议政府收回所有的钞票，换成票面价值仅合旧币四分之一的新钞，其余四分之三的价值仍归持票人所有，但由此增加的部分除少量需用外，全部作为存款，予以冻结。与此同时，所有生活必需品的价格也冻结在相当低的水平上。如此一来，不但能够急速地降低购买力，打击黑市活动，也能使比较穷苦的消费者维持正常生活。

财政部长普利文却对此提出异议。他认为当务之急是恢复生产，但苛刻的紧缩措施，取消一切消费刺激，就不可能恢复生产，人民对国家的信心和对货币的信任也会毁于一旦。他认为，当前的途径唯有实行膨胀政策，刺激消费，恢复生产。如果出现货币流通量太大的情况，过多的货币可以用流动债券使其回笼。发行流动债券会鼓励储蓄，并使每个纳税人感到，他挣得的钱仍然分文不少。与此同时，必须没收黑市商人诈骗来的利润，但对合法企业则应予以保护。

经过权衡利弊，戴高乐认为普利文在平衡财政的做法上，要比孟戴斯·弗朗斯更胜一筹，因而接受了普利文的建议。不过，普利文的政策很快就遭到了严峻的挑战。

1945年4月中旬，苏联元帅朱可夫率领的白俄罗斯第一方面军连续突破了德军的3道防线，逼近了柏林防御圈。希特勒被迫把全部预备队都投入了战斗，但已经毫无办法抵挡苏联红军摧枯拉朽般的攻势了。4月20日，苏联红军开始炮击柏林。次日，朱可夫元帅指挥的白俄罗斯第一方面军从东面、北面，乌克兰第一方面军从南面和东南面向柏林突击，在郊区展开激战，并冲入市区。从4月21日到5月2日，白俄罗斯第一方面军11000门火炮向柏林发射了180万发炮弹，相当于36000吨钢铁的重量。整个柏林几乎被夷为平地。在红军的猛烈攻击下，柏林的防御终于土崩瓦解了。

4月28日晚，希特勒在地下室里收到消息：朱可夫的部队已经离总理府只有一条街了，可能在30小时以后，即4月30日早晨发起突击。希特勒意识到，他和第三帝国的末日来临了。希特勒作出了他一生中最后的决定——在黎明时与他的情妇爱娃·布劳恩结婚。

结婚仪式非常简单，气氛也非常凄凉。希特勒回顾了他传奇性的一生，大大斥责了一番那些背叛他的朋友和支持者，最后又凄惨地说："我一直认为婚姻会阻碍我把全部的精力献身于我们的党，影响领导我们的国家称霸世界。现在这一切都不存在了，我的生命也要结束了，我决定与我有过多年真诚友谊，自愿在柏林已遭围困之时来到这里与我同生共死的女人结婚。她自愿作为我的妻子同我一道死去。这就弥补了由于我服务于人民，投身于工作而给我们两人所带来的损失。"

4月30日早晨，希特勒指定海军元帅邓尼茨作为他的继承人，组建新政府。此时，他已经做好了自杀的准备。希特勒像往常一样，细嚼慢咽地吃了早餐。但与往日不同的是，他吃完早餐后把新婚妻子叫到了身边，与她一道同周围的人道别。凄凄惨惨的告别结束之后，希特勒带着爱娃·布劳恩回到了自己的卧室。

戈培尔、鲍曼等希特勒的铁杆粉丝守在元首的卧室外。下午3点30分，卧室里传来一声枪响。他们等待着第二声枪响，但是却久久没有动静。过了一会，他们轻轻地走进元首的房间，他们看到希特勒的尸体趴在沙发上，还在流血。他对着自己的嘴开了一枪。他的新婚妻子躺在他的身旁，手中还有残留的毒药。

众人把希特勒和爱娃的尸体搬到花园里的一个弹坑中，然后浇上汽油点燃。当火焰升起时，在场的纳粹党徒们纷纷举起左手向他们的元首行告别礼。但仪式还没结束，红军的炮弹又落在了花园里。纳粹们纷纷四散逃命。对此，英国首相丘吉尔曾这样说："希特勒的火葬柴堆，和越来越响的苏联红军炮火的轰鸣，构成了第三帝国的悲惨结局。"

就在希特勒自杀的这个早晨，朱可夫指挥部队向国会大厦发起了突击。当晚，红军在大厦的主楼圆顶上升起了苏联的旗帜。

5月7日，德国政府代表约德尔由弗雷德堡海军上将和一名副官陪同，来到兰斯的盟军司令部。在这里，德国代表们向美英苏代表签署了无条件投降书。签字后，艾森豪威尔向盟国联合参谋总部拍发了一封电报。电报说："盟军的任务在1945年5月7日当地时间2点41分完成。"

斯大林对兰斯的投降仪式十分不满。因为他认为苏联红军是战胜德国法西斯的主力，又攻克了柏林，德国在盟军驻守的兰斯签订无条件投降书有损于苏联的威望。所以苏联政府与美、英政府商讨之后决定：兰斯投降仪式只当作投降仪式的预演，正式的仪式将在柏林举行，并将由苏方主持。5月8日24点，苏、美、英三国代表又在柏林再次接受德国法西斯的投降。无条件投降书规定，从1945年5月9日零时起，该协议正式生效。第二次世界大战欧洲战场的战事至此全部结束了。

被关押在德国的法国战俘陆续返回了祖国。为了解决250万战俘的吃、穿和安置问题，戴高乐授权普利文实行他的恢复计划。虽然这个计划远不及孟戴斯·弗朗斯所设想的措施那么伤筋动骨，但也够麻烦了。1945年6月4日至15日，这个行动全面展开了。所有钞票和短期债券都必须交出来，以一比一的兑换率换成新钞。

普利文的政策起到了双重作用。它既完成了对全国财富的清查工作，彻底搞清了全国土地、财产、公债券、股票和证券的情况，同时又把非法财产冲刷了出来。交出钱的人就得纳税，害怕被控告而未交出的钱就会一文不值。这也适用于被德国人转移出去的法国货币，但对存款却不予冻结。结果，在两个月之内，流通的货币量就从5800亿法郎下降到4440亿法郎。这一政策对法国战后的经济、恢复生产起到了十分重要的作用。

二

陷入多党制的泥潭之中

随着大量知名人士从纳粹德国的集中营中返回法国，戴高乐逐渐意识到恢复法国政治传统的时候到了。但法国传统的"多党制"政治却让他忧心不已。历史已经证明，"多党制"是造成法国政坛混乱的重要因素之一。对法国来说，在战争刚刚结束、混乱还没有完全平定之际恢复"多党制"将是一场灾难！

戴高乐曾经想过无限期延长由他建立起来的临时政府，稳定战后的局势。但他十分清楚，如果他不放弃权力的话，随着战争的离去，人们对他的爱戴势必会演变成厌恶！他甚至会被当成独裁者而遭到法兰西和世界人民的唾弃！届时，刚刚从战争泥潭爬出来的法兰西很可能会再一次陷入混乱，甚至会走向内战！

戴高乐不愿看到他的祖国再遭受任何苦难了！因此，他不断地向人们保证，他会尽快地让人民通过选举，自由地表达他们的政见。但面对着法国多如牛毛的政治派别，戴高乐必须建立一个能尽量避免政局动荡的政体。抵抗组织曾经在打败纳粹德国的共同目标下团结在他的周围，但战争结束了，共同目标不存在了，抵抗组织也迅速分裂成了众多政见不同的派别。

戴高乐认为，法兰西的唯一出路是实行总统制。戴高乐的设想是，由人民直接选举一个凌驾于各党派之上的总统，再由领袖选择一个不属于议会、因而不受派别制约的、为整个民族和社会服务的行政机构。在戴高乐看来，这或许是避免党派纷争最好的办法。如果人民赞成戴高乐的观点，选举他为总统，各党派将只好勉为其难跟他共事。如果人民不同意他的观点，他只有下台了事了。

1945年5月15日，第三共和国的前领导人一个个从纳粹拘留下获释归来谒见戴高乐。前总理雷诺、达拉第、勃鲁姆等人是第一批受到接见的前领导人。雷诺在获释时就公开声明:"由于有了戴高乐将军,法国已经复活了。我们有了一位戴高乐将军真是万幸!我从身陷囹圄之时起就希望我的党能够支持他。整个法国都信赖他。有了他,我们国内团结一致就有了唯一的保证。"

达拉第被苏联红军解放出来以后,就在莫斯科电台上广播说:"我确信,我国人民已经团结在夏尔·戴高乐的周围。我将毫无保留地听从他的指挥。"

尽管他们的话说得很诚恳,但并没有付诸行动。各党派在战争刚刚结束之时便有了自己的思考。人们对法国未来的政体持两种意见。激进党和温和派主张干脆恢复1875年的宪法,恢复第三共和国的政体,即法国在1940年6月22日投降前的样子。但马克思主义者和左派则主张建立唯一的拥有最高权力的议会。双方的共同点是:由国会掌握所有权力,

戴高乐将军与临时政府成员祭奠无名战士墓

不管国会是由一院或两院来组成。

这与戴高乐设想的总统制相去甚远。经过和各部部长长时间的商议后，戴高乐拟订了一个选举和全民表决相结合的正式选举提案。全民表决方式进行的选举定于1945年10月21日举行。7月9日，内阁会议也决定了各省议会的选举将分别于9月23日和30日举行。

7月21日，戴高乐在广播讲话中阐明了他个人的观点。他号召人民不要恢复第三共和国，并限制立宪议会的权力和任期。戴高乐的讲话一经播出，立即引起了不小的轰动，大多数党派都表示反对。7月27日到28日，戴高乐和反对派在咨询议会展开了一场尖锐的舌战。戴高乐激动地为自己辩护，对几个议员骂他是波拿巴主义的指责进行了反击。他尖锐地指出，他非但不希望绞死共和国，恰恰相反，是他把共和国从死亡中拯救了出来。戴高乐说，旧政体内部的一切勾心斗角和阴谋诡计必须停止，否则的话，法国的政局将再次陷入动荡之中。

随后，戴高乐举例说，从1875年至1940年之间，法国一共更换过102届政府。而英国和美国在同一时期则分别更换过20届和14届政府。与英、美两国稳定的政局相比，法国政局的动荡是让人震惊的！

1945年10月底，全民表决的统计结果出来了。结果，有96%的人不赞成恢复第三共和国。戴高乐似乎如愿以偿了，但政治氛围却显示，他很难在未来的选举中胜出。在586名议会成员中，共产党人获得了160个席位，社会党人和人民共和党人分别获得142和152个席位，激进党人仅获得了29个席位。共产党人和社会党人以302个席位占绝对多数。这在法国政治史上是第一次。由此看来，法国建立一个人民阵线政府是可能的，也是合乎历史发展规律的。不过，无论是共产党，还是社会党，他们都想自己执政，而不会让戴高乐担任总理。因此，戴高乐决定卸任，并向议会递交了自己的辞职信。

11月6日，制宪会议召开了一次会议。会议由年龄最大的代表、激进党议员古多利主持。在会上，古多利发表了一篇演说，对戴高乐个人表示了敬意，但对他的政策却大肆攻击。赞扬的话并没有得到各怀心事的议员们的响应，尖酸的批评却大受左派欢迎，而右派则未做任何表示。

接着，古多利宣读了戴高乐写给议会的信。戴高乐在信中声明，一俟制宪议会选出自己的常务机构，他的临时政府即行辞职。不过，这封信并没有引起任何明显的反应。议员们似乎认为这是理所当然的事情!当时,戴高乐就坐在半圆型会场的前排。他感到有数百双眼睛正在盯着他,浑身上下都不自在。

议会推选菲利克斯·古安为议长,接着选举政府的总理。戴高乐没有提自己要作候选人,也没有对他可能实行的纲领作任何说明。他似乎已经打定主意要退出政界,把法国的命运交给职业政客们去掌控。此时,职业政客们也吵得不可开交。为了争夺总理候选人的提名,各党派之间的争夺十分激烈。他们整整进行了一个星期的谈判,也没有取得一致意见。

11月11日,戴高乐在凯旋门广场主持了一次追悼会。有15口装着阵亡官兵的棺材被从各个战场运到了首都,排列在无名英雄纪念碑周围。巴黎各界人士纷纷赶来为他们的英雄送行。戴高乐向前来参加追悼会的各方面的代表,作了感人肺腑的讲话。他的讲话如下:

> 这些为反法西斯捐躯但同法兰西一起凯旋的人,在日日夜夜决定着我们命运的战场上牺牲了的战士,经历了我们的一切痛苦和胜利的烈士,现在回来了!他们代表着以同样谦恭的态度选择了同样的光荣的其他许多人,他们现在停在只有上帝才知道姓名、高举神圣的火炬、在30年战争的最初战斗中失利的民族精英的周围,受到2000年来为保卫祖国的身心而献出生命的人们的英灵的保护。现在,他们聚集到这里来了!

> 但是,面对这些使我们流泪和自豪的死者,我们活着的法国儿女,应该接受他们刚刚留给我们的教训。我们应该了解我们国家的安全很久以来就是没有保障的,因为在我国漫长的历史过程中,曾不得不为那样多的危难付出重大的牺牲!我们应该认清,祖国的利益永远是至高无上的法律。在严酷的世界和艰难的时局给它所造成的形势下,一切,是的,一切都应该服从效忠祖国的义务!

> 为了医治遍体鳞伤的法兰西,我们应该团结如手足,如手足!这就是说,不作无谓的争执,迈着同样的步伐,唱着同样的歌曲,在同一条道路上携手前进!

当这些烈士到安葬他们的高地去永远警卫首都以前在这里停下来之时，当在我们旗帜下生活于我们领土的各个角落和海外各处的男女同胞们回忆我们的光荣和败绩之时，我们要抬起头来，把重新团结起来的伟大人民的视线和胸襟面向未来。

法兰西万岁！

戴高乐的讲话在人群中引起了强烈的反响。当他讲到"迈着同样的步伐，唱着同样的歌曲，在同一条道路上携手前进"时，广场上爆发了热烈的掌声！人们情不自禁地欢呼起来！他们高呼着"戴高乐万岁"、"法兰西万岁"，向戴高乐致意。但站在他身边的政府官员却显得不大自然，他们似乎对戴高乐日益高涨的声誉感到不满。戴高乐注意到了法兰西人民的反应，也注意到了那些政府官员的反应。他深深地感到：自己确实应该辞职了。

三

平静地辞去总理之职

就在戴高乐打算辞职之时，国民制宪议会却突然宣布，推选戴高乐为法兰西共和国政府总理，并且宣布"夏尔·戴高乐确实有功于祖国"。这让戴高乐有些喜出望外！他不知道的是，这样的结果是因为各党派根本找不出足以和戴高乐的声誉相抗衡的政治人物，不得已才作出的决定。

戴高乐当选为法兰西共和国政府总理的当天，业已从英国首相的位子上退下来的丘吉尔路过巴黎。戴高乐热情地接待了他。战争时期，这位首相几乎是每一个英国人的偶像，但战争一结束，他的人民就用选票把他拉下了首相的位子。这让他的心情很低落。不久前，他曾借用普鲁塔克的话，在给一本书题词时写道："对伟大人物不敬是强大的民族的特点！"

丘吉尔得知戴高乐当选总理以后，给他写了一封文雅的贺信，还兴致勃勃地对戴高乐说："普鲁塔克说谎了！"

戴高乐苦笑了一下。他的心里非常清楚，这次选举结果不过是对他从前的活动表示的敬意，而不是对他未来的政治之路有信心。一切正如戴高乐预料的那样。当他于11月15日着手组织政府时，果然遇到了不少麻烦。各党派为了各自的利益，都在疯狂地争夺部长的席位。经过多次协商，各党派终于在11月21日达成了这样的协议：4个部长由共产党的代表担任，4个部长由社会党人担任，4个部长由人民共和党人担任，2个部长由民主社会抵抗联盟的代表担任，1个部长由激进社会党人担任，2个部长由无党派人士担任。此外，还有4个国务部长负责全面的工作，他们是社会党的奥里约，人民共和党的盖伊，温和派人士雅基诺和共产党的多列士。

就这样，法兰西民族解放委员会作为临时政府的使命结束了，法国迎来了战后的第一个共和政府。作为战后第一个共和政府的第一任总理，戴高乐肩上的压力非常大。为了让新政府尽快运转起来，戴高乐于11月23日在国民制宪会议上讲了一次话。在讲话中，他着重说明了法兰西面临的种种困难，并指出必须尽快采取措施，才能保证"行政机关有职、有权和稳定"！这一次，人民代表机关又一次一致批准了他的主张。

12月，戴高乐又促使政府通过了把法兰西银行和4个信贷企业收归国有并建立属于财政部的全国信贷委员会的法令，并使议会批准了这个法令。不久，他又促使议会批准了一项国有化的法令，其中规定了把电力和煤气的生产和分配交给国家管理的办法。

12月15日，戴高乐还满意地看到国立行政学院建立起来了。这是一个使国家主要工作人员能够得到录用与培养的主要机关。但就在这座学院诞生的时候，公务人员的总罢工严重地威胁了政府的团结和戴高乐的个人威信。由于战后的经济危机和普利文采取的膨胀政策，靠工资生活的国家机关工作人员的生活水平受到了严重的影响。他们薪金提高的速度远远赶不上物价上涨的速度！

在这种情况下，公务人员纷纷组织了起来，举行总罢工，向政府提出了他们的诉求。戴高乐很同情他们，但要满足他们的要求，国家的预算和币制就有崩溃的危险。一旦出现这种情况的话，对战后重建和经济恢复肯定会产生负面影响，法兰西的复兴也势必会受阻！为了祖国和民族，戴高乐依靠自己的威信，向公务人员们作了耐心的解释。在共产党的配合下，戴高乐最终平息了这场风波。

公务人员总罢工刚刚平息，戴高乐又遇到了另外一项挑战。随着1945年临近尾声，共和政府制定的1946年度财政预算也进入了讨论阶段。在制定预算之时，各党派就争吵不断，直到1946年1月1日表决之时，争吵之声才渐

戴高乐驱车视察

渐平息。但在讨论即将结束之时，社会党人却又突然要求把国防经费减少20%。

任何人都清楚，在战争刚刚结束，纳粹流毒尚未完全肃清之际削减军费是十分危险的。戴高乐宣称："这是选举前的蛊惑宣传和对我的敌视。"

当天晚上，戴高乐深入地研究了各党派的态度和力量，觉得事情已经十分明显，他们为了恢复和发展自己的力量，再一次玩起了往日的政治把戏。在这样的一个政府里，生性刚强、不善妥协的戴高乐是无法坚持下去的。他感到，现在已经到了处理他个人下野问题的时候了。

戴高乐在议会作了两次简短的发言，指出有些代表对他施加压力，为了某个党派的阴谋而轻率地要求削减国防经费，这是愚蠢的行为。他说："我和你们之间的分歧，在于双方对政府和政府与人民代表机关的关系的根本观点不一致。我们已经开始了共和国的复兴工作。我离开以后，你们将继续这样做。毫无疑问，这是我在这个会议室里最后一次讲话了。我必须开诚布公地告诉你们，如果你们在做这项工作时，不理解我们近50年的政治史，如果你们不考虑政府的权力、尊严和责任是绝对必要的，那么，我可以预言，你们这样下去，迟早会有一天要对自己所选择的道路后悔莫及。"

那些职业政客们几乎没有将戴高乐的讲话当回事，一个个心不在焉地听着，仿佛戴高乐所说的和他们一点关系也没有。尽管如此，但在表决时，议员们仍然几乎以全票通过了1946年的预算。

这就更加证实了戴高乐的想法，社会党人主张削减军费完全是在玩政治阴谋。他们并不是真的主张这样做，因为他们也知道这样做会给法兰西带来什么样的风险。伤心欲绝的戴高乐坚定了下野的决心。现在唯一有待戴高乐决定的问题便是选定退职的确切日期了。1946年年初，他来到了地中海滨的昂提布，在那里静静地思考了一周。最终，他决定不声不响地离开，不攻击任何人，也不接受任何公职和私人职务。

1月14日，戴高乐返回巴黎，用了一周的时间处理积压下来的政令和法令。同时，他将几个部长召集到办公室，告诉他们，他马上要辞职了。1月19日，他请各位部长第二天到圣多明克路来。除了奥里约和皮杜尔当时在伦敦、苏斯戴尔回加蓬去了以外，所有的部长都在1月20日上午齐集在"盔甲大厅"。他走进去,同大家握了手,没等大家坐下来,就宣读了事先准备好的声明:"排他性的党派制度又要卷土重来了。我是不赞成这个的。但是,除非用武力建立一个我所不能同意的、无疑也不会有好结果的独裁政权,我无法制止这种尝试。因此,我必须告退。今天,我就要向国民议会议长递交政府辞职书。我衷心感谢诸位所给予我的帮助,并请求你们在继任人到职之前,各守岗位,以保证工作的顺利进行。"

尽管戴高乐在此之前已经透露了他要辞职的想法,但他的离去仍然让大部分部长感到惊讶!大厅里安静极了,没有一个人说话。他们静静地注视着戴高乐,目送他离开了"盔甲大厅"。戴高乐刚刚离开,大厅里就炸开了锅。部长们议论纷纷,表达了他们各自的看法和感想。有人说:"这样的辞职方式确实伟大!"

有人说:"这种辞职方式的确是严重的!但是,坏事可以变为好事。将军的成见已经压得国民制宪会议喘不过气来。现在,议会可以自由发表意见了。"

戴高乐的助手普利文则以痛苦而不安的语调说:"这就是你们各党派搞出来的结果!"

有两位部长议论说:"我们要继戴高乐担负起重大的责任,我们党要尽力做到胜任愉快。"

另外一部长马上大声喊道:"算了吧!将军在的时候你们做不到,将来没有他,你们又怎么能做到呢?"

戴高乐在1月20日递交给国民制宪议会议长的信中避开了一切有争论的问题,非常平和地陈述了他辞职的理由,以及他在任期间带领法国人民取得的成就。他的信全文如下:

> 议长先生:
>   谨请您通知国民制宪议会:我辞去共和国总理的职务。
>   从我负责领导全国同胞争取解放、胜利和主权之日起,我一直认为一旦全国性的议会机构组成、各政党能够担负起自己的责任,我的任务就应当结束。
>   我之所以在1945年11月13日以后又接受委托领导政府,

是为了满足国民制宪议会对我的一致邀请，以及很好地完成一个必要的过渡。这个过渡今天已经完成了。

艰苦的考验已经过去，法国已经不再处于令人忧虑的状态。当然还有不少痛苦折磨着法国人民，还有一些严重的问题有待解决。但是，法国人的生活本身基本上得到了保证，经济活动正在恢复，我们的领土已经掌握在自己手里，我们在印度支那又站立起来了，社会的安宁不受骚扰了！在国际上，虽然还存在着一些令人不安的事情，但是我们的独立已坚如磐石，我们控制了莱茵河，我们在国际组织中占有头等地位，今春还要在巴黎举行第一次和平会议。

当我辞职之际，谨表示我诚恳的愿望：祝我曾经有幸领导过的政府，在尚待完成的确保国家命运的任务中获得成功。

议长先生，请接受我崇高的敬意。

夏尔·戴高乐
1946年1月20日

四

向政府和宪法发起攻击

戴高乐辞职之后,各党派的职业政客们都担心他会通过广播发表讲话,激起人民对各党派的愤慨。社会党的国务部长奥里约匆忙结束对伦敦的访问,回到了巴黎。1月20日下午,奥里约在给戴高乐的信中说:"如果你有这个意图,这将会使国家分裂,使民主的敌人得利和称心。"

看完奥里约的信,戴高乐一句话也没有说,只是将信默默地收了起来。他已经下定了决心,默默地离开,绝不会火上浇油。因为他确信,法国人民迟早会"大声疾呼地要他回来"。

辞去总理的职务之后,戴高乐带着家人住到了科隆贝的一座旧房子里。科隆贝的地势很高,也很安静。他每天都会花大量的时间来照顾患病的女儿安娜,希望她能感受到温暖的父爱。他陪妻子伊冯娜的时间也比以前明显增多了。原本气氛十分沉闷的家逐渐开始出现笑声了。

除此之外,戴高乐大部分时间都会呆在角落的一个房间里,从窗口眺望着远山、河流和原始森林。他想

戴高乐和家人在科隆贝

了很多事情,其中既有对过去的检讨,也有对未来的展望。法兰西大地上所发生的一切都让他忧心忡忡。戴高乐离开之后,议会里"抢座位的游戏"又兴起了。政客们玩得不亦乐乎,似乎在向人们宣布:第四共和国跟第三共和国是多么相似啊!

民主人民共和党领袖乔治·皮杜尔对此深为不满,他公开宣称:"一个伟大的人不受欢迎,几个庸才倒很得意。"

1946年1月24日,把持议会的几个大党达成了协议,定下了游戏规则。政客们许下诺言说,今后不再热中于进行攻击性或侮辱性的争论了。他们保证"要在政府、议会、报刊和全国发扬忠诚团结的精神,来对待共同通过的决议"。

在国民议会里,社会党领袖费利克斯·古安是大家信得过的人物。他赢得了550张选票中的497票,顺利当选为总理。只有3个议员凄惨地投了离任的戴高乐的票。古安的日子也并不好过,因为政客们很快就忘记了他们许下的诺言,又开始了"攻击性或侮辱性"的争论。对议会里发生的一切,戴高乐似乎只是一个旁观者。他虽然密切地注视议会的一举一动,但对任何事件都不发表看法。

卸任之后,戴高乐一家的生活十分窘迫。作为一个准将应得的养老金是他唯一的收入。全家人就靠那一点可怜的养老金生活。4月,新任总理费利克斯·古安曾指示国防部长草拟一项法令,把戴高乐的军衔提到国家所能授予的最高一级。戴高乐拒绝了古安的好意。这位要强的人物无论如何也不能接受一个比他次要的人物的提拔!更何况,这种提拔既不合时宜,也不是因为他作战有功。

在回绝古安好意的信件中,戴高乐说:"兹复来函……自从1940年6月18日我打破常规走上一条相当独特的道路以来,事态已经发展到了如今的程度,以致人们很难对一个史无前例的地位作出合法的规定。况且,在5年7个月零3天的英勇斗争岁月中,显然没有人曾想到需要作出任何改变,今天想要采取一项行政措施加以解决,会令人感到奇怪,甚至可笑!正确的办法是维持现状。如有困难,到时候死神会来解决的。"

戴高乐还把美国总统杜鲁门赠送给他的一架DC型飞机交给了空军,并把他自己的一部美国大型轿车卖给了一个叫弗洛雷尔的艺术家。伊冯娜已经学会了驾驶汽车，也考取了驾照。通常，她会像法国大部分家庭妇女一样，驾驶一辆普通的法国小轿车在村里或到临近的城镇购买食物。因为手头拮据，戴高乐家饮食常常非常简单。平时吃饭，甚至在招待极熟的朋友时，餐桌上不会出现酒，因为那要留着招待重要的客人。

科隆贝漫长的冬天和政治上的失意让戴高乐的心境变得十分烦闷。在《回忆录》中，他引用一首诗歌抒发了自己沉郁的心情。他写道："在冬天，它向我呻吟：'你看我这荒凉严寒的样子，我所钟爱的植物、牲畜和飞鸟，有多少因为我不能哺育和温暖它们而死在我的怀里！难道说命运已经注定了吗？死亡永远得胜了吗？不是的！在我这无力的地面底下，已经在隐隐约约地积聚着一种力量。我虽然在黑暗里静眠不动，却已预感到光明和生命复始的美妙前景！'"

5月5日，古安政府制定的宪法提案在全民表决中遭到了否决。法国选民以1050万票对950万票否决了该宪法提案。在法国历史上，提案被直接提请国民公断而遭到否决，这还是破天荒的第一次！

戴高乐隐隐感到，他复出的时机到了。为了做好充分的准备，他一边不慌不忙地准备着演说稿，一边等待最佳时机。6月16日，贝叶城的人们正在举行盛大的纪念活动！因为戴高乐在诺曼底战役打响后，重返法国领土是从那里开始的。戴高乐赶赴贝叶，在那里向政府和被否决的宪法开了火。他朗声向欢呼的人群说道：

> 我们遭到破坏的光荣的诺曼底、贝叶及其郊区目睹了历史上的一个最伟大的事件。我们确认，它们是这个事件的当之无愧的见证人。在这里，法国和盟国经过最初的失败4年之后，开始走上了最后胜利的第一步。在这里，那些从未屈服的人，那些从1940年6月18日以后团结了全国人的意志和重新组织了法国力量的人，从这个事件中证明了自己的努力是完全正确的。
>
> 同时，也是在这里，政府又在我们祖先的土地上出现了！这个政府是合法的，因为它是以全民的利益和意志为基础的；当屈从政策使政府空有其名的时候，拥有实际主权的政府已转到战争、自由和胜利方面来；这个政府在贫困交加和阴谋交替

中维护了它的权力、尊严和威信；这个政府防止了外国的干涉；这个政府能够在它的周围恢复全国统一和帝国统一，团结祖国和法兰西联邦的一切力量，与盟国一道取得了最后胜利，与世界其他国家平等相处，维持公共秩序，实行公正的裁判，开始国家的复兴工作……

首先，从民族内部自发地涌现出了一朵民族之花，他毫无党派和阶级的偏见，献身于为法国的解放、伟大和革新而进行的战斗。他有崇高的道义感，有一种牺牲和带头的觉悟，有冒险和敢于冒险的热情，不怕骚乱、威胁和阴谋，对自己在巨大的变故中表现的力量和机智以及对祖国的胜利和前途同样具有信心——这就是他的心理状态。他一无所有，必须不顾各种重大损失而带动整个帝国和整个法兰西。但是，他要是没有广大法国群众的支持，就会一事无成。……确实，政权只有符合国家的最高利益，并且以公民的信任为后盾，才能在实际上和法律上有效。政府如果建立在其他的基础上，就等于建筑在沙滩上面，一遇危机，就有坍塌的危险……

在不到两个世纪的时间里，法国遇到了7次侵略，变更过13次政体。党派之争不适应我们面临的危险局势。由于政党制度的无能，民主一直在受到独裁的威胁……

只想到这种情景，就可以明白，用新的民主制度来抵销我们的那种无穷的政治狂热影响是多么重要。而且，对我们来说，这也是一个生死存亡的问题。因为在当前的世界和时代，我们国家和法兰西联邦的地位、独立直到生存，都完全处于风雨飘摇之中。当然，民主的实质就是表达各方面的意见，尽力通过选举按照选民的意见确定国家的行动和立法方向。但是，一切原则和一切经验都要求立法权、行政权和司法权明确分立和彼此十分均衡，并建立一个处理偶然政治事件的全国决策机关，以便在发生混乱的时候保持政权稳定……

在贝叶讲话中，戴高乐阐述了他对政权建设的意见。他认为，选举出来的议会当然有权通过法律和预算，但它考虑问题是有限的。因此必须有第二个议会。它是根据各种不同的原则选举出来的,它代表各地、各行各业和各个家庭的利益以及法国的海外领地。第二个议会应该有修正权,并与海外领地选出来的地方议会组成法兰西联邦大议会。

接下来,戴高乐又说,行政权不能由议会产生,因为那样会把政府降低到一个"代表团组成的大杂烩"。临时政府曾经是这样,但这种作法之所以正确是因为处在非常时期和权力机构陷于真空状态。国家元首应超越于政党之上,应由一个不仅包括议会成员而且有更广泛人士组成的选举团选举产生。

很显然,戴高乐要表达这样一种思想:他应该是法兰西联邦的总统,又是共和国的总统,尤其重要的是,他必须有责任挑选总理和各部部长,并负责主持内阁会议,裁决争端以及把最难处理的问题提交法国选民。一旦国家处于危急关头,国家元首应该成为民族独立和履行法国所签条约的保证者。

戴高乐这次贝叶讲话极为重要。尽管它没有产生直接效果,但它却精确地预示了12年以后颁布的第五共和国宪法。

·第十一章·

奋斗不息的晚年岁月

一

保持沉默的几年时间

戴高乐在贝叶城的讲话给了乔治·皮杜尔极大的震动。乔治·皮杜尔是人民共和党的领袖，也曾经是戴高乐的得力助手。人民共和党是抵抗运动的一些派别联合组建的。从深层来看，戴高乐是该党名副其实的创建人。令人诧异的是，在戴高乐执政期间，人民共和党领袖皮杜尔并不轻松，直到戴高乐下野，他才松了一口气！

和戴高乐一样，人民共和党也是反对宪法的。但皮杜尔和大部分职业政客一样，反对宪法只是为了现实的政治利益。在5月5日的公决中，皮杜尔利用人民对宪法的反感，巧妙地攫取了法兰西人民的信任，并在实际上控制了人民共和党。不过，他的名望还不足使他完全摆脱戴高乐

戴高乐在贝叶城受到民众的热烈欢迎

的扶持。戴高乐离开贝叶城后，皮杜尔立即派了两名工作人员到科隆贝去说明由人民共和党提出的新宪法草案。

戴高乐对皮杜尔的政治伎俩十分反感，因此对他派来的两名工作人员也很冷淡。他只是冷冷地对他们说："你们的宪法同5月5日的草案就像是一对双生姐妹。"

与此同时，一如既往地支持戴高乐的人们对人民共和党发起了反击。他们认为皮杜尔的行为简直就是背信弃义！戴派左翼分子勒内·加比唐为了捍卫贝叶演说精神，建立了一个戴高乐主义联盟。这个富有浪漫主义气息的联盟虽然在群众运动中起到了很大的作用，但并没有说清楚法兰西面临的实质困难。戴高乐本人虽然也经常不厌其烦地阐述问题，但完全与他的听众们的当前利益无关，或超出他们的理解范围之外。因此，这一运动很快就沉寂下去了。

在这以后，戴高乐将军对自己发起的这个运动逐渐失去了兴趣。第四共和国的政客们依然把持着法兰西的命运，卑鄙的政治游戏依然在内阁中大行其道。戴高乐渐渐将注意力转移到了生活和社会活动方面。他重读了少年时代读过的柏格森的著作和他敬佩的夏多布里昂的作品。圣西门、佩居伊、巴雷斯和拉罗什·富科、俾斯麦等欧洲知名人士的作品也使他着迷。他还一口气读完了美国作家海明威的《老人与海》。这位坚强的老人很自然地把自己比作小说中的那位老人。

戴高乐还在夫人伊冯娜的帮助下开始撰写回忆录。写作一开始，戴高乐夫妇就决定将回忆录所得稿费的大部分用来建立"安娜·戴高乐基金"。安娜的健康情况已经开始恶化，戴高乐想帮助那些和安娜同样不幸的孩子摆脱痛苦。因此，他辞职不久之后就在科隆贝设立了该基金，并建立了一座残疾儿童保育院。

残疾儿童保育院设在他们家附近一座占地15公顷的城堡里。那里风景秀丽，绿树成荫，对残疾儿童的恢复很有帮助。非常不幸的是，安娜在两年后死于肺炎！安葬仪式结束后，戴高乐夫妇含着热泪，站在女儿的墓前久久不愿离去，好像还有许多话要对孩子倾诉。天已经黑了，戴高乐才对妻子说："现在她终于和别人一样了。"

安娜去世之后，戴高乐索性把"安娜·戴高乐基金会"的办公地址搬到了自己的家中，继续倾尽全力来帮助那些和安娜同样不幸的孩子。

基金会巨大的开销几乎使戴高乐倾家荡产！到1951年，他已不得不将房产抵押出去来维持自己一家人的生活和基金会的正常运转。

乔治·蓬皮杜获知戴高乐的困境之后，立即利用职务之便为他弄了一笔贷款。乔治·蓬皮杜是法国师范大学的毕业生，1944进入戴高乐的临时政府秘书处工作。戴高乐辞职之后，他便成了将军的得力助手，领导了将军的私人秘书处，并充当了他的财政事务代理人。在社会上，他的公开职务是罗特希尔特银行总经理。因此，他轻而易举地就帮助戴高乐将军弄了一笔贷款。戴高乐才得以渡过经济难关，安下心来写他的回忆录。直到回忆录陆续出版之后，滚滚而来的稿费收入才使得戴高乐摆脱了经济上的窘迫。

在埋头写作的几年当中，尽管戴高乐依然时常出现在巴黎，并发表一些对第四共和国的批评，但公众对他的关注度仍然在急剧下降。到1957年底，夏尔·戴高乐事实上已成为了一个被人忘却的人。人们只是把他作为历史上一个传奇人物记在心里，作为一个当代作家称道几句；除了极少数人之外，再没有人认真地把他看作是可以拯救法国的人了。

但世界和法兰西局势的发展又把戴高乐推上了政治舞台。第二次世界大战结束之后，英、法等国的殖民地纷纷发起了反帝、反殖运动，谋求民族和国家的独立。法国最重要的殖民地印度支那、阿尔及利亚等国均举起了武装反抗的大旗。为了继续统治和压榨殖民地的各国人民，法国政府立即派军前往镇压！结果，法军于1954年5月7日在奠边府战役中惨败，被迫于同年7月签订了《印度支那停战协定》，承认越南的独立地位。印度支那各国的独立沉重地打击了法兰西帝国的殖民体系。

战争不仅给法兰西套上了沉重的枷锁，也引发了内乱。本来就混乱不堪的法国政局变得更加混乱了。戴派人物乘机活动，希望促使戴高乐重新上台。米歇尔·德勃雷、雅克·苏斯戴尔和沙邦·戴尔马是最活跃的几个人。参议员德勃雷曾在戴高乐的临时政府里担任过共和国的委员，他从未向第四共和国让过步。这位犹太裔律师在内阁历次危机中，都坚决要求戴高乐出来执政。在《统治我们的王子王孙》一书中，他对政客们进行了毫不留情的抨击。他坚信，唯有戴高乐出来执政，法兰西帝国才能保住阿尔及利亚等地。为了宣传这一政治主张，他甚至创办了一个人气十足的期刊——《愤怒的来鸿》！

阿尔及利亚总督苏斯戴尔曾向旧体制妥协过，但其政见与时任法兰西总理的费利克斯·加亚尔格格不入。这位法属阿尔及利亚的"热情保卫者"在努力寻求理想的"一体化"的解决方案，即各民族的完全平等，包括在法国议会中实行比例代表制。1958 年 4 月 15 日，苏斯戴尔发表了措词严厉但又充满激情的演讲，导致了费利克斯·加亚尔政府的倒台，从而造成了第四共和国又一次的内阁危机。

沙邦·戴尔马是加亚尔政府的国防部长。他在阿尔及尔有一个亲信，名叫莱昂·德尔贝克。德尔贝克富有组织才能，他很快建立了一个情报网，并开展了为戴高乐重新上台作准备的宣传工作。从 1957 年 12 月到 1958 年 5 月，德尔贝克往返于巴黎与阿尔及尔之间达 27 次之多。有一次，他还亲自拜访了戴高乐将军，并向他保证无论在阿尔及利亚还是在法国本土，无论在穆斯林、移民还是在军队中，公众普遍赞成将军再度出山。

与此同时，法国的极右分子也加紧活动，企图浑水摸鱼。虽然他们不如戴派人物实力强劲，但也足以使巴黎的政客们惶恐不安的了！不切实际而又爱搞阴谋的极右分子在维希分子暗中支持下，主张建立一个基督教和劳资协会主义的国家。他们认为，戴高乐重新上台势必会给法国带来新的灾难。不过，他们同时确信，已经退出政界多年的戴高乐是不会重登政坛的，即使别人要他出山，他也不会干的。因此，他们认为，一旦推翻第四共和国，他们便可以实现自己的目的了。

有意思的是，社会上已经吵得熙熙攘攘了，但戴高乐却始终没有站出来说话。在危机之中，包括政客在内的法国人都盼望着戴高乐能够出面说点什么。有的人希望听到他宣称自己并无政治要求，好把心放下来，比如极右分子；另一些人则希望他宣布准备接管政权，从而给第四共和国致命一击，比如戴派分子。

二
在危难之际重返政坛

戴高乐虽然什么都不说，但他早已成竹在胸了。他知道，法国人民迟早会把政权交到他手上的，因为除他之外再也没有人能够挽救法兰西了。费利克斯·加亚尔内阁倒台之后，戴高乐就对当时的形势作了分析。时任法国总统科蒂实际上已经失去了权威，无法掌控第四共和国的走向了。他手下可以代替加亚尔组阁的只有两个人，一个是戴高乐曾经的主要助手、议会协商老手普利文，另一个是人民共和党的领导人皮埃尔·弗林姆兰。

为了填补空缺，稳定政局，科蒂总统于1958年5月8日指令普利文组阁。但普利文内阁尚未组建起来，就遭到激进党人的反对，而以失败告终了。科蒂总统只好把最后的希望放在了弗林姆兰身上。为了稳住激进党人，科蒂总统在召见弗林姆兰之前先召见了3位激进党领导人。然后，总统才在爱丽舍宫华丽的办公室里召见了弗林姆兰。科蒂总统盯着弗林姆兰的眼睛，半晌才缓缓说道："你是我最后的一张牌了。要是你也搞不成，那么唯一的出路是：请戴高乐出来。"

5月13日，选举结果出来了。弗林姆兰以274票赞成、120票反对和137票弃权而当选总理。仅仅半个小时后，极右分子、阿尔及尔的陆军将领马絮将军就宣布成立公共安全委员会，由他担任主席。次日，右翼分子在巴黎发起了声势浩大的游行示威，在爱丽舍宫广场前高呼："让马絮掌权！让马絮掌权！"左翼分子对马絮将军发起的政变十分不满，也纷纷走上街头，高呼："绞死马絮！绞死马絮！"

法国的政局更加混乱了！然而，戴高乐却在这时结束了每周一次的巴黎之行，回到了科隆贝。客厅里的电话一直响个不停，来电者大多都要求戴高乐采取行动或至少说点什么。戴高乐没有给出肯定的回答，直到深夜之时，他依然坐在客厅里静静地收听广播。十分显然，他在思考如何应对法兰西当前的局势。

5月15日，戴高乐终于行动了起来。他决定先发表一个简短的声明。当天下午，300名新闻记者摩肩接踵，挤满了戴派总部。下午5点，记者们把戴高乐发表的声明迅速传播到了全世界。戴高乐声明如下：

> 国家的衰微不可避免地为已经联合起来的民族造成隔阂，为正在作战的部队造成不安，并已带来全国混乱，独立沦丧等等后果。12年来，法国面临种种问题，非政党体制所能解决，国家一直处在这种灾难状态中。
>
> 上一次，国家在危急存亡的关头曾赋我以重托，领导全国救亡图存的运动。今天，当国家再次面临考验时，它一定知道我已经做好了接管共和国权力的准备。

戴高乐的声明引起了广泛的注意，政客们、将军们以及普通公民都已深信，戴高乐准备出山。除了政客们之外，几乎所有的人都希望他立即采取相应的行动，打垮第四共和国。

5月19日，戴高乐在巴黎的一家旅馆举行了记者招待会。会议正式开始之前，旅馆门前就聚拢了1200多名记者，其中包括30名摄影师和100多名摄影记者。戴高乐刚刚出现，现场的闪光灯就开始闪烁起来。戴高乐并没有说冗长的开场白，他只是谦虚地说，他认为自己可能有用，因为政党制度已经失灵了，而他孑然一身，不属于任何党派，但属于人民。接着，他回答了记者提出的各种各样的问题。

有人问道："你所说的共和国的权力是指什么？"

戴高乐模棱两可地答道："这些权力只能是共和国授予的权力。"

随后，他追忆了他曾经如何拯救了共和国，并列举了他曾建议进行的种种改革。

一个记者问他，对于社会党领袖居伊·摩勒在议会提出的"组阁必须依宪法程序"有何看法。

戴高乐敏锐地感到他需要社会党的支持，于是他说："我首先告诉你，我非常尊重居伊·摩勒。至于你提出的这个问题，我已回答是：如果戴高乐在非常时期被授予非常的权力，以执行一项非常任务，那么显然不能按照老一套规矩办事，那一套现在大家都受够了。"

有记者问道："你有没有想到，就在你发出呼吁的时刻，法兰西阿尔及利亚的战争正面临失败？你一直在给煽动分子打气。你的记者招待会将会使他们增添力量。"

戴高乐故意含糊其词地答道："责任问题可以到以后再追究。眼下有这么一个事实：对被称为'煽动分子'的一些领导人，政府当局并没有进行任何制裁，反而授予他们全权，而我，目前并不代表政府当局，你们有什么理由要我称他们为煽动分子呢？"

记者又问："如果你重新上台的话，你是否会侵犯公众的自由？"

戴高乐反问道："我做过这样的事吗？恰恰相反，当公众丧失自由时，是我使他们恢复了自由，我今年67岁了，到了这样年纪才开始独裁者的生涯，这话可信吗？"

记者招待会过后，法国度过了令人紧张得喘不过气来的一个星期。政府各部的部长们不敢住在家里，纷纷跑到朋友家里去过夜。弗林姆兰的假日别墅已被塑料炸弹炸坏，他一连好几天都呆在办公室里，靠服用大量药片来缓解自己紧绷的神经。戴高乐仍然躲在科隆贝注视着事态的发展。政客们是不甘心拱手交出手中的权利的，他们似乎还想和戴高乐斗一斗。

5月底，科西嘉岛爆发了武装起义，法国本土的局势也十分紧张。5月26日，内政部向内阁提出报告："科西嘉岛的叛乱行动有可能于5月27日至28日的夜间在法国本土重演，首先在各省，然后在巴黎会发生叛乱。"

第四共和国再也无法控制国内的局势了，戴高乐重掌政权的时机已经来临。5月27日中午12点30分，戴高乐发表声明说：

> 我已于昨天开始采取必要的正常步骤，来建立一个能够确保国家统一和独立的共和政府。我决定今后继续采取这种步骤，并相信国家将以它的平静和尊严来表示它希望这种步骤取得成功。
>
> 在这种情况下，无论来自哪一方面危及公共秩序的行动，

都会产生严重的后果。即使我理解人们采取这种行动时的处境，我也不能表示赞同。

我希望驻在阿尔及利亚的陆海空三军做遵守纪律的模范，听从他们的司令官萨朗将军、奥布瓦诺海军上将和儒奥将军的指挥。我向这些领导人保证，我信任他们，并愿与他们取得联系。

弗林姆兰看到声明的全文时，几乎不敢相信自己的眼睛，当他还没有回过味时，他的政府已经垮台了。在科蒂总统的要求下，戴高乐于5月28日晚上在圣云街会见了国民议会主席安德烈·勒特罗克埃和共和国议会主席加斯东·莫内维尔。勒特罗克埃也是社会党领导人，他怀着强烈的敌意，坚决反对戴高乐当总统候选人。然而，莫内维尔支持戴高乐，并尽力向戴高乐说明他合法地重新上台的起码条件。

6月1日，戴高乐按照国民议会主席莫内维尔的建议，向议会宣读了例行声明，宣布他将参加总统选举。他用简短的几句话描绘了国家的衰微和危机。他请求议会给予信任并批准他为修改宪法所提出的建议，这个修改将提交全民表决。他声称，一旦议会投了票，就将休会，一直到规定的下一次一般性会议为止。结果，议会以329票赞成，224票反对，32票弃权通过了戴高乐的声明。第二天，他又没费多少口舌就使议会投票通过了3项议案：重新授于政府在阿尔及利亚的特权；授予新政府6个月的特权，授予新政府修改宪法和对宪法进行全民表决的权力。就这样，戴高乐在1958年6月又重新登上了法国的政坛。

戴高乐出山之后，立即在米歇尔·德勃雷的协助下，开始进行政治改革。当时，戴高乐面临的局势不容乐观。一方面，反对派们不甘心失败，都在卯足了劲跟他作对；另一方面，不得人心的殖民政策依然困扰着法国。

戴高乐的政治改革基本上都是围绕着如何巩固他的政权和稳定法国政局而进行的。前一个问题是通过巩固和充实新宪法下的政治制度来实现的，后者则麻烦得多。目光敏锐的戴高乐已经意识到，殖民体系已经遭到了世界各国人民的一致反对，当前解决阿尔及利亚问题的唯一办法只有"完成非殖民化进程"。

不过，戴高乐也很清楚，法国人是不会轻易放弃对殖民地的统治的。无论是政界还是军界，都在顽固地坚持和维护帝国主义的殖民政策。因此，他上台之后并没有停止对阿尔及利亚反殖斗争的镇压。相反，在第五共和国期间，阿尔及利亚战争延续的时间比在上届政府垮台前还要长。戴高乐力图循序渐进地引导法国民众舆论支持"自决权"，转而支持"阿尔及利亚人的阿尔及利亚"，进而支持"阿尔及利亚共和国"，最后承认阿尔及利亚独立。为了试探民意，并为解决殖民地问题开拓一条新路径，戴高乐于6月份分别与摩洛哥、突尼斯签订了条约，把法军从这两个领地撤走了。

9月4日，戴高乐在共和国广场的讲演中抛出了宪法草案，并呼吁批准它。9月28日，该宪法草案在全民表决中以本土80%和海外95%的多数票获得了通过。接着，议会又选举戴高乐为法国新总统。这是戴高乐自赢得公民投票以后，所取得的又一重大胜利。

但是阿尔及利亚问题仍然没有得到解决，它随时都可能危及戴高乐精心制定的一切计划。1958年底和1959年初，他仍然希望通过调停和平解决阿尔及利亚问题。戴高乐的战略是朝着全体阿尔及利亚人自决的方向前进。1962年7月1日，戴高乐通过全民投票，终于使阿尔及利亚获得了独立。随后，戴高乐亲自规定，每一个领地都可以自行决定，或

1959年1月8日戴高乐就任法国总统

是保持现状，作为部分自治的国家加入共同体，或是与法国合并，作为法国的一个海外省份，甚至完全退出法国共同体自行独立。

戴高乐的这一政策获得了第三世界广大国家的支持，也为法兰西树立了良好的国际形象。但他的政策在国内却引起了军政两界殖民势力的强烈反对。在他们眼中，戴高乐是恶魔，是反基督的，是卖国贼。从1961年9月至1962年8月，曾发生了多起叛乱和谋杀戴高乐的事件。1962年8月22日，戴高乐乘车前往库布莱镇军用机场，一伙人突然从路旁的一辆黄色旅行汽车里向戴高乐乘坐的汽车开火。司机加速前进，但前行了约100米，另一伙人又从停在一条横街上的一部蓝色汽车里向戴高乐的汽车开枪。两伙人向戴高乐的汽车共射出了约150发子弹，其中14发击中了戴高乐那辆特制的、坚固的雪铁龙牌汽车。有一颗子弹击破了后窗，在离戴高乐头部几厘米的地方掠过。另外两颗击中了防弹车轮胎，但没有打穿。戴高乐在回忆录中写道："侥幸得令人难以置信，我们谁也没有中弹，那就让戴高乐继续走自己的道路，履行自己的职责吧！"

三

卸任法兰西总统之职

当上法兰西的总统之后，戴高乐开始推行"反美抗英"的外交政策。他这样做的主要目的在于打破美国在西方联盟中的霸权地位。有人说，戴高乐反美、抗英，愿与俄国打交道的对外政策，可以追溯到他对雅尔塔会议的一肚子牢骚，以及他与罗斯福和丘吉尔交往中的积怨。实际上，戴高乐推行这种外交政策，最主要的原因应该是重塑法兰西在世界舞台上的大国形象。他在这方面也取得了相当不错的成绩。

与争取大国地位的外交成就相比，戴高乐在经济方面并没有取得惊人的进步。物价飞涨，法郎贬值，法国经济生活的基础受到全面的考验。与此同时，社会局势也一年比一年紧张。1968年5月，学生和工人们终于忍无可忍，纷纷走上街头，开始了罢课、罢工运动。为了克服危机，重新恢复经济活力，戴高乐决心在教育，劳资关系、经济结构、分配制度等方面进行一场"深刻革命"，并着手制订计划，准备交给议会和各政党进行讨论。

然而，他已经太老了，身体状况也大不如从前了。人们对他已经不再抱有多大的希望，大多人都希望他1972年任期满后，不要再继续执政了。然而，这位倔强的老人却想再次利用人们对他的爱戴来实现自己的政治目的。1969年春，戴高乐宣布，他是否继续任职要

戴高乐和时任法国国防部部长的梅斯梅尔（右）视察军队的防务

取决于全民对他改革计划表决的结果。戴高乐宣称，如果失败了，他就退休，就像他已说过的那样。

戴高乐很清楚，他这次很可能会败下阵来。4月20日，戴高乐在爱丽舍宫小礼拜堂参加了由他的侄子弗朗斯瓦·戴高乐神父主持的弥撒。仪式结束之后，他在私宅接待了他的儿孙们。戴高乐对他们说："我知道这次公民投票要失败……"

虽然明知道会失败，但戴高乐依然决定要如期举行公民投票。本来他可以不这样做的，在过去风云激荡的10年中，他一直统治着法国。如果他不怕被人指责藐视议会程序的话，他本可以利用戴派的权势使他的建议获得通过。

不过，戴高乐有他自己的考虑。1969年4月，戴高乐已是79岁的老人了。他对朋友和亲属早就透露，他需要6年的时间来写他当政时期的回忆录。在这种情况下，他对正常的程序和法学家们的建议比平时更不耐烦，他年事已高，傲慢日甚！即使他真在投票中胜利了，他也不见得会任职到第二个任期届满。戴高乐的儿子海军少将菲利普透露，如果他父亲取得胜利，戴高乐也打定主意，要在80寿辰以前退休，以免遭到贝当元帅一样的命运。

如果那样的话，戴高乐将会平淡无奇地走下政坛。与其那样，不如在一个有声有色的失败后立即辞职。这种选择是符合戴高乐的英雄气质的，也正是他的一个特色。至少可以说，他是明知不可为，却有勇气试一试。正如登山运动员在一座无法攀登的山峰面前面临失败一样，他在政治上的自杀也是壮丽的。

4月27日，投票结果出来了。赞成票占仅占47.58%，反对票占52.42%。投票刚刚结束，戴高乐就回到了科隆贝。一大批他的前助手纷纷从巴黎赶来看望他。戴高乐强作欢颜，开玩笑似的对大家说，他的心情很愉快，因为离职已经"成功"。他对众人说："总该有结束的一天。我也该下台了。要善于下台！你要承认，这样离职很好。我在历史面前作了一个很好的退场，因为我把全国的注意力吸引到'参与管理'法国前途的问题上来了。"

人们立即随声附和道："你的引退是高尚的。这同你的杰出身份，同你的光荣历史是相称的。"

晚上 11 点，助手特里科给戴高乐打电话，问公告可否发表。戴高乐淡淡地回答说："可以。"

午夜时分，全世界都确切地知道了这件预料中的事。戴高乐将军的最后正式声明如下：

> 我将停止执行共和国总统的职务。这个决定自今日中午生效。
>
> 1969 年 4 月 28 日上午 11 点

4 月 28 日中午，阿兰·波埃以参议院议长的身份接任共和国临时总统。戴高乐政府的大部分部长都保留原职。在戴高乐离职不到 48 个小时，乔治·蓬皮杜宣布在即将到来的总统选举中当总统候选人，他没有向戴派人士征求意见，但是他确实给戴高乐将军写了信，其要旨并不是要求老头子同意他的行动，而是请他不要干预其事，他说他决心使戴高乐主义长存不衰。出乎一些人的意料，戴高乐立即复信，并祝他成功。从此，夏尔·戴高乐又回到了科隆贝。他不再干预国家的事务，而是专心致志地撰写他的回忆录。

实际上，刚刚退下来的时候，戴高乐的心情很不好。他曾经说："好吧，不错，我是被击败了。但是问题也清楚了，不必犹豫了。我当时有必要弄清楚，法国人民是否还想作一次努力，是否愿意同我站在一起开始一个'参与管理'的阶段。我被击败了，我下台了。他们没有追随我。国家解除了我对它的义务。然而，这次否决我的公民投票是 1968 年 5 月事件自然的结果……区域改革是我能为法国效力的最后一件事。现在我已无事可做，只能写我的回忆录，对我来说，这将是我能为法国效力的唯一方式！"

4 月 30 日，他对一个晚辈说："他们没有否决戴高乐。他们否决了奋斗。他们选择了不再奋斗的道路。他们选择了当小民族的道路。我将是最后一个试图有所作为的人。既然他们已不愿进行改革，何必再让戴高乐领导法国人呢？为了日常的例行公事，他们不需要戴高乐……"

后来，他还不止一次地重复这样的话："我相信未来是不由凡人掌握的"，"如果上帝假我岁月！"很显然，这位对祖国满心赤诚之人并不想离开政坛，他想带领法兰西走向复兴，走向伟大！不过，任何人都无法与岁月对抗！在岁月面前，每个人都是失败者！

离职后，戴高乐拒绝领取作为前总统应该享有的年金。他对金钱从来不感兴趣，再说他依靠稿费和自己在法国农场的收入就足够生活了。戴高乐从国家接受的唯一东西，就是武装部队拨给他的、坐落在巴黎布雷特尔大街的一座不大的平顶房屋。房屋里有一个小小的办公室，里面挂着一块生丝挂毯，摆着一张红木办公桌。

1969年6月，在法国大选中，戴高乐曾经的助手乔治·蓬皮杜以获得了1100余万张选票，占总票数的58.21%，当选为新任总统。为了避嫌，也为了排遣沉郁的心情，戴高乐和夫人伊冯娜在选举期间到爱尔兰度假去了。公布结果的那天晚上，戴高乐没等看到最后结果就上床睡觉了。他在第二天才得知蓬皮杜已经获胜。于是，他给新总统发了一份电报，表明了他真实的意思："由于国家和个人的一切原因，我向你表示衷心的祝贺。"

四
一代巨人的最后岁月

1969年6月19日,戴高乐回到了科隆贝,开始沉下心来撰写他的《希望回忆录》。尽管戴高乐并没有插手政治的迹象,但他那高大的身影依然让巴黎的政治家们望而生畏。他会不会再插手政治呢?有人认为,如果蓬皮杜在对外政策上的步子迈得太快,例如立即向英国敞开欧洲的大门,那么戴高乐只要召开一次记者招待会批评总统,就可以把政府搞垮。快到9月底时,有消息说,戴高乐将从10月份开始迁入他在巴黎布雷特尔大街的那座平房居住。戴高乐要重返巴黎了?一时间,人心浮动!有人感到恐惧,有人万分期待!其实,"叛徒"不需要恐惧,"信徒"也无需激动,因为戴高乐再也不想插手政治了。

戴高乐将全部精力都投入到了撰写回忆录之中。除此之外,他还经常到国外去旅行。1970年6月3日,他去西班牙旅行。6月8日,他在马德里郊外的豹宫与佛朗哥将军一起进餐。

戴高乐还计划于1971年6月18日到中国来访问的。戴高乐将军对中国怀有良好的情感。他称中国是"一个比历史还要古老的国家";他说中国人是"真正的人,自豪的人"。他对新中国的领导人和解放后所取得的伟大成就十分赞赏,他说,"只有毛泽东才具备必要的威望,使某些重大的事业得以在中国完成,也只有他的领导才能使中国从当时的不发达和无政府的状态中摆脱出来。"

戴高乐希望来到北京后,看看长城,访问中国革命圣地延安,再到古都西安,然后还要到上海、南京、广州等地访问。然而,命运之神,过早地夺去了他的生命,他最终没有完成访问中国的愿望。

1970年11月9日,戴高乐像往常一样,吃完早餐之后在院子里走

了一会，然后就开始撰写他的回忆录。下午，他心脏病猝发，毫无痛苦地离开了人世。仅差两个星期，他就整整 80 岁了。80 年前，他于午夜时分出生在里尔的外祖父家中，而今他安静死在了科隆贝的家中。然而人们不会轻易地让将军安息。正如他生前所预料的，他的

1964 年 6 月 7 日，法国总统戴高乐（右）会见中国首任驻法大使黄镇

去世成为了一个重要的政治事件。包括蓬皮杜总统在内的政府各级官员都参与了将军后事的安排事务。

戴高乐夫人始终保持着镇定，很能控制自己，她一刻也没有失去理智，抑制着悲痛，并且立即面对她应该独自处理的那些问题，因为她的儿女没有一个在身边。她要一直跟随戴高乐的若盖神父打电话给女婿布瓦西厄将军，向他宣布将军之死，并请他通知菲利普·戴高乐。这位教士只对布瓦西厄说："你的岳父刚刚离开了我们……"

为了能让家人赶来见戴高乐最后一面，政府封锁了戴高乐将军逝世的消息。但是，这样的重大事件是无法保密的。何况，无论谁第一个宣布这个消息，都将在政治上取得优势。蓬皮杜本人希望由他宣布这一事件，并于第二天早晨在部长会议上宣读 1952 年将军关于自己葬礼安排指示的副本。而戴高乐的家人则希望由他们自己来公布遗嘱。对此双方进行了一番激烈地争论，最终蓬皮杜获胜了。

11 月 10 日上午 9 点 40 分，法新社发表了一条简短的消息：戴高乐逝世。上午 11 点，爱丽舍宫发布了将军的遗嘱。这遗嘱早就写好了，从来没有改动过。1952 年 1 月 16 日，戴高乐亲手将它装在信封里，并交给了蓬皮杜。他在遗嘱中写道：

自由之魂 戴高乐

戴高乐的灵柩被抬往科隆贝村教堂

我希望在科龙贝教堂举行我的葬礼，如果我死于别处，我的遗体务必运回家乡，不必举行任何公祭。

我的坟墓必须在我女儿安娜安葬的地方，日后我的夫人也要安息在那里。墓碑上只写夏尔·戴高乐（1890～xxxx）。

葬礼要由我的儿子、女儿和儿媳在我的私人助手们的帮助下安排，仪式必须极其简单。我不希望举行国葬。不要总统、部长、议会代表团和公共团体代表参加。只有武装部队可以以武装部队的身份正式参加，但参加的人数不必很多。不要乐队吹奏，也不要军号。

不要在教堂或其他地方发表悼念演讲。国会不要致悼词。举行葬礼时，除我的家庭成员、我的解放功勋团战友和科隆贝市议会成员以外，不要留别的位子。法国的男女同胞如果愿意的话，可以陪送我的遗体到达它的最后安息地，以给我的身后遗名增光。但我希望静默地把我的遗体送到墓地。

我声明，我事先拒绝接受给予我的任何称号、晋升、荣誉、表彰和勋章，不论是法国的，还是外国的，授予我上述任何一项，将违背我的最后愿望。

下午1点,蓬皮杜本人出现在电视屏幕上,他宣布:

> 戴高乐将军逝世了。法国失去了亲人。1940年,戴高乐将军拯救了我们的荣誉。1944年,他领导我们走向解放和胜利。1958年,他把我们从内战的威胁中救了出来。他使今天的法国有了自己的制度、独立和国际地位。

涌向科隆贝参加葬礼的法兰西人

> 值此举国哀悼之际,让我们当着悲痛的戴高乐夫人和她的儿孙之面向他鞠躬致敬。让我们估量一下感激之情加在我们身上的责任,让我们向法国保证,我们决不辜负我们所得到的教诲。愿戴高乐永远活在全国人民的心中。

戴高乐期望与女儿安娜葬在一起的愿望实现了。1970年11月12日,戴高乐的葬礼在科隆贝举行了。各部部长和国会议员都未参加。只有几个曾任过部长、抗战时代戴高乐的战友参加了村教堂的葬礼和在当地教堂墓地举行的入土仪式。那天,法国男男女女4万人,从法国各地自行来到科隆贝为戴高乐将军作最后的送行。

一代巨人去世了,尽管对于他的功过是非评说不一,但有几点却是法国人民所公认的,也是写在历史书上的。有人这样评价他:"戴高乐拯救了法国的荣誉,也救拯了法国本身。法国和戴高乐其实基本上是同义词。"的确,戴高乐恢复了法兰西共和国的伟大声誉。这就是戴高乐留给法国人民的遗产，也是他在法兰西历史上写下的光辉篇章。

有人这样评价他："以科隆贝为家的戴高乐，是一个热情洋溢、情感丰富的个人；而以法国为己任的戴高乐，则是一个冷酷无情、傲慢自大的公众人物。"

一位历史学家曾这样评价他："无畏、尊严、爱国、顽强、独立、坚定。他的战友和他的敌人都认为：他是一位历史巨人。"